本书受国家社科基金青年项目《可持续发展背景下我国农业补贴社会绩效追踪研究》（11CJY061）资助。

KECHIXUFAZHAN BEIJINGXIA
WOGUONONGYE
BUTIE SHEHUI JIXIAO YANJIU

可持续发展背景下
我国农业补贴社会绩效研究

乔翠霞 著

中国社会科学出版社

图书在版编目（CIP）数据

可持续发展背景下我国农业补贴社会绩效研究 / 乔翠霞著 . —北京：中国社会科学出版社，2017.12

ISBN 978 - 7 - 5203 - 1395 - 7

Ⅰ. ①可… Ⅱ. ①乔… Ⅲ. ①农业—政府补贴—财政政策—研究—中国 Ⅳ. ①F812.0

中国版本图书馆 CIP 数据核字（2017）第 269585 号

出 版 人	赵剑英	
责任编辑	刘 艳	
责任校对	陈 晨	
责任印制	戴 宽	

出　　版	中国社会科学出版社	
社　　址	北京鼓楼西大街甲 158 号	
邮　　编	100720	
网　　址	http://www.csspw.cn	
发 行 部	010 - 84083685	
门 市 部	010 - 84029450	
经　　销	新华书店及其他书店	
印　　刷	北京明恒达印务有限公司	
装　　订	廊坊市广阳区广增装订厂	
版　　次	2017 年 12 月第 1 版	
印　　次	2017 年 12 月第 1 次印刷	
开　　本	710×1000　1/16	
印　　张	18	
插　　页	2	
字　　数	239 千字	
定　　价	79.00 元	

凡购买中国社会科学出版社图书，如有质量问题请与本社营销中心联系调换
电话：010 - 84083683
版权所有　侵权必究

目　录

前言 …………………………………………………………………… (1)

第一章　导言 ………………………………………………………… (1)
　第一节　问题的提出 ………………………………………………… (1)
　　一　农业的多功能性特征 ………………………………………… (3)
　　二　农业的多功能性成为农业补贴的重要理论依据 …………… (6)
　　三　社会绩效是农业补贴绩效评估的重要内容 ………………… (8)
　第二节　基本概念界定 ……………………………………………… (14)
　　一　农业支持、农业保护与农业补贴 …………………………… (14)
　　二　政策绩效、经济绩效与社会绩效 …………………………… (16)
　第三节　相关理论及其研究进展 …………………………………… (19)
　　一　公共政策绩效评价理论 ……………………………………… (19)
　　二　公共产品理论 ………………………………………………… (23)
　　三　农户行为理论 ………………………………………………… (25)
　　四　政策协同理论 ………………………………………………… (27)
　第四节　分析框架描述 ……………………………………………… (31)
　　一　研究目标 ……………………………………………………… (31)
　　二　研究方法、技术路线与数据来源 …………………………… (32)
　　三　研究内容与框架 ……………………………………………… (34)

第五节 特色与不足 …………………………………… (36)
　一 特色 ………………………………………………… (36)
　二 不足 ………………………………………………… (37)

第二章 农业补贴政策形成机制和农户行为反应机制分析 … (39)
第一节 农业补贴政策构成要素分析 ……………………… (39)
　一 农业补贴政策的主体 ………………………………… (40)
　二 农业补贴政策的客体 ………………………………… (42)
　三 农业补贴政策的内容 ………………………………… (43)
第二节 农业补贴政策形成机制 …………………………… (47)
　一 农业补贴政策的目标选择 …………………………… (48)
　二 农业补贴政策的方式选择 …………………………… (49)
第三节 农户行为反应机制 ………………………………… (50)
　一 农户行为影响因素分析 ……………………………… (51)
　二 农户行为选择 ………………………………………… (52)
第四节 农户策略性行为与农业补贴政策的社会
　　　 绩效分析 …………………………………………… (53)
　一 基本概念及模型假设条件 …………………………… (53)
　二 农业补贴博弈中农户的策略性行为分析 …………… (56)

第三章 农业补贴的实践变迁与理论演化 ………………… (65)
第一节 农业补贴的实践变迁 ……………………………… (65)
　一 各国农业补贴改革概况 ……………………………… (66)
　二 欧盟的农业补贴实践 ………………………………… (69)
　三 美国的农业补贴实践 ………………………………… (77)
　四 日本的农业补贴实践 ………………………………… (84)
　五 其他国家的农业补贴实践 …………………………… (91)

第二节　农业补贴理论的演化 …………………………（97）
　　一　农业补贴动因多元化发展 ……………………………（97）
　　二　农业补贴方式绿色化研究得到越来越多的关注 ……（99）
　　三　农业补贴绩效研究范围和数量增加 ………………（101）
第三节　实践发展趋势与理论局限 …………………………（104）

第四章　农业补贴社会绩效统计描述
　　　　——基于山东省的问卷调查 …………………………（107）
第一节　山东省农业补贴实施状况 …………………………（107）
　　一　农业补贴范围不断扩大 ………………………………（108）
　　二　农业补贴力度持续增强 ………………………………（108）
　　三　农业补贴政策的社会绩效导向调整 …………………（110）
第二节　山东省农户对农业补贴政策的动态
　　　　认知与评价 ……………………………………………（111）
　　一　研究区域概况 …………………………………………（112）
　　二　农业补贴政策认知总体状况 …………………………（113）
　　三　农业补贴政策总体效果评价 …………………………（116）
　　四　农业补贴政策收入效应评价 …………………………（120）
第三节　山东省农业补贴下的耕地地力保护与农村
　　　　土地流转 ………………………………………………（123）
　　一　农业补贴与耕地地力保护 ……………………………（123）
　　二　农业补贴与农村土地流转 ……………………………（125）
第四节　山东省农业补贴的环境影响 ………………………（132）
　　一　农业补贴与化肥施用 …………………………………（132）
　　二　农业补贴与农药施用 …………………………………（133）
　　三　农业补贴结构调整及其环境影响 ……………………（134）

第五章　农业补贴的生态效应评价……………………（136）
第一节　理论分析……………………………………（137）
　　一　农业补贴对生态环境的影响路径………………（137）
　　二　农业补贴影响生态环境的经济学分析…………（139）
第二节　农业补贴对化肥施用量的影响……………（143）
　　一　我国化肥施用过量程度测量……………………（143）
　　二　农业补贴对化肥施用量的影响…………………（147）
第三节　农业补贴对农药施用量的影响……………（153）
　　一　我国农药施用过量程度测量……………………（153）
　　二　农业补贴对农药施用量的影响…………………（155）
第四节　农业补贴对农业生物多样性的影响………（161）
　　一　农业生物多样性程度的度量……………………（164）
　　二　农业补贴对农业生物多样性的影响……………（168）

第六章　农业补贴的制度变迁效应分析………………（174）
第一节　传导机理……………………………………（175）
第二节　实证分析……………………………………（181）
　　一　模型设定…………………………………………（181）
　　二　变量选取…………………………………………（182）
　　三　数据来源…………………………………………（184）
　　四　主要变量的描述性统计…………………………（185）
　　五　实证结果与分析…………………………………（190）
　　六　稳健性分析………………………………………（201）

第七章　农业补贴与农产品国际竞争力评价…………（208）
第一节　农业补贴影响农产品国际竞争力的机理…（211）
　　一　"黄箱"补贴对农产品国际竞争力的作用机理……（211）

二 "绿箱"补贴对农产品国际竞争力的作用机理 …… (213)
　第二节 我国的农业补贴与农产品竞争力分析………… (216)
　　一 我国农业补贴总体描述………………………… (216)
　　二 我国农产品国际竞争力评价…………………… (218)
　　三 农业补贴对我国农产品国际竞争力影响的
　　　　实证分析…………………………………………… (221)
　第三节 农业补贴对农产品国际竞争力影响的
　　　　国际经验…………………………………………… (226)
　　一 数据来源及描述………………………………… (226)
　　二 模型及变量说明………………………………… (230)
　　三 计量方法………………………………………… (232)
　　四 计量结果及分析………………………………… (234)

第八章 农业补贴政策社会绩效整体评价与政策调整……… (239)
　第一节 农业补贴政策社会绩效整体评价…………… (239)
　第二节 可持续发展视角下我国农业补贴政策
　　　　调整方向…………………………………………… (241)
　　一 可持续发展视角下我国农业补贴调整的原则……… (243)
　　二 可持续发展视角下我国农业补贴政策的
　　　　改进措施…………………………………………… (243)
　第三节 研究展望……………………………………… (245)

参考文献………………………………………………… (251)

前　言

对农业补贴问题的关注始于 2002 年申请到的一个山东省社科基金青年项目《山东省农业支持与保护水平测算及对策研究》（02CJJ01）。随后的一年，几乎全部的业余时间都泡在图书馆，寒暑假则托同学、朋友介绍在农村各地发放问卷，入户调研。青春易逝，时光无痕，不曾想自己对这个问题的追踪竟然持续了 14 年。

2006 年，我申请的国家社科基金青年项目《完善农业补贴政策研究——农户策略性行为与农业补贴政策的社会绩效分析》（06CJY027）获得立项，课题以博弈论为分析工具，从农户行为的角度审视了我国农业补贴政策的社会绩效，此成果最终以《成果要报》形式报送中央主要领导参阅。2011 年，我申请的国家社科基金青年项目《可持续发展背景下我国农业补贴社会绩效追踪研究》（11CJY061）获得立项。由于我国农业补贴政策已经实施了近 10 年，课题旨在从生态效应、制度变迁效应、农产品国际竞争力三个维度对农业补贴社会绩效进行实证分析，并做出综合评价，以期为农业补贴政策调整提供理论支撑。由于工作变动，此课题延期至 2015 年结题，但恰逢当年上半年中央对农业补贴政策做了一些调整，而调整的方向正是本书研究的落脚点，为了将补贴政策调整的影响涵盖在研究中，2016 年课题组又做了第三次问卷调查。经过课题组所有成员反复几十次的讨论和寒暑假田间地头的奔波，课题研究思路和核心思想都更加成熟。2016年岁末，课题终于搁笔，此稿，我们自己是满意的。

尽管从大学期间开始关注城镇化问题，硕士论文研究农业产业化问题，随后又有十几年研究农业补贴问题，但是，本质上讲，我是从产业经济学和公共政策理论角度审视农业补贴问题的。2003年我开始攻读产业经济学博士学位，随后一直从事产业经济学和经济学专业英语的教学，其中产业政策运行机理、产业规制、产业政策评估以及公共政策等理论一直是我关注的焦点。

像其他很多产业政策一样，中央于2003年出台了一系列农业支持保护政策，其参照和依据是农业补贴理论的发展和发达国家农业补贴的实践，以及当时我国农产品尤其是粮食供给不足的内部压力。但是就农业补贴政策产生的逻辑和目标而言，增加粮食供给仅仅是数量目标，主要涉及效率问题，而农业的多功能性特点决定，农业补贴除了要实现数量目标外，还需兼顾农业环境保护、农业生产经营方式优化、农产品国际竞争力提高等质量目标，而这则涉及公平问题。遗憾的是，2015年我国农业补贴政策调整前的补贴制度设计并没有充分考量质量目标。此次"三补合一"的政策调整开始关注耕地地力保护和新型经营主体的扶持，这给了我们极大的鼓舞，建立既保障供给又兼顾社会影响的补贴制度，这正是本书的研究初衷！然而这仅仅是一个起步，如何将农业补贴与农业环境保护、农业经营方式调整、农产品国际竞争力提升等目标融合在一起，使农业补贴政策成为引领农业发展方向的指挥棒，兼顾农产品数量安全、质量安全、生态安全目标，需要做出更多扎实的理论探索。

在本书的研究中，我们立足两个支点。在理论上，由于社会绩效评估涉及政策的价值判断，我们从公共政策分析的角度将公共产品与外部性理论、农户行为选择理论、公共政策评价理论和政策协同理论进行综合梳理。同时在效率评价方面，我们又使用微观经济学的主流逻辑和分析方法，将与社会绩效相关的变量进行定量处理，使用数理统计和计量回归分析方法作为研究的支撑。在实践方面，我们仍然对发达国家和新兴经济体的农业补贴实践进行了研究。尽管不少学者对动辄学习西方经验颇有微词，以国情的独特性拒绝西式做法；尽管我们在借鉴的过程中难免生硬地照抄照搬，政策演化与经济发展规律的客观一般性是我们无法否认的。所以，在对国内农业补贴实践进行广泛调研的同时，我一直指导学生通过阅读NBER和AER的相关文献，跟踪国外关于农业补贴、农业绿色补贴的最新理论研究和实践发展。

本书是应用性研究，在理论分析和实证检验的基础上阐明政策效果并给出简明的政策建议是本书的落脚点。综合以上考虑，本书从理论分析和实证检验两个方面进行研究，共分8章，各章的研究内容如下：

第一章，导言。从理论层面对农业补贴、社会绩效、农业补贴社会绩效等基本概念进行界定，阐明课题的总体研究框架、梳理支撑课题的理论基础，为课题的后续研究做好铺垫。根本上而言，本书是公共政策分析，所以在理论方面主要回顾了公共产品与外部性理论、农户行为理论、公共政策绩效评价理论和政策协同理论。遗憾的是，尽管学者们分别从不同的视角对农业补贴的理论依据进行了阐释，但目前并未形成统一的理论分析框架。

第二章，农业补贴政策形成机制和农户行为反应机制分析。运用博弈论理论，从政府和农户行为的角度对农业补贴政策及其政策绩效之间的传导过程做出理论分析。农业补贴政策实施过程就是政府与农户的互动过程，农户会根据政府对政策目标、政策工具和政策力度的选择做出相应的策略性行为，并最终决定政策绩效，不同的政策选择会有不同的农户反应和政策绩效。

第三章，农业补贴的实践变迁与理论演化。对国内外农业补贴理论和实践发展趋势进行梳理。通过国际比较研究，为完善我国农业补贴政策提供借鉴。从世界各国农业的实践发展和理论演化看，市场化是农业补贴的基本发展方向；补贴的动因和绩效评价始于经济因素，转而向环保、生态、食品安全和社会发展等多元化目标演进；补贴方式的总体变化趋势是易产生市场扭曲的价格补贴比重下降而不易产生市场扭曲的收入补贴比重上升，政策工具由传统的"黄箱"转向"绿箱"是大势所趋。同时，应该引起注意的是，农业补贴不存在世界统一的发展模式，在农业补贴基本理论的指导下，完善和创新符合本国农业发展水平和发展阶段的农业补贴制度是未来的研究热点。

第四章，农业补贴社会绩效统计描述。为了了解农业补贴政策的绩效，课题组自2009年以来曾经三次分别对山东省青岛市、菏泽市、滨州市的部分乡镇进行入户问卷调查和访谈。本章对山东省农业补贴总体情况，农户的农业补贴政策认知与评价以及农业补贴对耕地地力保护、土地流转、环境影响等社会绩效进行初步的统计描述分析，从问卷分析中得出农业补贴社会绩效的基本判断，为后续的实证分析提供基本方向。从问卷分析结果看，"普惠式"的农业补贴对农户福利影响微弱，对农业生产和农民增收的激励作用呈下降趋势。尤其是在发达地区，补贴占农民收入比重通常不足2%，加之农资价格上涨、非农就业机会增加等因素的影响，虽然山东省农户对农业补贴政策的评价仍持积极态度，但政策认同度呈现明显下降趋势。这与我国农业补贴覆盖范围持续扩大、补贴力度不断增强的现实是相冲突的。由此，我们可以做出一个基本的判断，我国的农业补贴可能存在结构性偏差，即补贴政策的整体效果和经济效应有削弱趋势。从土地流转情况看，现有农业补贴的发放和分配错位对农户土地流转意愿呈现负面影响，农业补贴成为抑制农户规模化生产的因素。从生态效应角度看，"普惠式"农业补贴对农业生态环境负面影响（增加化肥、农药施用量）显著而保护作用微乎其微，这契合原有农业补贴政策缺乏生态导向的事实，也正是"三补合一"改革出台的背景。然而调整后的补贴政策在农业环境、生态和食品安全等社会绩效方面的效果还有待于时间的检验，农业补贴的政策方向、政策力度、补贴方式尚需根据实践做出适应性调整和优化。

第五章，农业补贴的生态效应评价。在对农业补贴生态效应传导机理进行分析的基础上，运用DEA模型、回归分析、协整检验和格兰杰因果关系分析工具对农业补贴与化肥和农药施用以及生物多样性的关系进行检验。实证分析发现，农业补贴对化肥和农药施用量具有显著的正面影响，在目前化肥农药施用量已经过度的情况下，农业补贴的增加促使农民更多地使用化肥和农药，加之化肥与农药整体利用率较低，对生态环境的破坏更为严重；生物多样性和农业补贴之间存在协整关系，从长期看，农业补贴的增加会对农业生物多样性带来负面影响，且两者之间存在从农业补贴到农业生物多样性的格兰杰因果关系。

第六章，农业补贴的制度变迁效应分析。我国农业补贴政策始于由政府主导的强制性制度变迁，但随着农户自主经营权的扩大，农户与政府之间逐步建立起动态的重复博弈机制，双方根据各自获取的信息采取不同的行为反应，前者表现为经营行为的调整，后者表现为政策和制度的调整，这种互动客观上会带来农业经营制度的变迁，本书将其称为农业补贴的制度变迁效应。本章使用面板数据的随机效应分析方法，从农村土地流转数量、农业经营大户数量和农机数量三个方面分别就农业补贴对农业制度变迁的效应进行了相关性检验和稳健性分析。最终的实证结果显示，农业补贴与农村土地流转量、农民专业合作社、农业总动力和农业机械数量均成正相关关系，但是相关系数差异明显。其中对农民专业合作社的影响最为显著，而对土地流转虽有正面影响，但是近年来这种影响力正在逐步减弱，这同前面问卷分析的结论一致。

第七章，农业补贴与农产品国际竞争力评价。本章在梳理国内学者对农业补贴对农产品国际竞争力影响研究现状的基础上，首先分析各项补贴的经济和福利效应，阐明农业补贴提高农产品国际竞争力的作用机制，然后利用主成分分析法和FGLS估计方法分别检验我国"黄箱"和"绿箱"补贴的实际效果以及其他国家的农业补贴对农产品国际竞争力的影响。实证分析结果显示，"黄箱"补贴增加有利于扩大我国农产品的国际市场占有率，"绿箱"补贴扩大可能会使我国农产品的国际市场占有率下降。国别数据支撑的实证分析则显示，农业补贴能在一定程度上提升本国农产品的国际竞争力。从补贴结构上看，以价格支持为代表的"黄箱"政策的效应要大于以政府一般服务为代表的"绿箱"政策。"黄箱"政策能在短期快速提升本国农产品的国际市场占有率，而"绿箱"政策则是在长期从根本上提升本国农产品的国际竞争力，短期对出口的刺激作用并不显著。总体而言，目前我国农业补贴对农产品出口竞争力的影响非常小，其中"绿箱"政策的影响为负值。因此，未来我国农业补贴政策设计必须充分考虑农产品国际竞争力培养目标，解决"我国农业面临的最大问题不是生产不出产品，而是生产出来的产品卖不出去"的尴尬。

第八章，农业补贴政策社会绩效整体评价与政策调整。理论分析和实证检验的结果证明，我国问题倒逼背景下的农业补贴制度设计是缺乏理论准备的，政策目标单一，且与政策工具协同度较低，这与农业多功能性理论是相背离的。理论与实践的错位一方面导致原政策目标导向性减弱；另一方面也带来了阻碍土地流转、化肥农药超量使用、生物多样性降低、农产品国际竞争力下降等问题。我国农业补贴政策的调整必须符合可持续发展的基本理念，契合农业改革的基本方向，符合我国的基本国情，服务国家整体发展战略；坚持目标清晰协同推进、统筹兼顾重点突出、立足国情放眼世界的基本原则。基于此，本书提出"普惠性补贴+功能性补贴"的农业直接补贴框架。

本书的突出特色体现在两个方面：一是以长达十年的追踪研究为基础，前后做了三次大的问卷调查，为成果的完成积累了大量的第一手调研数据，同时又有长期文献追踪的扎实理论支撑。二是研究目标与此次中央农业补贴政策绿色生态导向的改革方向高度契合，因此提出的政策建议具有极强的时效性。

主要理论建树有两点：一是从生态效应、制度变迁效应和农产品国际竞争力三个维度对农业补贴的社会绩效进行全面评价，不仅提出农业补贴社会绩效的概念，而且初步构建了评价农业补贴社会绩效的评价框架。二是提出"普惠性补贴+功能性补贴"的农业补贴改革思路。具体而言，本书得出了一些新的结论、提出了若干新观点：

1. 关于农业补贴实践发展和理论演化趋势的判断

通过跟踪国内外农业补贴的实践变迁和理论发展，本书认为：（1）农业补贴不存在全球统一的发展模式和制度设计，在农业补贴基本理论的指导下，服务于本国整体经济发展战略部署，选择适合本国经济发展水平和国情的补贴方式是各国制定农业补贴政策的基本依据。（2）农业多功能性是农业补贴的重要理论依据，补贴的动因和绩效评价始于经济因素，转而向环保、生态、食品安全和社会发展等多元化目标演进。

2. 提出农业补贴社会绩效的三个评价维度

社会绩效衡量的是非经济层面的政策效果，本书中农业补贴的社会绩效指的是农业补贴带来的非经济影响。综合理论界的研究成果，本书提出了三项评价农业补贴社会绩效的标准：一是生态效应，即农业补贴对农村和农业生态环境的影响；二是制度变迁效应，即农业补贴对农业经营体制机制的影响，换言之，补贴会改变产业间的利益分配，优化、延长农业产业链条，改变农业生产经营方式；三是对农产品市场竞争力的影响，即通过补贴将外部性内部化，可以引导农业经营者优先选择农产品质量安全，促进农产品质量控制良性运行，在绿色农业的背景下，提高农产品国际竞争力。

3. 对我国农业补贴社会绩效做出综合性评价

理论分析和实证检验的结果证明，我国问题倒逼背景下的农业补贴制度设计是缺乏理论准备的，政策目标单一，且与政策工具协同度较低，这与农业多功能性理论是相背离的。理论与实践的错位一方面导致原政策目标导向性减弱；另一方面也带来了阻碍土地流转、化肥农药超量使用、生物多样性降低、农产品国际竞争力下降等问题。(1) 农业补贴对农户的生产意愿影响有限。被大量农户摊薄的补贴资金对农户生产决策的影响极其微弱，对于传统的小农而言，务农还是进城？种粮食还是种其他经济作物？用化肥农药种养还是有机种养？这些都不会因为现有农业补贴量而发生显著改变。(2) 无论是旧式补贴还是2015年开始的"三补合一"都缺乏"真实的"生态导向，政策信号作用远大于实际影响。实际操作中，由于"耕地地力补贴"变成了"耕地"补贴，因此生态导向仅仅停留在概念上，并没有落地，问卷调查和实证分析都证明了这一点。(3) 即便是"三补合一"改革后，农业补贴对农业经营方式的影响也是不确定的。一方面，农业补贴对部分农户扩大规模起到正向激励作用；另一方面，由于农业补贴改变了农民对土地经营的预期收益，补贴在事实上已经成为土地流转的价格加成，提高了土地流转成本，成为抑制农户规模化生产的因素。问卷调查显示，当地经济发展水平是决定农户土地流转意愿的关键因素，土地产权制度也是可能的重要影响因素。(4) 农业补贴对我国对农产品出口的促进作用十分有限，相反，不合理的补贴方式提高了国内农产品价格，加之农产品品质不高，降低了我国农产品的国际竞争。"提高国际竞争力"目标的缺失是导致我国农产品供给出现结构性失衡的主要原因。

4. 提出"普惠性补贴+功能性补贴"的农业补贴制度框架

（1）指导思想。我国农业补贴政策的调整必须符合可持续发展的基本理念，契合农业改革的基本方向，符合我国的基本国情，服务国家整体发展战略。

（2）基本原则。坚持目标清晰协同推进、统筹兼顾重点突出、立足国情放眼世界的基本原则。

（3）制度设计。"普惠性补贴+功能性补贴"的农业直接补贴框架。所谓"普惠性补贴"即惠及所有农民的非挂钩性补贴，"三补合一"改革后的"耕地地力补贴"可以纳入此类，其目标是防止补贴过分向大户积聚，促进农民普遍增收，同时防止土地闲置抛荒，增强市场对农产品品种的调节作用。"功能性补贴"即有特定目标导向的补贴，旨在实现农业的多功能性。包括"生态奖励补贴""土地流转补贴""农民退休退田补贴"。

第一，确保"普惠性补贴"的份额。我国的国情决定，传统的分散的小农经营在未来很长一段时间都仍将是我国农业的基本经营模式，确保所有农户受益的补贴应当保持适度增长，本书所提出的"功能性补贴"（包括对大户的补贴）资金不宜从现有补贴存量资金中列支。

第二，设立与生态和环保指标挂钩的奖励性补贴。研究制定符合我国国情的土地生态指标体系和食品安全指标体系（试点期可仅限于粮食），由农户个人申报，政府核查，依据种植面积给予符合标准的农户奖励性补贴。此部分资金一方面可以从财政部的农业资源及生态保护补助资金预算中列支；另一方面可以考虑从现有补贴存量资金中拿出适当比例。

第三，设立土地流转补贴，实施与效率挂钩的粮食适度规模经营补贴。一方面，尽快总结各地经验，对流转后用于粮食种植的土地进行一次性的流转补贴，此部分资金主要支持土地流入方进行土地整理等基本投入；另一方面，尽快探索将"粮食适度规模经营补贴"与生产效率挂钩，即根据生产效率而非现在的土地面积划分不同的补贴等级，避免盲目追求生产规模但生产效率降低所带来的补贴资金耗散和土地浪费。

第四，将农业补贴制度设计与农业职业化和农民退休退田制度设计统筹考虑，设计有效推动农业规模化经营的稳定体制机制。统筹部分补贴资金和农民养老保险资金，制定循序渐进的农民退休退田制度，同时设计新的集体土地承包办法。这是降低我国土地规模经营壁垒，解决"谁来种地"问题的根本出路。

5. 其他需要重视和研究的问题

其一，良种补贴不宜取消。良种补贴具有极大的正外部性且关系国家农业安全，从"三补合一"实施两年多的情况看，取消良种补贴后，一些农户开始选择便宜的种子，粮食种子参差不齐的现象开始显现，这既会影响粮食产量，也会影响粮食安全。其二，尽快建立农业经营信息系统和农业补贴统计信息收集汇总体系。我国农业补贴实施12年有余，但是各方面统计口径和数据都极不完善，既不利于对农业补贴的追踪研究，又不利于农业补贴的精准发放。

目前中央正在推进农业补贴制度改革，且将建立以绿色生态为导向的农业补贴制度作为改革的方向，但是现有补贴政策在绿色目标导向方面到底存在哪些问题？到底应该如何将补贴资金的分配和使用方式与绿色生态目标有机结合？这些都有待进一步研究。上述创新性的探索具有重要的理论意义和实践价值。

在理论方面，系统分析了农业补贴的社会绩效，从理论层面推进了农业补贴绩效评价体系的构建。本书提出从生态效应、制度变迁效应和农产品国际竞争力三个维度对农业补贴的社会绩效进行全面评价，对农业补贴社会绩效的研究从当前的零散化状态逐步达到系统化，这对尽快建立农业补贴政策综合评价指标而言是一个有益的探索，可以从理论层面构建更加完善的农业补贴绩效评价体系。

在实践方面，契合了中央关于农业补贴政策绿色目标导向的改革思路，提出了评价农业补贴社会绩效的三个维度和"普惠性补贴＋功能性补贴"的补贴制度框架。本书研究的切入点与此次中央的政策调整方向不谋而合，因此，课题提出的评价农业补贴社会绩效的三个维度、"普惠性补贴＋功能性补贴"的补贴制度框架将为接下来的农业补贴制度改革提供重要的借鉴。

本书凝聚着课题组全体成员的心血。对农业补贴问题持续关注的这些年，我的志同道合的同事、同学和学生们都逐步加入这个研究团队，我的同事张凤兵博士、杨秀玉博士、李建萍博士、辛大楞博士、王磊博士，我曾经的同事北京联合大学的陈海燕博士，研究生岳远贺都参与了课题报告初稿的起草，从农村问题研究、农业环境规制问题研究、农产品国际贸易问题等角度贡献了自己富有创新性的观点和数据分析处理工作。我的研究生宋玉洁、孙浩等做了大量的问卷整理工作。孙浩、岳远贺两位研究生分别选择农业补贴社会绩效问题研究作为硕士论文选题；岳远贺参与整理的第一章外部性理论和农户行为选择理论已经发表；本科生王锦涛、王迎等申请到了国家级大学生创新创业项目《农业补贴政策对小麦主产区农户土地流转行为的影响调查研究——以山东省为例》，课题组先后拿出近万元支持学生在寒暑假的调研，为课题的研究积累了大量第一手数据。

回顾十多年研究农业补贴问题的历程，文献追踪和每个假期的调研已经成为习惯，但是对于规范的经济学分析而言，数据不足成为研究的最大障碍。由于我国实行农业补贴的时间短，仅做时间序列数据的分析显得单薄且缺乏说服力，而省际面板数据的获得则偶然性极大，从国家层面到各个省市，农业补贴政策实施情况均没有统一的统计口径和渠道。因此，尽管每年都会在数据搜集上花费很多精力，但是资料贫乏数据缺失的状况一直没有得到很好的解决，这是研究中遇到的最大困难。好在有诸多朋友、同行、学生的支持，使得我们能够持续性地开展问卷调查，为研究提供基本的判断。所以在此也一并感谢在课题研究中给予大力帮助的山东省菏泽市、青岛市、滨州市的相关领导和朋友，没有他们的帮助，课题研究中1019户的问卷调查将无法完成。

最后，衷心感谢中国社会科学出版社的刘艳老师对本书的出版付出的辛勤努力。

第 一 章

导 言

第一节 问题的提出

由于面临自然和市场的双重风险，传统农业一直被视为弱质产业，不仅在发展中国家是这样，在发达国家同样如此。这种双重风险似乎成了农业与生俱来的特性，前者源于农业自然再生产和经济再生产的相伴而生，未来社会即使科技再发达，在严重的自然灾害面前，人类仍难免无能为力；后者则一方面源于由农产品同质性强、技术水平要求低、投入相对较少等特点决定的农业近乎完全竞争的市场结构[1]，另一方面也源于农产品供给弹性大、需求弹性小的市场特点。因此，对农业进行干预、调节和控制是当代世界各国的共同做法。对我国而言，农业除了上述的诸多特点外，土地资源的稀缺性和"双重功能"性、大量农村剩余劳动力的存在和较低的农业资金回报率又在客观上加重了农业的市场失灵[2]，加之我国剥

---

[1] 关于农业的市场结构，尽管有学者分析现代农业市场结构已由近似完全竞争市场结构趋向垄断竞争结构，如龚基云《我国农业市场结构的 SCP 范式分析》，《安徽商贸职业技术学院学报》2003 年第 2 期。但从总体上看，近似完全竞争仍然是"世界范围内各国农业的一般现象，不论是以规模经营还是以小农经营为特征的国家，都普遍如此"，见洪民荣《市场结构：农业市场化中的理论问题与政策》，《当代经济研究》2003 年第 3 期。

[2] 温铁军：《"市场失灵+政府失灵"：双重困境下的"三农"问题》，《读书》2003 年第 10 期。

夺农业式工业化道路的历史原因，长期以来，本应处在国民经济基础地位的农业发展面临诸多困境，在我国处于工业化快速发展和转型升级的阶段，农业在国民经济发展中出现越来越明显的瓶颈。

基于此，2004年年末，中央经济工作会议指出，我国现在总体上已到了以工促农、以城带乡的发展阶段。所谓以工补农就是国家对农业实施支持与保护政策，由此，中国的农业支持和保护正式掀开帷幕，"农业补贴"无论是在理论上还是实践上均得到了普遍的关注。但是从发达国家农业补贴的实践看，随着各项农业补贴政策的实施，各国都不同程度地遇到了水、土地等资源以及化学品的过度投入、财政负担的加重等问题，这一现实促使人们开始更加理性地看待农业补贴问题。同工业和服务业相比，农业具有特殊性，即除了商品生产功能外，它具有独特的食物安全和生态保护等多重功能，因此，国外有学者称农业为"多功能性农业"[1]。也就是说，政府实施农业补贴的目标不应仅仅限于在短期内将农村经济增长率和农民收入提高几个百分点，更应着眼于未来，培育农业发展质量，促进农业社会功能和环境功能的实现，即农民社会、文化生活的提高和生活环境的改善，以及农业生态环境的保护和改善等。

遗憾的是，作为调节农民生产行为的重要手段，始于2004年的农业补贴政策不仅没有与生态保护挂钩，有的甚至对生态环境起了相反的作用。这使我们付出了巨大的生态代价，农业资源长期透支、农业面源污染加重，尤其是土壤污染、土质退化、污水灌溉等农业污染问题屡屡发生，不仅严重影响了我国农业的可持续发展，而且带来了巨大的农产品安全隐患。

"青山绿水就是金山银山"，党的十八届五中全会提出"绿色

---

[1] 所谓"多功能性农业"是指，农业除了能够提供食物等一般商品外，还具有非常重要的社会、环境方面的功能。见 Nadine Turpin, Pierre Dupraz, Claudine Thenail, Alexandre Joannon, "Shaping the landscape: Agricultural policies and local biodiversity schemes", *Land Use Policy*, Vol. 26, April 2009, pp. 273-283.

发展"的理念不仅是对当前我国日益恶化的生态环境的直接回应，也是今后我国经济发展的根本指导思想。作为国家对农业进行宏观调控的重要手段，农业补贴政策也必须适时做出战略性调整，实现由数量导向型的传统补贴向可持续导向型绿色补贴的转变。事实上，2015年，也就是我国的农业补贴政策实施12年之际，国家的农业补贴政策已经开始关注生态层面的效应。这一年，财政部和农业部联合颁布《关于调整完善农业三项补贴政策的指导意见》（财农〔2015〕31号），旨在针对我国农业补贴政策实施10余年来出现的"政策效应递减，政策效能逐步降低"问题，对现行农业补贴政策进行调整。此次政策调整有两大目标，调整支农资金以支持粮食适度规模经营和耕地地力保护，前者涉及农业经营模式的转变，后者则关乎农业可持续发展能力的培育。尽管二者都涵盖粮食增产的目标，但是同最初期望通过经济手段直接引导农民增加粮食种植面积的线性思维相比，此次政策调整更加强调农业持续发展能力的培育和发展方式的转变，重视的是农业发展潜能的挖掘，这标志着我们对农业功能和农业补贴政策认识的进一步深化，也反映了农业发展的阶段性特征和农业发展政策的变迁。本书将从社会绩效[①]的角度分析农业补贴政策对我国农业发展的长期影响，从理论上更深入地探讨农业补贴政策与农业发展之间的互动关系，在实践上推动我国农业补贴政策的理性发展和不断完善。

一 农业的多功能性特征

长期以来，人类对农业的认识仅仅局限于经济层面，认为农业就是为社会提供食品与工业原料。但是，由于生产方式对自然的高

[①] 农业具有经济、社会和环境三大功能，由于其社会和环境功能均具有较为突出的公共产品性质，外部效应显著，因此，本书在分析农业补贴政策绩效时，为简练起见，将农业补贴社会目标的实现和环境目标的实现统称为社会绩效。

度依赖，以及其赖以存续和发展的土地和水等资源天然地具有经济效用、生态效用和社会效用等不同的价值体现[1]，农业在人类社会发展中的作用远不止于此。农业除了为国民经济的发展提供物质基础外，还为人类提供环境、社会、文化等非物质产品，此即农业的多功能性。国外学者曾在调研的基础上将农业的目标总结为包含社会目标、环境目标和经济目标的一个综合体系（见表1—1）。其中社会目标包括农户财产的保护、村庄维护和乡村生活质量的提高以及传统农产品的保护。环境目标包括鼓励同环境保护相协调的农业活动、自然区域的保持和传统农业风景的保护，这一环境目标是由农业经济生产和自然生产合而为一的特征决定的，农业生产是人类与自然资源最直接的互动。国外有学者甚至提出，从全球范围看，农业是对环境最大的威胁。农业的经济目标主要包括合理消费价格的保障、安全和健康食品的保障、保障农民收入、保障国家粮食自给，以及鼓励农场之间的有序竞争。农业的多功能性正是上述农业生产多目标性的客观表现。1992年联合国环境与发展大会通过《21世纪议程》，正式采用了这一概念，指出农业除了能够提供食品和纤维等商品外，还具有重要的社会和环境等功能[2]。

农业的这种多功能特性是随着人类经济活动的演进和生活需求的不断升级而得到发掘的。在农业经济时代，人类从事农业生产的主要目的是为社会提供足够的粮食供给，以改善生活、积累资金。工业经济时代，随着人类从事农业生产活动产出效率的提高，农业在国民经济中的地位和作用开始呈现多元化趋势，人类对农业的依赖逐步从单纯经济层面的物质生产拓展到社会、文化层面的精神生产，农业的功能开始向保证食品安全、提高农业经济效率和实现环

---

[1] 李传健：《农业多功能性与我国的农业补贴》，《农业经济》2007年第5期。
[2] Nadine Turpin, Pierre Dupraz, et al., "Claudine Thenail, Alexandre Joannon. Shaping the landscape: Agricultural policies and local biodiversity schemes", *Land Use Policy*, Vol. 26, April 2009, pp. 273 – 283.

境保护方面拓展，以满足人类对高品质生活的追求。到了后工业时代，随着经济发展和生活水平的提高，人类对良好生存环境的需要越来越迫切，农业生产中的环境与生态保护、文化保护功能开始被赋予更加重要的意义[①]。

表1—1　　　　　　　　　　农业目标体系

社会目标	环境目标	经济目标
1. 农户财产的保护 2. 村庄维护和乡村生活质量的提高 3. 传统农产品的保护	1. 鼓励同环境保护相协调的农业活动 2. 自然区域的保持 3. 传统农业风景的保持	1. 合理消费者价格的保障 2. 安全和健康食品的保障 3. 保障国家粮食自给 4. 保障农民收入 5. 鼓励农场之间的有序竞争

资料来源：这是 Gómez-Limón 等根据调查得出的对农业目标体系的分类，见 JA Gómez-Limón, I Atance, "Identification of public objectives related to agricultural sector support", *Journal of Policy Modeling*, Vol. 26, 2004, pp. 1045 – 1071。

农业的多功能性，尤其是其社会目标和环境目标反映了农业广泛的外部性特征，尽管从短期看这些目标的缺失不会给农业发展和农民的经济生活带来多大的波动，但它们最终却会以约束甚至阻碍农业持续发展能力的方式体现出来。农业自身的特点决定，一方面其比较效益低且承担较大的自然和市场风险，另一方面又关系社会的稳定和二、三产业的发展基础；一方面要重视农民收入的提高和农村经济的发展，另一方面又要保障合理的消费者价格；一方面要挖掘潜力保障国家粮食安全，另一方面又要兼顾农业生态环境的改善和自然资源的保护；一方面要考虑本国农业发展的内在特点和成长规律，另一方面又要提升农产品的国际竞争力。这种公共物品特

---

① 梁世夫：《农业多功能性理论与我国农业补贴政策的改进》，《调研世界》2008 年第 4 期。

性在客观上决定,仅仅依靠市场的力量很难从根本上改变各国农业发展面临的困境。对我国而言,耕地流失、农地非农化、食品安全、城乡二元结构等现实问题已经很难在市场中找到矫正的机会和路径。

近年来,随着工业化和城市化进程的不断推进,农业自身所具有的弱质特性进一步凸显,农业发展空间被挤压,而全球贸易自由化程度的进一步加深,则使很多国家的农业处于非常不利的境地。农业的萎缩和发展困境直接影响到其经济、社会、生态和文化等方面功能的发挥,甚至"威胁到农村社会以至整个国家的可持续发展"[①]。与此相适应,从20世纪80年代末90年代初开始,农业的多功能性（multi-functionality of agriculture）研究日益成为国内外理论界关注的热点问题[②]。

二 农业的多功能性成为农业补贴的重要理论依据

从世界各国农业发展历程看,对农业进行保护和补贴是一个普遍性的世界问题。事实上,各国对农业进行补贴和支持的最初动因来自于对农业产出的考量和本国农产品竞争力的保护,即农业经济功能的实现。作为国民经济的基础,由于生产过程对自然的高度依赖和近乎完全竞争的市场结构,农业在其发展中普遍地表现出弱质性特征,不仅在发展中国家如此,在发达国家也不例外。因此,农业的弱质性也成为各国政府加大农业投入的第一个理由,旨在保障农产品的有效供给,忽视农业非经济功能的农业补贴政策倾向也成为各国农业补贴政策的共同特点[③]。但是,随着各国农业发展生态环境约束问题的凸显,进入21世纪以来,各国都在农业多功能性特性的理论基础上朝着亲环境、亲生态的方向调整补贴政策目标和

---

① 陶陶等:《农业的多功能性与农业功能分区》,《中国农业资源与区划》2004年第1期。
② 彭建等:《农业多功能性评价研究进展》,《中国农业资源与区划》2014年第12期。
③ Lesjak H A., "Explaining organic farming through past policies: comparing support policies of the EU, Austria and Finland", *Journal of Cleaner Production*, Vol. 16, 2008, pp. 1 – 11.

工具，同时农业的多功能性也成为联合国在世界范围内支持农业发展的重要依据。1999年法国的《农业引导法案》(Agricultural Guidance law)、同年欧盟共同农业政策改革方案都采用农业多功能性概念并将其作为依据[①]。近年来，上述各国以及新西兰、澳大利亚等发达国都非常重视粮食生产和农业资源的有效利用和保护、农业生态环境的保护，以及农产品质量安全的关系，不断完善农业补贴政策，全面关注农业不同功能的协同发展。总之，从国际上农业补贴的发展趋势看，尽管WTO农业规则的约束越来越强，但无论是发达国家还是发展中国家，农业补贴的总量都在增加，不同的是，农业补贴的方式开始出现很多调整，而且共性是给予生态效应更多关注。

我国对农业功能的认识也经历了由单纯强调经济层面逐步向关注非经济层面的变迁过程。以我国的工业化进程为例，作为传统农业大国，我国的工业化起步于农业经济，为了弥补起步晚、基础薄弱的问题，我国实施了"城市偏向"的高速工业化战略，长期实行农业支持工业发展的产业政策，将农业作为工业化的提款机和加油站，结果违背了经济发展的规律，扭曲了农村与城市、农业与工业的关系，二元经济结构被强化，农业的发展基础被弱化。

为了改变农业的弱势地位，巩固农业和国民经济发展基础，政府自2004年开始对农业进行"反哺"，先后实施了农作物良种补贴、种粮农民直接补贴和农资综合补贴"三项补贴"政策，旨在保障粮食安全，促进农民增收，推动农业和农业的发展。客观地讲，即便是对农业进行补贴，我们最初也主要出于经济目标，无论是解决农民的收入、保障农业经济的增长，还是保证本国粮食安全，都是为了保证向消费者以合理的价格提供足够和稳定的食品供应，同

---

① Nadine Turpin, Pierre Dupraz, et al., "Claudine Thenail, Alexandre Joannon. Shaping the landscape: Agricultural policies and local biodiversity schemes", *Land Use Policy*, Vol. 26, April 2009, pp. 273-283.

时使农民获得满意的收入,而很少考虑农业环境等因素。

但是农业补贴政策实施十多年来,对政策经济功能的单维度关注积累的问题开始显现。一方面,补贴的生产激励效果逐步递减,农业补贴增量和粮食增产的相关性在逐步下降,目前已经接近于零[①];另一方面,面对日趋严峻的食品安全和农业生态环境恶化问题,原有的农业补贴政策又似乎显得束手无策。农业多功能性理论的发展和国内外农业补贴的实践使我们不得不理性而全面地审视农业的角色及农业补贴的政策目标。2015年开始的农业补贴政策改革强调要"调动农民加强农业生态资源保护意识,主动保护地力,鼓励秸秆还田,不露天焚烧。用于耕地地力保护的补贴资金直接现金补贴到户",标志着我国对农业环境功能和农业补贴政策环境目标的关注正式从理论层面走向实践层面。

三 社会绩效是农业补贴绩效评估的重要内容

公共政策绩效评估是政府绩效评估的重要内容,是运用科学的方法和相对统一的标准对政府制定和执行公共政策的科学性、可行性和实施效果、效率和效益进行综合性测量和分析的活动,是公共政策延续、改进和终止的重要依据。从20世纪90年代开始,公共政策绩效评估已经得到越来越多国家的重视,美国、法国以及日本、韩国等一些发达国家相继开展了公共政策绩效评估。公共政策的根本目的在于对公共利益的追求,因此,公共政策绩效评估在注重国家自身的需求,即能满足国家得以持续的目标的同时,往往更加关注人类的长远发展需求,强调只有满足人类的需求,政策才对人类有价值,才能证明其存在的合理性。

农业的弱质性和多功能性决定了农业补贴政策目标具有多层次

[①] 冯海发:《农业补贴制度改革的思路和措施》,《农业经济问题》2015年第3期。

性和公共物品特性。所谓多层次性，即根据农业的多元化目标体系，农业补贴绩效的评价应该包括两个层面，即经济绩效和社会绩效（见表1—2）。从我国的国情看，经济绩效可以细分为四个方面，包括合理的农产品价格保障、农民收入保障、国家粮食自给保障和良好竞争秩序的维护。本书将经济绩效之外的非经济表现统称为社会绩效，包括三个方面[①]：农业资源的持续发展，包括农业生态环境和资源的保护；农业经营方式的持续发展，即通过补贴政策的导向功能，引导农业生产向适合中国国情的方式发展；农产品国际竞争力的持续提升，包括农产品尤其是粮食在质量安全保障和合理的价格形成机制。所谓公共物品特性即上述社会绩效所涉及的这三个方面均表现出典型的外部性或公共性，不仅支撑着农业的持续发展，也是国民经济、社会、政治文化平衡发展的基础。但是由于这些功能并非直接显现，且无论正外部性还是负外部性都不直接与生产者本身关联，因此，与农业补贴的经济绩效相比，其社会绩效往往容易被忽视。随着对农业多功能性认识的深化，尤其是对其公共物品特性的研究的深入，农业补贴政策社会绩效的评价研究得到理论界和实践界越来越多的关注。

表1—2　　　　　　　　农业补贴绩效评价标准

经济绩效	社会绩效
1. 合理的农产品价格保障； 2. 农民收入保障； 3. 国家粮食自给保障； 4. 良好竞争秩序的维护	1. 农业资源的持续发展； 2. 农业经营方式的持续发展； 3. 农产品国际竞争力的持续提升

---

① 由于农业的政治功能指农业发展状况在维护社会秩序、保障国家战略储备安全方面的作用，文化功能主要指农业作为传统文化的载体在教育、观念、审美养成等方面具有的积极作用，与农业补贴关联度不高，所以本书对社会绩效的评价将主要关注生态效应、制度变迁效应和国际竞争力影响三个方面。

从对农业补贴历史、各种补贴方式经济效果、各国农业补贴水平测算的研究，发展到对农业补贴社会政策绩效的分析，这是农业补贴研究的一大进展，是对农业补贴从理论到实践认识不断深入的体现。从国外研究看，关于农业补贴政策社会绩效的研究最初源于对农业出口补贴等保护政策带来的贸易扭曲的关注，大部分学者认为，农业补贴政策，尤其是农产品出口补贴和进口限制是对WTO规则的扭曲，在客观上大大损害了发展中国家的利益[1]。学者们的研究主要从社会绩效和环境绩效两个方面展开，前者侧重研究农业补贴政策与农户行为的关系、农业补贴资金在不同人群中的分配等，总体而言，这方面的研究尚不是很多，学者们关注的焦点是农业补贴政策的环境效应，他们围绕农业可持续发展这一概念，注重探讨各项农业补贴政策与农业可持续发展的关系。大多成果认为农业补贴政策的实施加速了土壤恶化；造成了对土地、水等资源的掠夺性使用；刺激了化肥、杀虫剂等的过量投入，因此主张逐步削减农业补贴，调整农业补贴政策。如，林加德（Lingard，2002）认为改变价格信号可能导致农民用一些有污染的投入品代替无污染的投入品，或者转而只生产那些具有高产出的产品，如奶牛，而减少产出相对较少的谷物等的生产[2]。米德摩尔等（Midmore et al.，2001）以英国牧区为例分析了农业支持与环境发展之间的冲突，认为应该在畜牧业本身的发展和社会整体发展之间寻找一个有效的平衡点[3]。布拉德肖和斯密特（Bradshaw，Smit，1997）分析了农业补贴和农

---

[1] Claire Godfrey, "Stop the Dumping How EU agricultural subsidies are damaging livelihoods in the developing world", *Oxfam briefing paper*, Vol. 2, 2002, pp. 1 – 12.

[2] John Lingard, *Agricultural Subsidies and Environmental Change*, Encyclopedia of Global Environmental Change, John Wiley & Sons, Ltd., 2002.

[3] Peter Midmore, Anne-Marry, Gabriella Roughley, "Policy reform and the sustainability of farming in the up lands of the United Kingdom: conflicts between environment and social support", *Journal of Environmental Polidy & Planning*, Vol. 3, 2001, pp. 43 – 63.

业生态环境发展之间的关系,并提出缩减农业补贴可以减少化肥的使用、保护森林和耕地,可以减缓因为过度放牧导致的土壤流失[1]。拉维娜等(La Vina et al.,2006)等认为,农业补贴政策给发达国家带来的环境影响包括土地恶化、水的污染和不断降低的生物多样性;在发展中国家,补贴政策则导致了为了弥补低价格的损失不断扩大种植面积等对资源的掠夺性使用、因为较低的价格导致的贫困的加剧等问题[2]。达斯古普塔等(Dasgupta et al.,1997)指出,现行的农业补贴存在诸多弊端,如过多地耗费财政资源,加重税赋,破坏环境等[3]。戈麦斯等(Gómez et al.,2004)全面分析了农业补贴的目标体系,指出恰恰由于政府没能充分考虑农业补贴的社会绩效才导致了政策的次优[4]。施密德等(Schmida et al.,2007)通过分析指出,占据主导地位的产出补贴已经被OECD划分为环境破坏型补贴方式,并通过数据分析证明,目前OECD国家农业补贴政策改革的环境效应是积极的、明显的[5]。随着研究的深入,学者们除了关注农业补贴政策的实施在环境方面产生的诸多负面效应外,还开始探讨可持续性的农业发展政策。万德米伦等(Vandermeulen et al.,2008)在农业可持续发展的前提下提出,应当通过多学科交

---

[1] Ben Bradshaw, Barry Smit, "Subsidy Remover and Agroecosystem Health", *Agriculture, Ecosystems and Environment*, Vol. 6, 1997, pp. 245 – 260.

[2] Antonio La Vina, Lindsey Fransen, Paul Faeth, Yuko Kurauchi, "Reforming agricultural subsidies: 'no regrets' policies for livelihoods and the environment", *World Resources Institute*, 2006.

[3] Dasgupta. P, Maler. kg, Archibug. Fetal, "Reforming subsidies", *State of the world*, 1997, pp. 132 – 150.

[4] JA Gómez-Limón, I Atance, "Identification of public objectives related to agricultural sector support", *Journal of Policy Modeling*, Vol. 26, 2004, pp. 1045 – 1071.

[5] Erwin Schmida, Franz Sinabell, Markus F. Hofreither, "Phasing out of environmentally harmful subsidies: Consequences of the 2003 CAP reform", *Ecological Econpmics*, Vol. 60, 2007, pp. 596 – 604.

叉研究以制定有利于农业可持续发展的农业支持政策①。阿莫雷斯等（Amores et al.，2007）提出在充分考虑农业可持续发展的前提下，根据农场的效率分配补贴数额②。

在研究方法上，国外学者主要通过案例和实证分析得出结论，研究的主要对象集中于 OECD 国家，如欧盟、新西兰（Dodd，2008；Lingard，2002）、加拿大、西班牙（Amores，2007）、澳大利亚、芬兰（Lesjak，2008）③ 等，泰国、印度尼西亚和菲律宾（Mundlak et al.，2004）④ 等国家也是学者们关注较多的国家。

从国内情况来看，由于 2004 年我国才正式拉开工业反哺农业的帷幕，因此，理论界对农业补贴问题的研究主要集中在国外农业补贴政策的介绍、我国农业补贴水平的测算、加入 WTO 后我国应该在农业补贴方面采取的对策，以及各种不同农业补贴方式的比较等几个问题上。但随着实践的推进，理论界对农业补贴问题关注的范围和深度都在不断拓展，近几年涌现出一批新的成果，学者们开始关注对农业补贴政策绩效的研究。但是从总体上看，多数研究都将研究范围限定在经济绩效的评估上，采用定性和各种定量研究方法估计不同农业补贴政策或者农业补贴总量对粮食增产、农民增收

---

① V. Vandermeulen, G. Van Huylenbroeck, "Designing trans-disciplinary research to support policy formulation for sustainable agricultural development", *Ecological Economics*, Vol. 67, 2008, pp. 352 – 361.

② Antonio F. Amores, Ignacio Contreras, "New approach for the assignment of new European agricultural subsidies using scores from data envelopment analysis: Application to olive-growing farms in Andalusia (Spain) ", *European Journal of Operational Research*, 2007. doi: 10.1016/j.ejor.2007.06.059.

③ Heli Annika Lesjak, "Explaining organic farming through past policies: comparing support policies of the EU, Austria and Finland", *Journal of Cleaner Production*, Vol. 16, 2008, pp. 1 – 11.

④ Yair Mundlak, Donald Larson and Rita Butzer, "Agricultural dynamics in Thailand, Indonesia and the Philippines", *The Australian Journal of Agricultural and Resource Economics*, Vol. 48, 2004, pp. 95 – 126.

和农机购买等经济指标的影响[①]。

近年来,由于我国农业发展也开始面临生态环境恶化、化肥过量使用、食品安全问题频现等困境,这一现实促使人们开始更加理性地审视农业补贴问题,也使得越来越多的人认识到,政府实施农业补贴政策的目标不应仅仅局限于农民增收、粮食增产这些显性目标,更应着眼于未来,提高农业可持续发展能力,提升农产品竞争力,改善农村社会环境,促进农业社会功能和环境功能的实现。鉴于此,越来越多的国内研究开始关注农业补贴的社会绩效的评价。程国强(2012)[②]、侯玲玲和穆月英等(2012)[③]、张少兵(2007)[④]、王利荣(2010)[⑤]、邢骄阳(2013)[⑥]等从环境效应方面对农业补贴政策的效果进行了分析;张铁亮等(2012)[⑦]、李繁荣等(2014)[⑧]着重从可持续发展的角度分析了农业补贴与农业生态的互动关系;冀县卿等(2015)[⑨]、冯峰等(2009)[⑩]分析了农业补贴与农村土地流转的关系。这些研究都以不同角度分析了农业补贴的社会绩效,是我国农业补贴社会绩效研究的重要尝试,是农业补

[①] 这方面的成果很多,参见顾和军《农民角色分化与农业补贴政策收入效应分析》,中国社会科学出版社 2013 年版;草光乔:《农机补贴对农户购机行为及作业服务需求的影响》,中国农业科学技术出版社 2011 年版;钟春平:《中国农业税与农业补贴政策及其效应研究》,中国社会科学出版社 2011 年版;等等。

[②] 程国强:《农业补贴政策必须注重创新支持机制》,《中国合作经济》2012 年第 3 期。

[③] 侯玲玲、孙倩、穆月英:《农业补贴政策对农业面源污染的影响分析》,《中国农业大学学报》2012 年第 4 期。

[④] 张少兵:《国外农业补贴的环境影响与政策启示》,《经济问题探索》2007 年第 12 期。

[⑤] 王利荣:《农业补贴政策对环境的影响分析》,《中共山西省委党校学报》2010 年第 1 期。

[⑥] 邢骄阳:《我国农业补贴促进产地环境保护的现状、障碍及对策研究》,《宏观经济研究》2013 年第 2 期。

[⑦] 张铁亮等:《农业补贴与农业生态补偿浅析》,《生态经济》2012 年第 12 期。

[⑧] 李繁荣等:《农业补贴政策的生态化探析》,《长春工业大学学报》2014 年第 1 期。

[⑨] 冀县卿等:《如何发挥农业补贴促进农户参与农地流转的靶向作用》,《农业经济问题》2015 年第 5 期。

[⑩] 冯峰等:《基于土地流转市场的农业补贴政策研究》,《农业经济问题》2009 年第 7 期。

贴绩效评价不可或缺的重要内容，不仅能够使我们更加全面地分析和认识现行农业补贴政策的实施效果，还可以使我们更深入地探讨农业补贴政策与农业发展之间的互动关系，在实践上推动我国农业补贴政策的理性发展和不断完善。

第二节 基本概念界定

根据本书的研究目标，首先需要对本书涉及的核心概念农业补贴和社会绩效予以界定。

一 农业支持、农业保护与农业补贴

（一）农业支持和农业保护

关于农业支持和农业保护的内涵，国内外均有很多学者从不同角度进行了阐释。传统观点往往将农业支持和保护视为同义语不加区分，认为从本质上讲二者都是政府为发挥农业的基础性作用，保障农业的发展而采取的一系列扶持农业发展的措施。我国在1998年党的十五届三中全会通过的《中共中央关于农业和农村工作若干重大问题的决定》中提到的"要建立健全国家对农业的支持保护体系""加强农业立法和执法，支持和保护农业"等扶持农业发展的表述也并未对支持和保护两个概念进行区分。因此，在国内理论研究中很多学者都将农业保护和农业支持两个概念混为一谈。但是近年来，越来越多的学者开始关注两者的不同，并从内涵和外延上对二者进行区分。

就内涵而言，农业保护（protection）侧重于"改变"，即政府通过各种手段弥补农业由于其弱质性天然产生的竞争劣势，以巩固农业在工业化过程中的基础性地位，和它与其他产业以及整个国民经济的协调发展，其核心的政策目标在于"改变"农业发展面临的

困境。农业支持（support），侧重于"改善"和"提升"，即政府实施各种政策措施加大对农业和农村的投入力度，以提升农业自我发展能力，推动农业和农村经济社会的持续协调发展，其核心的政策目标在于"改善"农业生产的基本条件，保障农业的可持续发展。

就外延而言，农业支持和农业保护所采取的措施也各有侧重。为了"改变"农业竞争劣势地位，农业保护通常采用价格干预和边境控制措施，前者如农产品出口补贴、生产补贴、投入品补贴、关税保护、粮食最低收购价或者目标价格等，后者主要是指各种非关税壁垒，如配额、技术壁垒、检验标准等。上述政策措施与WTO《农业协定》中"黄箱政策"基本契合，由于实施过程中会扭曲农产品价格，阻碍国家贸易自由，因此，属于WTO努力加以限制和削减的范围。为了实现"改善"农业发展环境"提升"农业发展能力的目标，农业支持政策主要包括两类，一是改善农业基础条件的投入，如对水利、交通、通信等基础设施的投入、地区发展补贴等。二是改善农业要素的投入，如良种补贴、农业科技投入、农民教育培训投入等。因为这些政策对市场的扭曲作用较小，因此大部分属WTO《农业协议》中"绿箱政策"鼓励和支持的政策类型。

（二）农业补贴

根据OECD对农业补贴的定义，它包含三个方面：一国政府或一定区域内的任何公共实体对农业提供的财政捐助（如政府的直接转移支付、政府对农村服务和基础设施的提供等）；依据关贸总协定（GAAT）1994年第ⅩⅥ条所提供的任何形式的收入或价格援助；任何被赠予的好处。换言之，广义的农业补贴包括对农业的任何透明的直接转移支付和更宽泛的隐蔽性的间接资助（如针对农业的特殊的税收减免）。正如珀特格尔（Portugal，2002）所强调的，凡是通过政府提供给个人或者企业的任何形式的有利于他们增加收入减少成本的好处均属于农业补贴[①]。从这个意义上讲，农业补贴属于各国对农业支持和农业保护最经常使用的政策工具。广义上的补贴包括"绿箱政策"和"黄箱政策"，狭义上的补贴主要指"黄箱政策"。

目前，我国的农业补贴政策共涉及八种类型，分别是：收入类直接补贴政策、生产投入类补贴政策、生产技术推广补贴政策、农村公益建设事业补贴政策、农民生活补贴政策、专项转移支付政策、资源和生态补贴政策和间接补贴政策[②]。本书讨论的农业补贴政策主要限于2004年以来我国先后实施的粮食直补、良种补贴、和农资综合补贴"三项补贴"（个别章节在分析过程中也将包含农机具购置补贴），旨在从社会绩效的角度，探讨2004年来我国农业补贴政策实施的效果，在全球化、工业化转型升级和可持续发展的大背景下，寻找我国现行农业补贴政策的发展方向。

二 政策绩效、经济绩效与社会绩效

（一）政策绩效

从字面意思解释，绩效包括成绩和效率两方面内容，主要是指行为主体在既定资源和环境约束下，对目标的实现程度以及实施效率情况。不同于注重成本节约、追求高投入产出比的经济学意义上的"效率"，绩效不仅仅包含经济范畴中的效率含义，它还具有伦理和政治范畴的意义，也就是说绩效是一个既重视效率导向，又重视价值导向的概念。因为其目标的多元性，这一概念被广泛应用到经济管理、人力资源管理以及公共部门中，如企业绩效管理、员工绩效考核和政府绩效评估等。其中经济管理和人力资源管理中的绩

[①] Portugal L., Methodology for the Measurement of Support and Use in Policy Evaluation. OECD Directorate for Food, Agriculture and Fisheries, Paris, 2002 (http://www.oecd.org/dataoecd/36/47/1937457.pdf).

[②] 何忠伟等：《我国农业补贴政策速查手册》，金盾出版社2014年版。

效评估侧重对经济层面投入产出的衡量,公共部门中的绩效管理目标往往更加宽泛,既包括对投入产出等经济绩效的衡量,也包括政治绩效、文化绩效、社会绩效等方面。本书要研究的农业补贴政策的社会绩效属于公共政策绩效评估的范围,是公共部门绩效管理的重要内容。

(二)经济绩效

经济绩效是指绩效评价中涉及投入产出比,或者说资源配置效率方面的评价。所谓农业补贴的经济绩效即农业补贴对农业产出和农民收入等经济指标所产生的影响,通常包括三个方面:一是改变资源配置效率,即通过农业补贴改变原有的农业投资回报率,提高农业生产者收益,从而将农业外部性内部化;二是改变农业生产者收入,即通过补贴降低农业生产成本,增加农民收入;三是价格调控,即通过直接或间接方式干预和影响主要农产品价格,稳定农产品价格,保障农业投入和农业生产的稳定。从国内外的研究看,对农业补贴政策绩效的研究主要集中在经济层面,如王姣和肖海峰(2006)[1]、王欧和杨进(2014)[2]、黄季焜等[3]分析了农业补贴对粮食生产的影响;樊胜根等(Fan et al., 2008)[4]、顾和军(2007)[5]等学者分析了农业补贴对农民收入的影响;此外还有一些研究涉及农业补贴政策对农民农机使用数量、农业投入的影响等。由于保障粮食安全、增加农民收入是我国实施农业补贴政策的重要目标,因

---

[1] 王姣、肖海峰:《中国粮食直接补贴政策效果评价》,《中国农村经济》2006年第12期。

[2] 王欧、杨进:《农业补贴对中国农户粮食生产的影响》,《中国农村经济》2006年第12期。

[3] 黄季焜、王晓兵等:《粮食直补和农资综合补贴对农业生产的影响》,《农业技术经济》2011年第1期。

[4] Fan S., Gulati' A., et al., "Investment, Subsidies and Pro-poor Growth in Rural India", Agricultural Economics, Vol.39, No2, 2008, pp.163-170.

[5] 顾和军:《农业补贴政策与农民收入关系探讨》,《山东农业大学学报》2007年第2期;顾和军:《农民角色分化与农业补贴政策低收入分配效应》,中国社会科学出版社2013年版,第113—117页。

此这些研究有利于我们从经济绩效角度准确把握补贴政策的实施效果，并及时做出调整。但是2004年以来，我国先后实施的"四项补贴"政策还有一个重要的目标是推动农村和农业的发展，也就是说农业补贴还必须提升农业和农村的自我发展能力，而这些则是经济绩效评估难以涵盖的。

（三）社会绩效

社会绩效衡量的是非经济层面的政策效果，本书中农业补贴的社会绩效指的是农业补贴带来的非经济影响，主要包括三个方面：一是对农村和农业生态环境的影响，即生态效应。农业对资源禀赋和生态环境具有较强的依赖性，同时也会对生态环境产生直接的影响，借助于环境导向的农业补贴政策，政府可以实施环境保护计划，保护和改善农业资源、维护生态多样性。二是对农业经营体制机制的影响，也就是制度变迁效应，即补贴会改变产业间的利益分配，优化、延长农业产业链条，改变农业生产经营方式。三是对农产品市场竞争力的影响，也就是农产品竞争力提升效应，即通过补贴将外部性内部化，可以引导农业经营者优先选择农产品质量安全，促进农产品质量控制良性运行，在绿色农业的背景下，提高农产品国际竞争力。

我国农业自20世纪60年代末开始形成依靠高物质投入维持的发展模式，半个多世纪后的今天，我们仍然逡巡于这种投入依赖型的发展路径。这样的线性发展模式虽然保证了我国农业的稳定发展，满足了社会和国民经济其他部门对农产品的基本需求，但是近几年，随着农村生态环境的恶化，食品安全问题的凸显，原有粗放式的农业生产模式遇到了前所未有的挑战。因此，当前，从理论界到政府部门都开始高度关注各项农业补贴政策的社会绩效，旨在保护农村生态环境，提升农业的自我发展能力。本书选择生态效应、制度变迁效应和农产品竞争力提升效应三个层面对农业补贴社会绩效进行研究也是基于对我国农业发展面临的问题的分析和对未来发展趋势的预测两大问题的综合考量。希望通过对农业补贴社会绩效的系统研究，更加全面地衡量农业补贴政策的绩效，使农业补贴政策在保障粮食安全和农民增收的基础上真正起到推动农村和农业发展的目的。同时也克服单一经济绩效评价忽略外部经济、社会环境影响的片面性，推动农业补贴政策更加符合WTO《农业协定》的要求。

第三节 相关理论及其研究进展

本书主要是对农业补贴绩效进行分析，因此，对公共政策绩效评价相关理论、公共产品理论及其研究进展进行梳理，对厘清研究思路和深化研究内容具有重要参考价值。农业补贴政策绩效很大程度上取决于农户对农业补贴政策的行为反应，因此，对农户行为理论和研究进展进行总结，是认识农业补贴政策传导机理的理论基础。此外，由于农业补贴政策涉及农业、财政、环境保护等不同职能部门，因此部门协调、政策目标、工具的协调性至关重要，因此，为了为最后的政策建议部分提供扎实的理论支撑，本部分还将对政策协同理论及其研究进行回顾。

一 公共政策绩效评价理论

（一）公共政策绩效评价的概念界定

公共政策绩效评价是政府绩效评估中的重要部分，是对政府制定的某一政策或制度，在运行过程、实施结果上的综合判断与评价。它的目的是为了提高政府制定公共政策的效益，注重测评整体水平，反映政府公共政策的总体绩效。政府公共政策的执行是一个动态的过程，所以公共政策绩效评价就显得尤为重要，它不仅能够及时地检验政策实行的效果，还是政策延续、改进或终止的重要依据。有效的公共政策绩效评价有利于实现公共资源的有效配置、提高决策的科学化和民主化水平。

（二）国内研究现状

我国对公共政策的研究起步较晚，20世纪80年代才开始研究政策学，直到90年代才开始有关于政策执行方面的研究，至于公共政策绩效评价的研究就更晚更少了。国内对于公共政策绩效评价的研究主要有以下几个方面：我国公共政策绩效评价理论的内容和定位、国外公共政策绩效理论研究比较及启示、公共政策绩效评价体系的构建、公共政策和绩效评估的关系等方面。

公共政策评估的定位和内容方面：国内学者对公共政策评价的定义莫衷一是，众说纷纭，陈振明（2003）认为公共政策评价是依据一定的标准和程序，对政策的绩效、效率及价值进行判断的一种评价行为，目的在于取得有关这些方面的信息，作为决定政策变化、政策改进和制定新政策的依据[1]。陈庆云等（2005）认为评价说到底是一种价值判断，利益评判，运用利益分析法来评价公共政策[2]。国外的比较和启示方面，姚刚（2008）从五个方面提出了加强公共政策绩效评估的途径和方法，包括提高公共政策绩效评估对政府绩效的重要性、从法律制度上促进公共政策绩效规范化标准化、加强专业人才培养、运用科学评估方法提高评估的针对性和有效性、增加民众参与度和评估透明度。孙洪敏、刁兆峰（2008）强调提高公民参与度，加强对绩效的审计。韩永红（2012）提出，应该通过建立政务信息公开平台、完善网络服务等途径促进重大公共政策绩效评估发展[3]。雷晓康等（2008）认为，要做好公共政策绩

---

[1] 陈振明：《公共政策分析》，中国人民大学出版社2003年版，第268页。
[2] 陈庆云、鄞益奋：《论公共管理研究中的利益分析》，《中国行政管理》2005年第5期。
[3] 韩永红：《重大公共政策绩效评估的现状与改革》，《中国纪检监察报》2012年第7期。

效评估工作，领导干部要转换工作思路，不要怕工作绩效影响政绩。同时要杜绝虚假数据、虚报指数的出现，提高绩效评价的可信度。加强行政工作中的成本意识，结合我国特点制定符合我国国情的评价体系[①]。刘帅（2014）提出要加大政策绩效评估的宣传教育力度，提高政策评估组织的专业性[②]。在公共政策绩效评价体系的构建方面：姜国兵（2012）认为公共政策绩效评估体系可以分为广义和狭义两个层面[③]。贾凌民（2013）提出要构建科学的公共政策绩效评估指标体系，以结果为导向建立既全面又有重点的指标体系[④]。雷晓康、席恒、马朝琦（2008）认为公共政策绩效评估方法有两种：成本—收益分析法（cost-benefit analysis，CBA）和成本—效果分析法（cost-effectiveness analysis，CEA），CBA 适用于绩效可用货币衡量的情况，CEA 可使用的范围广，不能用货币衡量的绩效它照样可以评估，当然难度上也有所加大[⑤]。冯龙、潘金华（2014）认为绩效是相对的，一方面绩效是客观存在的，另一方面绩效又是由主观判断的。而且我国的公共政策绩效研究，实践中还处于摸索和探索期，总体上还处于粗放阶段[⑥]。公共政策和绩效评估的关系方面：姚刚（2008）从绩效评估和公共政策的内在联系入手，说明了政府绩效评估中公共政策绩效评估的重要性，他从三个方面的分析发现了政府绩效和公共政策的内在联系，认为政府管理离不开公共政策，公共政策也是通过政府管理行为实现的[⑦]。公共

---

① 雷晓康、席恒、马朝琦：《美国公共政策绩效评估方法及中国的借鉴》，《复旦公共行政评论》2008 年第 00 期。

② 刘帅：《我国公共政策绩效评估存在的问题与对策》，《商》2014 年第 1 期。

③ 姜国兵：《公共政策绩效评估体系建构初探》，《广东行政院报》2012 年第 6 期。

④ 贾凌民：《政府公共政策绩效评估研究》，《中国行政管理》2013 年第 3 期。

⑤ 雷晓康、席恒、马朝琦：《美国公共政策绩效评估方法及中国的借鉴》，《复旦公共行政评论》2008 年第 00 期。

⑥ 冯龙、潘金华：《浅论政府公共政策绩效评估》，《经营管理者》2013 年第 27 期。

⑦ 姚刚：《国外公共政策绩效评估研究与借鉴》，《深圳大学学报》2008 年第 4 期。

政策的公共性与政府追求目标具有一致性，它们之间是密不可分的，公共政策绩效理应是政府管理绩效的一部分。韦春艳、漆国生（2010）认为，公共政策的公信力是影响公共政策绩效的重要因素[1]。

（三）国外研究现状

国外关于公共政策评估的研究较为成熟，但是对于绩效评价包含整个过程还是只限于结果也存在分歧。帕顿、沙维奇（2002）认为，整个政策制定、执行、结果都应该进行评估[2]。邓恩（2002）则认为，绩效评估应该在每一阶段完成之后进行，没有完成的政策没必要进行绩效评估。根据在政策评估时是否植入价值判断，公共政策评估可以分为两种流派，其中一种是"理性主义政策评价"。德国学者沃尔曼认为，政策评估是一种分析工具，要为政策的执行和结果做出信息反映，并把这一信息反馈出去来影响或修正政策的制定。他在其文章中提出了经典评价（classic evaluation）一词，指出要认真分析政策成功或失败的原因，以及政策运行是如何影响现实世界的。在他看来，政策绩效评价的实质就是通过揭示因果机制来反映其有效性[3]。博文斯（Bovens M.，2006）等学者将这种把事实和价值分开来研究的方法定义为理性主义政策评估[4]。现如今，国内外关于绩效评估的研究一直视绩效评估为价值中立的，由所谓的"技术学派"领导。但是理论界并不是铁板一块，美国学者科尔

---

[1] 韦春艳、漆国生：《我国公共政策公信力问题探析》，《理论导刊》2010年第2期。

[2] ［美］卡尔·帕顿、大卫·沙维奇：《政策分析和规划的初步方法》，华夏出版社2002年版，第160页。

[3] H. Wollman, "Policy Evaluation and Evaluation Research" in F. Fischer, G. Miller and M. Sidney, *Handbook of publicpolicy: theory, politics and methods*, Boca Raton CRC Press, chapter 26, 2007.

[4] Bovens M., Hart P T, Kuipers S, *The Politics of Policy Evaluation*, in M. Moran, M. Rein, and R. Good in (eds.), The Oxford Handbook of Public Policy, Oxford: Oxford University Press, 2006.

曼（Coleman）早在40年前就指出，不存在一种综合性的研究方法能够对公共政策绩效做出评价，丹麦学者阿尔贝克（Albaek，1990）认为，所谓的价值中立实质还是基于实证主义把政策作为理性决策的结果[①]。

二 公共产品理论

（一）公共产品概念的提出

"公共产品"一词，英文称"public goods"，又被称为"公共品""公共物品""公共财产"等。需要注意的是，在英文中公共产品又往往等同于集体产品、社会产品[②]。关于公共产品问题的研究由来已久，休谟、斯密、维克赛尔、林达尔都研究过公共产品的问题，但他们都没有明确给出公共产品的定义。1954年萨缪尔森（Samuelson）发表的论文《公共支出的纯理论》被认为是现代经济学研究公共产品的开端[③]，1955年又发表了《公共支出理论图解》，这两篇论文开始尝试给公共产品定义。萨缪尔森在文中给的定义是：任何个人对某一产品的消费都不会减少或削弱其他人对该商品消费的产品[④]。公共产品的定义和概念发展到现在，斯蒂格利茨的书中指出，区分一种产品是公共产品还是私人产品，经济学家们基于两个问题：一是该物品是否具有竞争性消费的特征，二是该物品是否具有排他性，公共物品是具有非排他性和非竞争性的产品[⑤]。

[①] E. Albaek, "Policy Evaluation: Design and Utilization", *Knowledge in Society*, Vol. 2, No. 4, 1989–1990.

[②] 许彬、陈春良、游旭平：《公共经济学》，清华大学出版社2002年版，第71—70页。

[③] Samuelson P. A., "The Pure Theory of Public Expenditure", *The Review of Economics and Statistics*, Vol. 36, No. 4, 1954, pp. 387–389.

[④] Samuelson P. A., "Diagrammatic Exposition of a Theory of Public Expenditure", *The Review of Economics and Statistics*, Vol. 37, No. 4, 1955, pp. 350–356.

[⑤] ［美］约瑟夫·斯蒂格利茨：《经济学》（第四版）上册，黄险峰、张帆译，中国人民大学出版社2013年版，第265页。

为了便于理解，本书采用樊勇明、杜莉书中的定义：公共产品是由政府（公共部门）所生产和提供的，用于满足全体社会成员共同需求的产品和劳务[①]。

（二）公共产品理论的演变

公共产品理论开始出现于18世纪30年代，大致可以分为三个阶段：萌芽阶段、成熟阶段、新发展阶段。18世纪30年代到19世纪60年代，可以看作公共产品的萌芽阶段。这个时期开始有了关于公共产品的经典论述，休谟在其《人性论》一书中提到了公共产品的利益不可分割性，这可以说是现代非排他性的前身，借此也提到了政府应当提供公共产品的必要性。亚当·斯密在《国富论》中提到政府要提供一些公共工程。约翰·穆勒（1848）认为由于公共物品的收益不一定超过对它的投资，所以市场很难提供，只能交给政府提供。19世纪80年代至20世纪60年代成熟阶段，开始形成系统的公共产品理论。1883年意大利学者潘塔莱奥妮建立公共产品供给均衡理论，同时期瑞典学派鼻祖维克赛尔也提出了公共产品均衡理论，其学生林达尔创建了"维克赛尔—林达尔均衡模式"[②]。1947年庇古提出"庇古均衡"解决个人预算内的公共产品与私人产品配置均衡问题。1955年萨缪尔森首次给出公共产品的定义，还揭示了公共产品在消费上的非竞争性特征，并用数学公式加以表示。此后，马斯格雷夫、科斯和布坎南等人分别从不同的角度对公共产品进行了分析。马斯格雷夫在20世纪50年代，首提"公共经济学"的概念，从此公共经济学成为一个独立的学科发展起来。而且他还指出了公共产品的非排他性特征，布坎南运用成本分析，研究了公共产品的选择方式，创造性地提出了位于纯公共产品和纯私人产品之间的产品"俱乐部产品"。20世纪70年代以来为公共产

[①] 樊勇明、杜莉：《公共经济学》（第二版），复旦大学出版社2007年版，第47—48页。
[②] 张光、曾明：《公共经济学》，武汉大学出版社2009年版，第121—126页。

品新发展阶段，以科斯为代表的"新制度经济学派"发展了公共产品的供给，为公共产品的私人供给提供了理论依据①。对公共产品进行分类研究，根据排他性和竞争性可以分为纯粹的公共产品、准公共产品和混合产品以及纯私人产品。

公共产品的特有属性在客观上决定了其生产和存在都会产生正外部性，因此，公共产品的提供者往往都是政府。

三 农户行为理论

对农户行为的研究是国外学者们长期关注的一个问题，主要集中在对农户决策行为（对投资、择业、分配和消费的决策）和技术接受行为与技术传播行为的研究②。相比较而言，国内学者对农户行为的关注则起步较晚，研究的问题主要有：第一，关于农户经济行为的一般性分析，即着重分析现有条件下农户的各种经济行为。如杨丽（2012）对农户技术选择行为进行定性分析和定量分析的综合述评③。于文金等（2006）分析了江苏沿海滩涂地区农户经济行为，指出滩涂区农户经济行为对滩涂环境压力的大小及类型具有直接影响④。李成贵（1992）、张广胜（2007）、宋圭武（2002）对市场经济条件下农户经济行为进行了分析，并对已有研究进行了评析⑤；董鸿鹏、吕杰（2012）分析了农业信息化对农户行为的作用

---

① 贾晓璇：《简论公共产品理论的演变》，《山西师大学报》（社会科学版）2011年第2期。
② 鲁礼新：《贵州沙坡农户行为与环境变迁》，黄河水利出版社2006年版，第6页。
③ 杨丽：《农户技术选择行为研究综述》，《生产力研究》2010年第2期。
④ 于文金、邹欣庆等：《江苏沿海滩涂地区农户经济行为研究》，《中国人口·资源与环境》2006年第3期。
⑤ 李成贵：《现阶段农户经济行为评析》，《农村经济社会》1992年第6期；张广胜：《市场经济条件下的农户经济行为研究》，《调研世界》1999年第3期；宋圭武：《农户行为研究若干问题述评》，《农业技术经济》2002年第4期。

机制[1]；陈和午（2004）对农户模型的发展和应用进行了梳理[2]；刘霞（2002）等分析了农户经济行为合理化的标准及对策[3]。值得一提的是，李道和和郭锦镛（2008）、刘勇（2006）、李院力和宫艳峰（2003）、黄明东（2000）从博弈论的角度分析了农户的行为[4]。杨志武、钟甫宁（2011）认为，在研究农户行为时，要明确限制条件[5]。第二，某一特定地区农户行为的案例分析及不同地区农户行为的比较分析。如李小建（2002）以豫西山地丘陵区为例分析了欠发达农区经济发展中的农户行为；王大彬等（1999）分析了吉林省粮食主产区农户的经济行为；马骅等（2006）分析了新疆策勒县农户对禁牧政策的行为响应及影响因素；王鹏等（2004）分析了江西红壤区农业产业政策改革的农户行为响应；马荧等以江苏为例分析了经济发达地区的农户投资行为[6]。此外，时明国（2000）、乔家君（2006）、於海美（2006）等还对不同地区农户经营行为进行了比较分析[7]。第三，农户行为对农业发展的影响。农户经济行为对农业环境的影响（冯孝杰等，2005；赫晓霞等，2006）、对农

---

[1] 董鸿鹏、吕杰：《农业信息化对农户行为作用机制的研究综述》，《农业经济》2012年第11期。

[2] 陈和午：《农户模型的发展与应用：文献综述》，《农业技术经济》2004年第3期。

[3] 刘霞等：《农户经济行为合理化的标准及对策》，《湖南农业科学》2002年第1期。

[4] 李道和等：《农户合作行为的博弈分析》，《江西农业大学学报》2008年第2期；刘勇：《林业工程：政府与农民的博弈分析与管理创新研究》，《理论纵横》2006年第14期；李院力、宫艳峰：《农业公共投入绩效分析：政府与农民的博弈》，《长春市委党校学报》2003年第6期；黄明东：《农业投资困境：政府与农民的博弈分析》，《农业经济问题》2000年第4期。

[5] 杨志武、钟甫宁：《农户生产决策研究综述》，《生产力研究》2011年第9期。

[6] 分别见李小建《欠发达农区经济发展中的农户行为》，《地理学报》2002年第7期；王大彬等：《浅谈吉林省粮食主产区农户经济行为》，《技术经济》1999年第2期；马骅：《农户对禁牧政策行为响应及其影响因素研究》，《干旱区地理》2006年第12期；王鹏：《江西红壤区农业产业政策改革的农户行为响应与水土保持效果分析》，《地理科学》2004年第6期；马荧等：《经济发达地区农户投资行为研究》，《市场周刊》2006年第3期。

[7] 分别见时明国《不同地区农户经营行为比较分析》，《调研世界》2000年第4期；乔家君等：《不同经济发展水平下山地农户投资行为研究》，《河南科学》2006年第2期；於海美等：《不同经济发展水平地区农户土地经营行为的比较研究》，《农村经济》2006年第7期。

业可持续发展的影响（合蒲明等，2005）、对农业产业化的影响（高新才等，2001）①。第四，农业补贴政策对农户行为的影响。这方面的研究还不是很多，主要的成果有王绪龙等（2005）对农业流通补贴对农户经营行为影响的分析②；刘克春等（2008）、鲁礼新等（2007）对农业税费减免对农户行为影响的分析③；鲁礼新等（2005）对农业补贴政策对农户行为影响的分析④；吴月红（2013）对农业补贴政策对不同耕地保护行为的影响的分析⑤。

农户是农村经济社会发展的主体，在研究农业补贴政策的绩效过程中对农户行为进行分析具有重要意义，无疑，上述学者们关于农户行为的研究为本书的研究提供了借鉴。

四 政策协同理论

（一）政策协同的定义

关于政策协同的概念的界定，理论界尚有分歧，学者们各有自己的定义（表1—3）。经合组织（OECD）认为政策协同可以从三个维度来考虑，一是"横向整合"，意在确保各个政策之间相互支持，政策目标一致。二是"纵向整合"旨在确保政策的执行和政策

---

① 分别见冯孝杰等：《农户经营行为的农业面源污染效应及模型分析》，《生态农业科学》2005年第12期；赫晓霞、栾胜基：《农户经济行为方式对农村环境的影响》，《生态环境》2006年第15期；合蒲明等：《农户技术选择行为对耕地可持续利用的影响》，《长江大学学报》2005年第8期；高薪才等：《农户经营行为对农业产业化的影响分析》，《兰州商学院学报》2001年第4期。

② 王绪龙等：《农业流通补贴对农户经营行为影响分析》，《内江师范学院学报》2005年第6期。

③ 刘克春等：《农业税费减免及粮食补贴、地租与农户农地转入行为》，《农业技术经济》2008年第1期；鲁礼新等：《农业税减免对豫西山区农户生产投入影响的实证分析》，《经济地理》2007年第1期。

④ 鲁礼新等：《农业补贴政策对农户行为和农村发展的影响分析》，《特区经济》2005年第8期。

⑤ 吴月红：《农业补贴政策对农户耕地保护行为的影响》，硕士学位论文，江西农业大学，2013年。

制定的意图相一致，使政策在执行过程中向着既定的目标前进。三是"时间整合"意在保证政策在可预见的未来有持续的效力，强调政策的前瞻性和发展性，根据外部环境的变化而不断调整政策。加拿大南北研究所（North-South Institute in Canada，2003）将政策协同定义为"确保政策相互配合及互补，或者至少不矛盾"[①]。

表1—3　　　　　　　　关于政策协同的概念界定

机构或个人	概念界定
查雷斯等（Challis L.，et al.）	对一致性、连贯性、综合性及协调一致结果的追求[②]
马尔福德和罗杰斯（Mulford，Rogers，1982）	两个及以上的组织创建新规则或利用现有决策规则，共同应对相似的环境任务的过程[③]
OECD-DAC，（2001）	政府部门和机构间的政策相互增强以创造针对既定目标的协同的系统化的推广[④]
仲为国、彭纪生、孙文祥（2008）	政策的制定和实施主体利用不同政策措施相互协调以实现不同的政策目标，至少包含政策措施和政策目标两个方面的协同[⑤]
郑佳（2010）	政策协同是指政府或机构在一定时期，为实现共同目标而形成的政策系统中，各子系统相互协作、配合产生的政策合力[⑥]

为了方便研究，本书采用这一定义：政策协同是指多主体为了

[①] Ann Weston, Daniel Pierre-Antoine, *Poverty and Policy Coherence*: *A Case Study of Canada's Relations with Developing Countries*, Ottawa: North-South Institute, 2003.

[②] Challis L., et al., Joint Approaches to Social Policy: Rationality and Practice, Cambridge: Cambridge University Press, 1988.

[③] Mulford C. L., Rogers D. L., *Inter-organizational Coordination*: *Theory*, *Research and Implementation*, Iowa: Iowa State University Press, 1982.

[④] Lockhart C., "From aid Effectiveness to Development Effectiveness: Strategy and Policy Coherence in Fragile States", *Overseas Development Institute*, 2004 (http://www.eldis.org/vfile/upload/1/document/0708/DOC17317.pdf).

[⑤] 仲为国、彭纪生、孙文祥：《政策测量、政策协同与经济绩效——基于创新政策的研究》(1978—2006)，《南方经济》2008年第7期。

[⑥] 郑佳：《中国基本公共服务均等化政策协同研究》，博士学位论文，吉林大学，2010年。

同一目的，通过相互保持沟通，有机地组合各类政策工具、相互协作促成政策目标高效率地达成。通常来讲，政策协同包括三个基本要素，政策主体、政策工具、政策目标。

(二) 政策协同理论研究现状

刘华、周莹（2012）针对我国科技转移政策运行机制的不完善和低效率问题，将协同学运用于政策体系的构建和机制运行上，提出了政策协同的建议。他们认为协同理论核心是自组织理论，按照自组织的观点，系统可以在一定的条件下由系统内部自身组织起来的，使具有相对独立、自治和自利能力的各个子系统能相互默契地协同工作，实现共同的终极目标，这种自组织能力推动系统从无序向有序发展演化[1]。所以协同理论就为解决政策运行中的无序性、不确定性和复杂性提供了可能。可以通过构建政策协同运行模式，使得各子系统之间相互配合、相互作用、相互协调，产生一种总效果大于原系统的新的政策系统。并提出了利益驱动导向、加强立法保护、注重约束和评价机制三条建议完善政策协同机制的建立。周志忍、蒋敏娟（2010）以整体政府政策协同为研究，介绍了国外整体政府政策协同的实践情况，认为政策协同是一个复杂的过程，行动主体多元、时间维度、空间维度不同。政策协同涉及结构性和程序性多种机制，因而需要机制的理性选择，从而实现手段和目标之间的有机匹配[2]。

关于跨国别跨部门的政策协同研究方面：解亚红（2004）介绍了英国的协同政府关于公共管理政策改革的新趋势。王玉明、邓卫文（2010）的文章研究了加拿大在可持续发展方面环境治理上，跨部门协同机制发挥的作用，以及对我国环境治理的启发。从建立跨

---

[1] 刘华、周莹：《我国技术转移政策体系及其协同运行机制研究》，《科研管理》2012年第3期。

[2] 周志忍、蒋敏娟：《整体政府下的政策协同：理论与发达国家的当代实践》，《国家行政学院学报》2010年第6期。

部门的环境合作机制、建立环境合作治理的机构、重视非政府组织的合作治理等方面建议我们加强跨部门的政策协同机制[①]。周志忍、蒋敏娟（2013）通过对我国政府跨部门政策协同机制的研究，揭示了跨部门政策协同的失灵，并尝试从"技术理性"的角度对政策协同失灵做出解释[②]。孙迎春（2013）根据澳大利亚政府的政策改革实践，系统地阐释了跨部门协同机制[③]。同年在她的另一篇文章里提到了西方国家跨部门协同机制对我国的启示。

其他方面的研究还有：彭纪生（2008）以创新政策案例入手，对政策作用进行了量化研究，给出了政策量化标准操作的手册，认为制定创新政策及政策协同的部门不应是想当然的科技部门而应是经济行政部门，由于创新政策协同作用对经济绩效影响存在显著性的方向性差异，协同作用也并非越强越好[④]。周莹、刘华（2010）对知识产权方面政策协同模式进行了研究，张国兴等（2014）分析了我国节能减排政策的不足，每项节能减排政策的实施成本和潜力，并与国际经验进行比较。从国外节能减排政策协同对我国的启示、探讨最优化节能减排政策协同方式、构建我国节能减排政策协同机制以及设计政策协同实施的步骤等方面进行了研究[⑤]。常晓然（2014）以2001—2012年流通产业的创新政策为研究对象，制定并量化了政策协同指标，提出了政策协同指标的统计方法。最后从政策的演变和协同度两个方面，分析了流通产业创新政策的协

---

① 王玉明、邓卫文：《加拿大环境治理中的跨部门合作及其借鉴》，《岭南学刊》2010年第5期。

② 周志忍、蒋敏娟：《中国政府跨部门协同机制探析》，《公共行政评论》2013年第1期。

③ 孙迎春：《澳大利亚整体政府改革与跨部门协同机制》，《中国行政管理》2013年第11期。

④ 彭纪生等：《政策测量、政策协同演变与经济绩效——基于创新政策的实证研究》，《管理世界》2008年第9期。

⑤ 张国兴等：《政策协同：节能减排政策研究的新视角》，《系统工程理论与实践》2014年第3期。

同[①]。李洁然（2014）研究了中小企业创新政策的协同作用机理，根据对全国16个省份的21世纪前11年间的数据分析，探讨了创新政策的协同作用以及其对中小企业绩效的影响。研究结果表明，两两政策协同作用都会对企业绩效产生影响，尤其是金融支持这一政策与其他政策两两协同的作用最大。认为政策制定者在制定政策时要充分了解政策相互之间的作用关系，注重搭配使用，发挥最大的政策效果[②]。张国兴、汪应洛等（2014）根据改革开放以来到2013年节能减排政策分析，从政策的力度、措施、目标三个维度量化了节能减排政策，构建了政策协同度模型并对协同演变过程进行了分析，指出在部门协同中，颁布的政策协同作用力度最低，还认为颁布政策的核心部门应该是掌握经济和行政资源的部门，而非主管的环保部门[③]。

第四节　分析框架描述

应该如何看待农业在国民经济发展中的作用？农业补贴政策和目标有哪些阶段性特征和区域适应性？我们衡量农业补贴政策绩效的指标到底应该涵盖哪些方面？未来的农业补贴政策取向是什么？基于对农业多功能性的关注，本书旨在从农业补贴政策社会绩效的角度审视和回答这些问题。

一　研究目标

尽管国内外学者对农业补贴社会绩效的研究已经取得了丰富的

---

① 常晓然：《我国流通产业创新政策协同研究》，硕士学位论文，浙江工商大学，2014年。
② 李洁然：《中小企业创新政策协同作用的机理分析及绩效研究》，硕士学位论文，河北经贸大学，2014年。
③ 张国兴、汪应洛等：《中国节能减排政策的测量、协同与演变——基于1978—2013年政策数据的研究》，《中国人口·资源与环境》2014年第12期。

成果，为我们充分认识农业补贴的社会绩效打下了基础，但是随着农业补贴实践在世界各国的发展，很多新问题的出现又对我们的研究内容和方法提出了新的要求：第一，限于发展中国家大规模农业补贴刚刚起步，针对发展中国家农业补贴社会绩效的研究还很少，这对我们全面认识农业补贴的社会绩效无疑是一个结构性缺失。中国是一个发展中的农业大国，对其农业补贴社会绩效进行实证分析将具有典型意义。第二，限于实践和数据的影响，国内对农业补贴的社会绩效尚缺乏全面系统研究，大多研究仅仅停留在补贴政策的负面影响上，分析框架也主要从定性出发，视角与方法都过于单一。事实上，中国十多年的农业补贴实践，无论是在案例还是数据积累上都已经为研究的深化提供了可能。第三，大多研究仅仅关注农业补贴政策的短期效应，没有将农业补贴政策与农业的可持续发展放在同一框架，综合考量农业补贴社会绩效评价的综合指标。

鉴于此，本书将在前期研究的基础上，充分利用我国农业补贴实践的推进给我们带来的研究契机，选取有代表性的地区进行追踪研究，通过案例分析、访谈、问卷调查和计量分析等工具，对我国农业补贴的社会绩效进行剖析麻雀式分析，从案例和实证分析多个角度对我国农业补贴社会绩效进行评价，在理论上进一步丰富对发展中国家农业补贴社会绩效的研究，更深入地探讨农业补贴政策与农业持续发展之间的互动关系；在实践上推动我国农业补贴政策的理性发展和不断优化，使农业补贴政策的制定更具前瞻性、战略性和全局性。

二 研究方法、技术路线与数据来源

（一）研究方法

1. 追踪研究。在前期研究的基础上，对所调查的区域进行连续性调查研究，以更加准确地揭示农业补贴的社会绩效，寻找规律性趋势，预测政策未来的运行方向。

2. 问卷调查法和访谈法。采用分层抽样与随机抽样相结合的方法，根据经济发展水平差异分别在山东省青岛市的即墨区（原即墨市）、滨州市滨城区和菏泽市牡丹区进行问卷调查，通过访谈和入户调查等方式获得一手资料。

3. 统计与计量方法。（1）协整分析和格兰杰检验法。对农业生物多样性和农业补贴之间的因果关系进行检验。（2）运用 DEA 模型和 DEAP 软件对我国化肥、农药施用情况进行测算，并在此基础上分析化肥农药施用与农业补贴的关系。（3）用主成分分析法和 FGLS 估计方法对农业补贴与农产品国际竞争力的关系进行检验。

（二）技术路线

本书拟在厘清农业补贴与农业可持续发展互动关系的基础上，充分利用我国农业补贴实践发展提供的研究契机，从政策运行机制、环境因素、主观因素（农户行为选择）等不同角度分析影响我国农业补贴社会绩效的原因，并以定量分析和追踪研究为手段，通过计量、问卷、访谈等多种实证研究工具，从生态效应、制度变迁效应、农产品竞争力提升效应三个方面对我国农业补贴政策的社会绩效进行定量分析，在此基础上，探讨推动我国农业持续发展的农业补贴政策发展方向和空间（见图1—1）。

（三）数据来源

本书的研究数据来源于两个部分，一是问卷调查数据。针对农业补贴政策的实施效果，课题组曾经在2008年进行过一次问卷调查，为保持研究一致性和可比性，本书在本次调研中仍然以山东省为例，选择山东沿海地区和中西部地区进行调研，又分别于2015年和2016年两次进行调研，每次的样本总数均在200~300之间，东部发达地区和西部欠发达地区样本各占一半。调查问卷主要包含以下几个部分：农户家庭基本情况、农业生产基本状况、农业补贴

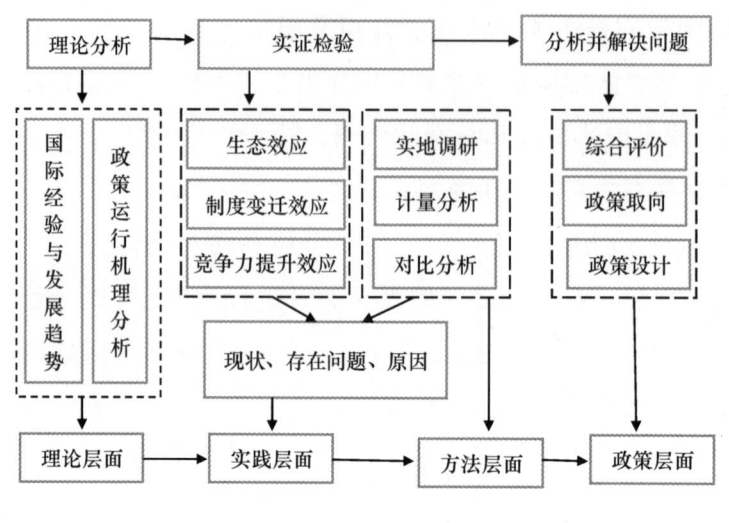

```
┌─────────┐      ┌─────────┐      ┌───────────────┐
│ 理论分析 │─────→│ 实证检验 │─────→│ 分析并解决问题 │
└────┬────┘      └────┬────┘      └───────┬───────┘
     ↓                ↓                   ↓
┌─────────┬────┐ ┌─────────┬─────────┐ ┌─────────┐
│国际经验 │政策│ │ 生态效应 │ 实地调研 │ │ 综合评价 │
│与发展趋 │运行│ │制度变迁效│ 计量分析 │ │ 政策取向 │
│势       │机理│ │应       │         │ │         │
│         │分析│ │竞争力提 │ 对比分析 │ │ 政策设计 │
│         │    │ │升效应   │         │ │         │
└────┬────┴────┘ └────┬────┴────┬────┘ └────┬────┘
     │                ↓         │           │
     │         ┌──────────────┐ │           │
     │         │现状、存在问题、│ │           │
     │         │原因          │ │           │
     │         └──────┬───────┘ │           │
     ↓                ↓         ↓           ↓
┌─────────┐     ┌─────────┐  ┌─────────┐ ┌─────────┐
│ 理论层面 │────→│ 实践层面 │─→│ 方法层面 │→│ 政策层面 │
└─────────┘     └─────────┘  └─────────┘ └─────────┘
```

图 1—1 研究技术路线

状况，其中 2016 年的问卷中还增加了农业补贴对农户土地流转的影响。调研数据具体情况将在第三章的统计描述中予以分析。二是官方统计数，在第四章、第五章、第六章、第七章的实证分析部分，将分别对数据来源予以解释。

三 研究内容与框架

本书拟从以下八个方面展开分析：

1. 导言。对选题原因、基本概念、研究框架、数据和样本的选择、理论基础等基本问题进行说明，为课题的后续研究做好铺垫。

2. 农业补贴政策形成机制和农户行为反应机制分析。运用博弈论理论，从理论上分析政府的决策行为和农户的策略性行为，旨在揭示农业补贴政策的传导机理。

3. 农业补贴的实践变迁与理论演化。对国内外农业补贴理论和实践发展趋势进行梳理。通过国际比较研究，为完善我国农业补贴政策提供借鉴。国外经验表明，农业的特殊性决定了农业补贴的必要性，但是不同的经济发展阶段农业补贴的目标存在明显差异性。从世界各国农业补贴发展的趋势看，市场化是农业补贴的基本发展方向；补贴的动因和绩效评价始于经济因素，转而向环保、生态、食品安全和社会发展等多元化目标演进；补贴方式的总体变化趋势为易产生市场扭曲的价格补贴比重下降而不易产生市场扭曲的收入补贴比重上升，政策工具由传统的"黄箱"转向"绿箱"是大势所趋。

4. 农业补贴社会绩效统计描述。本章将针对自2008年以来的三次问卷调研结果，对山东省农业补贴总体情况，农户的农业补贴政策认知与评价以及农业补贴对耕地地力保护、土地流转、环境影响等社会绩效进行初步的统计描述分析，从问卷分析中得出农业补贴社会绩效的基本判断，为后续的实证分析提供基本方向。

5. 农业补贴的生态效应分析。农业补贴在带来正面效应的同时，也会对农业生态环境甚至是社会生态环境带来负面效应。在对农业补贴生态效应传导机理进行分析的基础上，运用DEA模型、回归分析、协整检验和格兰杰因果关系分析工具对农业补贴与化肥和农药施用以及生物多样性的关系进行分析。

6. 农业补贴的制度变迁效应分析。农业补贴不仅会对受补贴地区产生直接的、可预见的要素投入效应、产出效应、收入效应以及替代效应，而且还会对受补贴地区的农业生产经营制度产生诸多间接的、不易量化的影响，换言之，农业补贴会导致农业生产经营制度的变迁，此即农业补贴的制度变迁效应。本章使用面板数据的随机效应分析方法，从农村土地流转数量、农业经营大户数量和农机数量三个方面分别就农业补贴对农业制度变迁的效应进行稳健性分析。

7. 农业补贴与农产品国际竞争力评价。本章在回顾国内学者关于农业补贴对农产品国际竞争力影响的研究现状的基础上，首先分析各项补贴的经济和福利效应，阐明农业补贴提高农产品国际竞争力的作用机制，然后利用 FGLS 估计方法实证分析我国"绿箱"和"黄箱"补贴的实际效果以及其他国家的农业补贴对农产品国际竞争力的影响。

8. 农业补贴政策社会绩效整体评价与政策调整。理论分析和实证检验的结果证明，我国问题倒逼背景下的农业补贴制度设计是缺乏理论准备的，政策目标单一，且与政策工具协同度较低，这与农业多功能性理论是相背离的。理论与实践的错位一方面导致原政策目标导向性减弱；另一方也带来了阻碍土地流转、化肥农药超量使用、生物多样性降低、农产品国际竞争力下降等问题。我国农业补贴政策的调整必须符合可持续发展的基本理念，契合农业改革的基本方向，符合我国的基本国情，服务国家整体发展战略；坚持目标清晰协同推进、统筹兼顾重点突出、立足国情放眼世界的基本原则。基于此，本书提出"普惠性补贴+功能性补贴"的农业直接补贴框架。

第五节　特色与不足

一　特色

（一）内容和观点的特色

其一，在长达十年的理论跟踪和反复调研的基础上，本书从社会绩效角度审视农业补贴政策绩效，从而使得理论界能够从经济绩效和社会绩效两个方面对农业补贴政策评价做出综合性判断。其二，提出从生态效应、制度变迁效应和农产品国际竞争力提升效应三个维度对农业补贴的社会绩效进行全面评价，使农业补贴社会绩效的研究从当前的零散化状态逐步达到系统化，这对尽快建立农业补贴政策综合评价指标而言是一个有益的探索。其三，基于可持续发展视角提出"普惠性补贴+功能性补贴"的补贴制度框架,这与此次中央的政策调整方向高度契合,既具有前瞻性又充分考虑中国国情。

(二)研究方法上的特色

本书综合理论分析、问卷调查分析和实证检验方法,从实践和理论层面分析农业补贴政策的社会绩效。具体而言,这些方法包括:第一,运用行为选择理论和博弈论,在实证分析的每一章都首先对通过对政府和农户行为的分析探讨政策传导机理,使研究建立在比较严谨的微观分析基础之上。第二,由于作者长期关注农业补贴社会绩效的研究,从2006年到2016年积累了大量的问卷和访谈资料,并进行了大量文献收集,这使追踪研究成为可能,而追踪研究这种纵向的对比分析对于我们全面把握农业补贴的社会绩效是非常必要的。第三,研究首先从问卷调查分析获得初步的经验型结论,然后再通过实证分析验证结论,保证了研究结论的准确性。

二 不足

(一)对2015年农业补贴政策调整前后政策绩效的对比分析不够充分

本书初稿在2014年年底已经基本完成,但是2015年中央对农业补贴政策进行调整,其方向恰恰是本书构思的初衷,即针对农业发展中出现的农业环境退化问题、农业经营方式改善不明显问题、农业补贴效应弱化问题,实行农业补贴政策的三补合一。如何使现有研究体现此次政策调整,课题组曾在后期进行了多次讨论,后期又做了补充调研,但由于新政策实行时间较短,对两阶段政策的比较研究仍然十分有限。

(二)由于数据收集的困难,实证分析部分中尚存在遗憾之处

在对农业补贴政策生态效应、制度变迁效应和农产品竞争力提

升效应的实证分析部分，考虑到使用全国范围内农业补贴的时间序列数据过于简单，且由于政策实施仅有十余年，实证结果说服力有限。尽管在研究过程中课题组成员查阅了各省份统计年鉴和网上公开的数据，但是无论从时间还是地域上看，数据缺失都比较严重，虽然书中对数据做了一定符合实证检验的处理，检验结果也能从一定程度上解释农业支出对农业投入的影响，但是对于规范的学术研究而言仍然是一种遗憾。

（三）尚没有建立完善的农业社会绩效评价指标体系

由于社会绩效所涉及的生态效应、制度效应往往难以量化，尽管课题组做过大量调研，查阅了大量国内外文献，但是仍然没有建立起完善的农业补贴社会绩效的指标体系。这也是下一步需要研究的问题。

第 二 章

农业补贴政策形成机制和
农户行为反应机制分析

农业补贴政策的绩效就是其实施效果，任何一项政策从制定到实施，中间必然经历一个复杂的过程，在这个过程的不断推演中，一方面很多中间环节会通过不同的方式影响政策的传递，并最终将这种影响传导到实施效果上。分析农业补贴的绩效实际上就是寻找从政策的制定到最后落实之间的各个环节，并努力寻找其中的关键点，发现其特点。另一方面，政策所处的自然环境、制度环境、人文环境作为外部条件也会影响到其实施效果，因此，分析政策环境同样是讨论农业补贴绩效的重要工作。我们对农业补贴政策形成机制的探索便是从内在环节和外部环境两个方面同时展开的。

第一节　农业补贴政策构成要素分析

如图 2—1 所示，农业补贴政策由政策主体、政策客体和政策内容三大要素构成，而政策目标、政策力度和政策工具的不同组合又决定政策类型。不同的农业补贴政策通过不同的利益调整机制作用于个人和组织，调整着他们的投入行为、经营模式和自我规划，最终影响政策绩效。因此，首先对政策构成要素进行准确界定是分析农业补贴政策的前提。

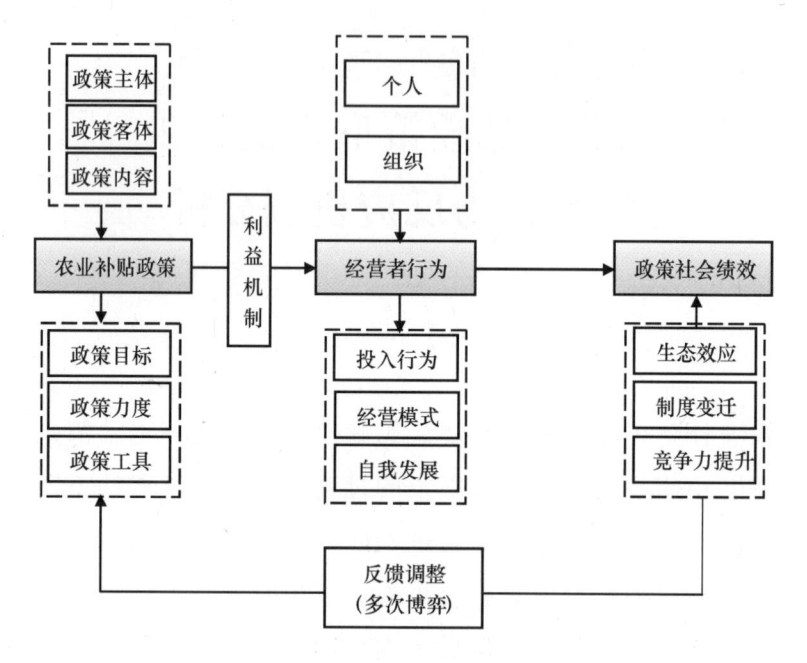

图 2—1 农业补贴政策运行

一 农业补贴政策的主体

所谓政策主体，即政策的制定和实施者。农业补贴政策的主体就是负责补贴政策的制定、实施和评估等政策运行全链条运行的部门。从国际经验看，农业补贴政策主体通常都是农业行政管理部门[①]。在我国，中央与地方各级农业主管部门即农业部（包括地方的农业厅、农业局）。传统的管理体制决定，尽管农业管理部门能够在一定程度上就农业补贴政策形成决策，但是由于其并不能掌握足够的经济和行政资源，因此政策具体落实往往必须与掌控雄厚的

---

① 程宇光：《论农业补贴的农村环境保护功能》，《河北法学》2010 年第 8 期。

行政和经济资源话语权的部门进行协调，甚至受困于它们[①]。因此，自 2004 年以来，我国农业补贴政策的制定呈现两大特点：第一，参与部门多，范围涵盖国务院、财政部、国家发改委、农业部、监察部、交通运输部、审计署、国家林业局、水利部、国家粮食局、中国农业发展银行、国家质检总局、供销合作社、工业和信息化部、铁道部、审计署等十几个部门。第二，部门之间联合颁布政策的情况越来越普遍。比如，2009 年 1 月颁布的《关于成品油价格和税费改革后进一步完善种粮农民部分困难群体和公益性行业补贴机制的通知》（财建〔2009〕1 号）就是由财政部、发展改革委、监察部、交通运输部、农业部、审计署、国家林业局七部门联合制定。这样的背景下，政策主体（制定者）、政策客体（政策对象）、政策目标、政策工具内部及它们之间能否相互协调、配合，协调运转，从而形成系统的有序结构，以降低摩擦，避免冲突，提高效率，减少损失，就成为提升农业补贴绩效的重要因素。

从国际经验看，农业补贴政策的主体也是多元的，涉及诸多部门，但是通常是由农业行政管理部门承担补贴政策制定的主要责任，而资金拨付、监管以及技术服务等职能则通过法律、法规授权其他组织，如美国联邦政府就将美国农业法案作为主要的农业补贴政策工具。近年来，我国农业立法速度加快，《中华人民共和国农业法》《中华人民共和国农村土地承包经营纠纷调解仲裁法》《中华人民共和国农民专业合作社法》《中华人民共和国农产品质量安全法》等十多部涉及农业方面的法律相继出台，但迄今为止仍然没有关于农业补贴的法律法规，这不仅不利于协调各主体之间的关系，也大大影响了补贴政策的稳定性和实施力度，在客观上制约了

[①] 孙文祥、彭纪生等（《从引进到创新：中国技术政策演进、协同绩效研究》，经济科学出版社 2007 年版，第 85—87 页）认为，改革开放以来，参与技术创新政策制定的部门呈现越来越多的趋势，农业补贴政策的制定和实施过程同样如此。

政策制定和实施主体行为效能的发挥。

二 农业补贴政策的客体

农业补贴政策的客体即农业补贴的对象,包括直接从事农业生产的个人和组织。直接从事农业生产的个人是一个不断变化的概念,需要我们正确界定。在中国传统农业体系中,从事农业生产的主要是农民,即从制度视角划分拥有农村户籍的"peasant",这种意义上的农民强调的主要是一种非市民的"身份"。随着城镇化进程的推进,我国社会流动性大大提高,一方面农村劳动力向城市转移步伐加快,另一方面工商资本下乡,一部分城市人开始投资农业,因此现代社会中从事农业生产的个人可以称为"农人",即"farmer"。不同于制度视角下的农民,"农人"强调的是一种不同于二、三产业的"职业",既包括传统身份意义上的农民,也包括直接从事农业生产的其他居民。需要指出的是,农业补贴对象中的直接从事农业生产的个人应当是现代职业意义上的"农人",即必须与农业生产相联系,那些已经脱离土地,离土又离乡的"户籍农民"不属于补贴范围。但是由于我国农业直接补贴的发放一般是以耕地面积为标准,而城镇化和农村土地流转的迅速发展又使得土地所有者和土地经营者相分离,因此很多不种粮食的人拿粮食直补,甚至连那些土地已经转租、转包、抛荒的人都拿补贴,因此,在补贴对象上,我们需要考虑土地所有者的利益,更需要考虑对实际土地经营者的激励。

农业生产组织主要包括从事农业生产的企业、农民合作社、家庭农场等新型农业经营主体。城镇化的迅速推进以及由此带来的城乡融合发展大大推动了农村的土地流转,越来越多的农业生产任务开始由合作社、农业企业、家庭农场等新型农业经营主体承担。因此,当前背景下,农业经营组织应当成为我国农业补贴的重要对象。

三 农业补贴政策的内容

从不同角度可以对农业补贴政策内容做诸多分类，比如前文所述的"黄箱政策""绿箱政策"；直接补贴、间接补贴等，本书尝试从政策目标、政策力度和政策工具三个维度对农业补贴政策进行微观剖析。

(一) 农业补贴政策目标

从政策目标看，农业的多功能性决定，完善的农业补贴政策目标具有多重性，即涵盖经济目标、环境目标和社会目标三个层面，根据前文所述本书的分类，由于非经济目标的环境和社会目标均具有明显的公共产品特性，因此我们将其统称为社会目标。从世界各国农业补贴的实践发展看，农业补贴的目标是不断发展变化的，农业补贴政策对农业的支持经历了从"量"向"质"的转化过程，即从以保障农产品供给为主要目标向提升农业产业内涵为主要目标转变。当前世界各国的农业补贴都将经济和社会二维目标协调发展作为政策的终极追求，农业环境保护，提高农业生产技术，培养农业人才等社会目标得到越来越多的关注。

我国自2004年开始实行的农业补贴政策，主要目标是促进粮食生产、农民增收和推动农业农村发展，尽管推动农村和农业发展包含有社会目标的内容，但是在政策的实际运行过程中，对农业和农村发展目标的具体政策设计和实施是缺失或者远远不够的。随着经济和社会环境的发展变化，其目标也应当由原来的经济一维导向转变为经济社会二维目标协同发展。根据第一章对农业的目标和农业补贴绩效评价标准的界定（分别见表1—1和表1—2），农业补贴的经济目标包括粮食安全目标和收入增长目标；社会目标包括环境目标、竞争力提升目标和制度机制变迁目标。

粮食安全目标即基于维护国家战略利益和经济安全的需要，确保我国粮食实现国内高度自给，减少对国际粮食市场的依赖。我国粮食直补政策的实施确实提高了农民种粮的积极性，实现了粮食增产的目标①，但是随着农业生产成本的持续攀升以及国内粮价天花板的逼近，"政策效应递减，政策效能逐步降低"[《关于调整完善农业三项补贴政策的指导意见》（财农〔2015〕31号）]。粮食生产既需要经济激励，也需要必要的生产条件保障，如基础设施、生产成本、耕地保护等，只有综合考量粮食生产条件和成本收益才能建立良性的粮食生产机制。粮食直补政策仅仅从经济利益角度解决了粮食生产的激励问题，要达到确保国家粮食安全的预期目标，还需要有其他配套的政策措施予以保障，包括农业经营方式的转型、耕地地力的保护等非经济因素。

收入增长目标即保证农业生产者收入的稳定增长，维护生产者的基本利益。近年来，尽管发达国家为了减少贸易和价格扭曲，在不断地寻求农业补贴政策的改革，但保证生产者收入持续增长的目标非但始终没有弱化，而且逐渐成为各国农业补贴政策的核心部分②。鉴于目前我国非农收入已经成为农业收入的主要来源，农业补贴对农户收入增长的影响并不显著，有学者甚至认为"粮食补贴金额对农户家庭人均纯收入具有显著的负向影响"③。农业补贴经济绩效的下降自然有经济方面的原因，但是农业生态环境、生产条件、农民城镇化趋势等非经济原因也是重要因素。因此，我们需要突破原有的仅仅从经济因素考量经济效果的线性思维定式，从经济和社

---

① 龙方、卜蓓：《粮食补贴政策对粮食增产的效应分析》，《求索》2013年第12期；杨万江、孙奕航：《粮食补贴政策对稻农种植积极性影响的实证分析——基于浙江、安徽、江西稻农调查数据分析》，《中国农学通报》2013年第20期。

② 王为农、方松海：《成本快速上升背景下的农业补贴政策研究》，中国计划出版社2011年版，第173页。

③ 董春玉、刘颖：《粮食补贴政策对农户收入的影响分析——来自安徽省天长市的实证检验》，《南方农村》2013年第8期。

会多方面对当前农业补贴政策经济绩效递减的原因进行全面分析，调整补贴力度和方式，建立农业补贴促进农民增收的长效机制。

环境目标即农业生产环境和农村生活环境的改善。我国粮食产量从 2004 年至 2014 年实现了"十一连增"，同时，其他农产品也同样持续增产，这自然有技术进步的因素，但这个过程中投入的化肥、农药、地膜也在持续增加，由此给农村生态环境带来了不容忽视的负面影响。农业补贴政策的设计必须与农业生态环境的改善同向而行，这是保障农业持续发展的关键因素。

制度机制变迁目标即农业经营方式的改善。农业补贴政策的实施通过对农户土地流转意愿、农民种地意愿和农业企业观念的影响，改变农业生产经营组织、农业生产经营方式，而诱致性制度变迁效应又会带动农业生产经营模式的演化。因此农业补贴政策的设计需要从农业经营方式总体变迁方向的角度进行考量。

竞争力提升目标即农业补贴政策的设计既需要立足国内市场，更要放眼世界农产品市场。尤其是在全球经济一体化程度越来越高，世界范围内农产品自由贸易度越来越高的背景下，农业补贴制度必须考虑农产品在整个国际市场上的竞争力，包括价格竞争力和质量竞争力。

（二）农业补贴政策力度

农业补贴政策力度又可以称为农业补贴政策强度，包括补贴额度和政策强制性程度两个维度。补贴额度指财政对农业补贴的支出，包括支出总量和以土地为基数的均量。就我国的农业补贴支出而言，尽管总量不断增加，但是均值仍然无法与欧美国家相比，而"撒芝麻盐"式的补贴方式则进一步凸显了均值不足产生的政策效能弱化现象。政策强制性程度指政策设计和执行的强制性程度，比如为了保护农业生产环境，美国的一些农业补贴政策在实施过程中要求农户必须履行了一定的环境保护义务才有资格获得补贴。政策力度是影响政策经济绩效和社会绩效的关键因素。

（三）农业补贴政策工具

政策工具又称政策手段，对农业补贴而言，包括价格补贴、产量补贴；挂钩支持、脱钩支持；黄箱政策、绿箱政策；服务支持和消费者支持等。OECD将农业补贴分为狭义和广义两大类（见表2—1）。

表2—1　　　　　　　OECD的农业补贴措施及构成

补贴措施				构　　　成	
农业支持总量（TSE）：广义的农业补贴	生产者支持（PSE）：	直接支持（预算支持）	价格支持	市场价格支持（MPS）	狭义的农业补贴
^	^	^	挂钩支持	基于产量的支付	^
^	^	^	^	基于投入的支付	^
^	^	^	^	基于当前种植面积/牲畜数量/收益/收入的支付	^
^	^	^	^	基于历史种植面积/牲畜数量/收益/收入的支付（需要生产）	^
^	^	^	脱钩支持	基于历史种植面积/牲畜数量/收益/收入的支付（不需要生产）	^
^	^	^	^	基于非商品标准的支付	^
^	^	收益减让		税收优惠与减免、农业投入缴纳费用减让（信贷、能源、用水等）	^
^	一般服务支持（GSSE）			科研推广、培训、质量检验、粮食安全储备、基础设施建设、资源环境保护等	^
^	消费者支持（CSE）			消费者承担的隐性税收、贫困人群的食品补贴等	^

资料来源：作者整理，主要参考文献：OECD（2009）[1]、胡越（2014）[2]、张冀民（2015）[3]等。

---

[1] OECD, Agriculture Support：How Is It Measure and What Does It Mean? 2009, http：//www.oecd.org/agriculture/agricultural-policies/44924550.pdf.

[2] 胡越：《发达国家农业国内支持政策的调整及其效应分析》，博士学位论文，南京农业大学，2014年。

[3] 张冀民：《国外农业补贴政策研究综述》，《南方农业》2015年第9期。

表 2—1 中狭义的农业补贴是政府在农业生产、流通、贸易活动等方面给予农业部门或农业生产者的各种显性或隐性转移支付，通常以生产者支持（PSE）来衡量，包括价格支持、政府预算支持下的直接支付和收益减让，前两者是政府对农业和农业生产者的显性转移支付，后者为隐性转移支付。广义农业补贴是指各国政府对农业部门提供的各种形式的财政资助，通常以农业支持总量（total support estimate，TSE）来衡量，除包含狭义的农业补贴外，还包括一般服务支持（general services support estimate，GSSE）和消费者支持（consumer support estimate，CSE）；其中一般服务支持（GSSE）是政府在农业领域的公共投入和农业公共产品，不针对特定农民或特定农产品。不同的补贴政策产生不同的政策效果，农业补贴政策调整的一项重要内容就是不同政策手段的选择和配合。

第二节 农业补贴政策形成机制

影响政府目标选择的因素既有内部条件也有外部压力，两者的共同作用直接影响政府在农业补贴经济目标、社会目标和环境目标之间的取舍，而这种取舍又会决定政策对补贴方式的选择，换言之，目标选择决定方式选择，不同的目标实现必然依托不同的手段。值得我们注意的是，任何一种补贴方式的优劣都是相对的，政府要做的是如何依据目标定位尽可能地对各种不同的补贴方式进行优化组合。

在政策制定和实施过程中有两个主动的对象，一个是政策制定者，即政府，另一个是政策的作用对象，对农业补贴政策而言就是农户。作为市场经济条件下的微观经济主体，农户的经济行为日趋理性，即利益最大化。在这种经济理性的引导下，农户自然会对不同的农业补贴政策做出不同的反应，这种反应最终会决定政策的实施效果。因此，在农业补贴政策与其绩效的传导链条上，农户行为反应就成了关键点，这也是我们分析的着力点（见图2—2）。农业补贴政策形成机制是指政策的制定和传递过程，在这个过程中，政策目标和手段的选择是关键环节。从逻辑关系上讲，目标体系决定政府的决策，进而决定政府对补贴方式的选择。

一　农业补贴政策的目标选择

农业补贴政策最初受制于政府的目标选择，换言之，有什么样的目标就会导致什么样的政策。如前文所述，区别于其他产业，农业具有多功能性，这种特性决定，农业政策的目标必然是多元的（表1—1）。尽管自20世纪90年代以来，以OECD国家为主要代表，各国开始调整农业补贴的目标，更加强调在加快地区发展的同时更好地保护环境。但是困扰各国政策制定者的难题是，各目标并非并行不悖，它们中有一些是相互冲突的[①]，有的甚至相互矛盾，比如为了提高农业产出和农业生产效率、鼓励农业集约经营，政府可能对投入品进行补贴，但这种补贴在增加产量提高农业集约化程度的同时会带来对土地的掠夺性使用、化肥、农药的过量使用，从而对环境、土壤带来负面影响，这就需要政府在不同的目标之间权衡和取舍。

那么又是什么因素决定这种取舍和权衡呢？从大的方面看有两大因素：一是内部压力，主要是国情。这种国情包括：（1）国家经济实力，或者说其所处的经济发展阶段、农业补贴的阶段性和国家的财力状况直接决定目标定位和方式选择。（2）环境压力，这种环境压力一方面是指客观的环境压力，如水土流失、土壤板结、污染等，当一国面临的农业环境压力较大时，即使是处在农业补贴的起

[①] 姜学民等：《均衡与效率》，人民出版社2007年版，第317页。

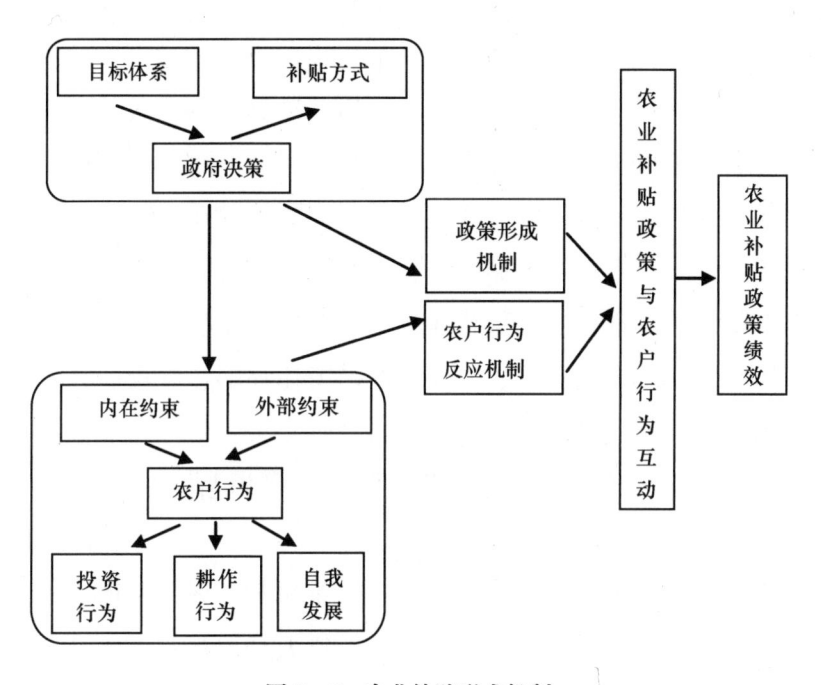

图 2—2　农业补贴形成机制

步阶段也必须考虑农业的环境目标；另一方面，这种环境压力还来源于民众对环境的认知程度和对环保的认同程度，民众环保意识越强，这种压力就越明显。二是外部压力，主要是乌拉圭回合《农业协定》中关于农业补贴数量和方式的限制。决策者正是在上述因素的影响下进行农业补贴的目标定位和方式选择的。

二　农业补贴政策的方式选择

农业补贴方式的选择对补贴政策绩效而言是最为关键的环节，无论是农业生产补贴还是贸易补贴；是收入补贴还是环境补贴，其绩效与补贴是通过何种方式提供给农民密切相关[1]。因此，从一定

---

[1] OECD, "Agricultural Policies in Non-OECD Countries: Monitoring and Evaluation", 2007, p. 35.

意义上讲，是农业的补贴方式决定了其绩效。由于农业补贴是把双刃剑，每种农业补贴方式均可能带来正反两方面的效应，政府对各种补贴方式的选择与组合最终取决并服务于其目标定位，比如，为了实现农业的经济目标可以采用取消农业税、价格支持、直接补贴、与生产挂钩的补贴等方式；为了实现农业的环境功能可以采用农业环保补贴和农业资源储备补贴，如政府直接投资于用于保护农业环境的基本建设投资、退耕还林补贴等；为了实现农业的社会功能可以采用自然灾害救济、农业生产者退休补贴、教育投资等[①]。

第三节 农户行为反应机制

农户行为反应机制，实则是农户决策机制，这是影响农业补贴政策绩效最直接的因素，国家的政策最终要通过微观的农户行为得以落实。农户的行为既受土地、劳动力和资金等内在因素的影响又受到国家宏观经济政策、市场状况、农业比较利益等外部条件的约束。内外部双重约束条件是通过影响农户对未来的预期实现对农户行为选择的干预和影响。农户的投资行为、耕作习惯的改变和调整、自我发展的选择是农户面对政策调整的主要行为反应，其直接决定了农业补贴政策的经济、社会和环境绩效。

理论界对农户行为的研究主要集中于农户决策行为和技术接受行为与技术传播行为[②]，实际上两者都可归为农户决策行为，只不过前者主要侧重于经济决策，后者则侧重于非经济方面而已，因此本书将其统称为农户决策行为。探讨农户行为反应机制，实际上就是分析农户的决策行为。因为农户的决策实则是其对社会、经济和

[①] 李传健：《选择适当的农业补贴方式，实现农业多功能性》，《经济研究参考》2007年第48期。

[②] 鲁礼新：《贵州沙坡农户行为与环境变迁》，黄河水利出版社2006年版，第6—7页。

自然环境变化所做出的行为调整，作为宏观调控的农业补贴政策的实施无疑是对农村经济和社会运行环境的一大改变，农户自然会相应做出适应性反应和行为调整，所以我们将其直观地称为农户行为反应机制，目的在于强调农户行为反应对农业补贴绩效的重要性。农业补贴政策的终端在农户，所有政策目标最终要通过农户的行为得以实现，在政策既定的情况下，农户行为直接决定政策效果。因此，对农户行为反应机制的分析是研究农业补贴政策绩效的重要环节。在农户对政策的行为反应环节有两个重要因素，一是农户行为或决策的影响因素，二是农户的行为选择。

一 农户行为影响因素分析

通常农户的行为选择受内在因素和外部条件两类约束条件的限制[1]，内在约束条件包括土地的数量和质量、劳动力的数量和素质、资金状况（金融环境和农民收入状况）等，农户是否采取机械化经营、对新技术和新品种的接受程度均受上述因素的影响，所以补贴政策的效果也同农户的内部约束条件密切关联。影响农户行为的外部条件主要包括国家宏观政策、市场环境和农业比较收益状况。宏观政策包括农产品投资政策、价格补贴政策、土地政策、农技研发推广政策等，作为宏观政策背景，上述政策直接影响到农户对未来的预期，从而影响农户的决策。国家宏观政策还会给农民传达一种信号，而这种信号的作用就是导向，所以对国家宏观政策的评价不应仅仅限于其对农民收入、农业经济增长带来的直接影响，更应该关注政策对农户决策行为的导向作用[2]。所谓市场环境是指市场竞争程度、农产品价格、农业生产资料的供应和价格等。市场经济条

---

[1] 李成贵：《现阶段农户经济行为评析》，《农村经济社会》1992年第6期。
[2] 史清华等（2007）对我国新农业政策效应的研究证明了这一点，他们认为，新农业政策中补贴政策的效应相当有限，政策变革的效应仅仅是"引子"效应。

件下，农户作为农村经济的微观经济主体，其经营自主权越来越大，市场意识越来越强，市场信号已经成为农户经营决策主要依据。农户的行为还会受到农业比较收益状况和非农就业机会状况的影响。比如在挪威，由于大部分地方农业经营条件都不是很好，比较效益较低，大约97%的耕地是闲置的[①]。

无论是内在因素还是外部条件，它们对农户行为的影响主要是通过改变或调整农户对未来预期而发挥作用的，这种预期包括对收入的预期，也包括对个人发展的预期、对其所处自然和社会环境的预期，农户的目标定位和决策行为便是由这些预期直接决定的。

二 农户行为选择

市场经济条件下，农户的行为主要包括投资行为、耕作习惯的变化和农户关于自我发展的规划三大方面。其中农户的投资行为是影响农业补贴政策绩效最为关键的因素[②]。事实上，农户的农业生产过程就是投资过程，是他们将自己所拥有的土地、劳动力、资金、技术、管理等基本的生产要素有机组合获得最大收益的过程[③]。农户对农业的投资包括固定资产投资，如农机具的购置等；一般生产性投入，如化肥、农药、种子、灌溉等；劳动力投入，即劳动力是留在农村种田还是兼业，还是进城打工；土地投入，即农户是抛荒还是经营，是通过转租或其他方式扩大种植面积是维持原来的种植规模。农村经济发展状况、农业环境状况和农业政策绩效直接受制于上述投资行为。农户的行为选择还包括其耕作习惯的变化和调整。这种耕作习惯包括种植结构的调整、土地复种指数的变化、对

---

① Helge E. Lundekvam, Eirik Romstad, Lillian Øygarden, "Agricultural policies in Norway and effects on soil erosion", *Environmental Science & Policy*, Vol. 6, 2003, pp. 57–67.
② 此处主要是指农户对农业的投资行为，不包括其对其他产业的投资。
③ 高新才等：《农户经营行为对农业产业化的影响分析》，《兰州商学院学报》2001年第2期。

新技术的认可程度和接受、学习、传播程度等。此外，农户的自我发展意识和行为也属于决策行为，此处的自我发展主要是指农户接受继续教育的情况、接受新的思想观念的情况，它会对农村经济未来的发展产生深远影响。

农户行为选择是农户行为反应机制中的最后环节，同时也是最重要的环节，因为农户的行为方式直接决定政策的绩效。有效的补贴政策必须做到能够改变或调整农户行为[1]。

第四节　农户策略性行为与农业补贴政策的社会绩效分析

从博弈论的角度分析农户和政府在这场博弈中的策略性行为以及其相互影响，可以使我们从微观角度更深入地分析现行农业补贴政策的绩效和问题，为我国农业补贴政策的不断完善提供借鉴。本节采用博弈论的理论分析农户策略性行为对农业补贴社会绩效的影响机理。

一　基本概念及模型假设条件

（一）基本概念

策略性行为属于博弈论中的一个术语，博弈论研究的是决策主体的行为发生直接相互作用的时候的决策以及这种决策的均衡问题[2]，这一原本属于数学领域一个分支的理论，运用科学的方法（数学和逻辑）更加全面而完整地分析决策过程，可以很好地解决对人与人之间行为的相互影响和作用，以及他们之间因利益冲突而

---

[1] Nadine Turpina, Pierre Duprazb, Claudine Thenailc, etc，"Shaping the landscape: Agricultural policies and local biodiversity schemes"，*Land Use Policy*，Vol. 26，2009，pp. 273 – 283.

[2] 张维迎：《博弈论与信息经济学》，上海三联书店、上海人民出版社2001年版，第3—4页。

引发的竞争与合作的研究,而这恰恰迎合了现代经济学研究对象越来越转向个体、注重对个人理性和集体理性矛盾与冲突研究的趋势,因此,博弈论产生后很快进入主流经济学,并得到广泛应用。

一个博弈所需要的最少要素是参与人、战略和支付,其中参与人作为博弈的主体居于核心,是指一个博弈中的决策主体,作为理性经济人,这一主体参与博弈的目的是通过选择不同的战略(行动)最大化自身利益。农村经济运行涉及很多利益主体的合作和冲突问题,在这些合作和冲突中,每个利益主体都按照自身利益最大化原则进行决策活动,这便是博弈。农村经济的运行中有两个代表性的主体,一是农户,二是政府,前者是农村经济必不可少的微观经济主体,是农村一切经济活动的实践者,后者作为国家利益的代表则是所有关于农村经济社会发展政策的制定者和推行者,因此,任何一项农村经济改革的推进或者一项政策的推行都会引发政府和农户之间的博弈。农业补贴政策的实施作为我国农村经济改革中一个重大的战略转变,自然会触动每一个农户的利益,于是博弈不可避免。

(二) 模型假设条件

1. 博弈参与人。对农业补贴政策与农户行为反应机制的分析表明,政府制定农业补贴政策然后通过农户的决策行为得以体现,因此在这一博弈中的两个参与人分别是政府和农户,而且这种政府先行(首先是政府制定政策)的传导模式表明,政府制定的政策居于支配地位,因此我们可以将政府的策略称为支配策略,农户是在被动接受政府策略的前提下做出相机决策,选择自身利益最大化的行为方案。从这个角度讲这种政府与农户间的博弈属于动态博弈[1]。

---

[1] 在动态博弈中,参与人行动有先后次序,后行动者可以通过观察先行动者的行动获得有关其偏好、战略空间等方面的信息,修正自己的判断,并调整自己的行为。见张维迎《博弈论与信息经济学》,上海三联书店、上海人民出版社 2001 年版,第 32 页。

2. 参与人目标。市场经济条件下，农户作为农村经济中的理性微观经济主体，其目标是追求收益最大化，这一目标相对而言是比较单一的。但政府的目标体系则相对要复杂一些，首先，需要尽可能实现农业的经济、社会目标；其次，作为一个行为主体，政府并非由以实现公共利益最大化为单一目标的个人组成，其每一成员作为独立的经济主体都具有自身的利益诉求，这种诉求既包括与政府目标相容的公共利益的实现，即当地农业的发展、农村环境的改善等（也是自身政绩的体现），也包括个人升迁、政绩评估等与政府目标可能产生冲突的个人利益的实现[①]。总之，农户和政府的目标有相容性，即农村经济的发展、农民增收，但并非完全相容。就农业补贴的社会绩效而言，这是政府追求的目标但却不一定是农户决策的依据，方便起见，我们在分析中假设农户是不考虑社会绩效的。从上面的分析看，博弈的两个参与人目标并非完全相容，也恰恰是这种不相容导致了博弈的产生。

3. 战略。战略是参与人在给定信息集的情况下的行动规则，它通常是指参与人对行为取舍、经济活动水平的选择。在政府与农户对农业补贴的博弈中，对政府而言，其战略是补贴或者不补贴，因为我们的研究重点不是要权衡政府对农业实施补贴与否，而是分析不同的农业补贴可能带来的社会绩效，所以，首先我们将政府的战略定义为选择何种补贴方式。我们假设政府仅仅在三种最主要的补贴方式——投入品补贴、价格补贴和对生产者直接补贴中进行选择，且只能选择其中一种补贴方式。在此基础上为了进一步分析农户策略性行为是否具有稳定性，即是否处于纳什均衡状态，我们进一步将分析拓展，假定政府的策略是选择是否进行补贴。对农户而言，我们假设农户的选择是在政府既定政策环境下做出的，也就是

[①] 乔翠霞：《主体错位——试析政府在我国招商引资中的角色》，《中国外资》2006年第3期。

说，农户是在确知政府政策后作出选择，而且，其战略只有两种——增加投入、不增加投入，我们假设农户是在满足自身需求基础上进行选择，同时将农户对投资的增加限定在边际收益大于零的前提下。我们将根据可能影响社会绩效的诸多因素逐一讨论农户对各种不同要素投入与否的决策。

二 农业补贴博弈中农户的策略性行为分析

（一）模型描述

```
                        政府
                   /     |     \
                 B1     B2     B3
                 /       |       \
               农户    农户    农户
              /  \    /  \    /  \
            F1   F2  F1   F2  F1   F2
```

| G(R1)−A(C1)−S, | A(C1)−G(R1)− | G(R2)−A(C2)−S, | A(C2)−G(R2)− | G(R3)−A(C3)− | A(C2)−G(R3)− |
| R1−C1+S | SS | R2−C2+S | SS | SR3−C3+S | SS |

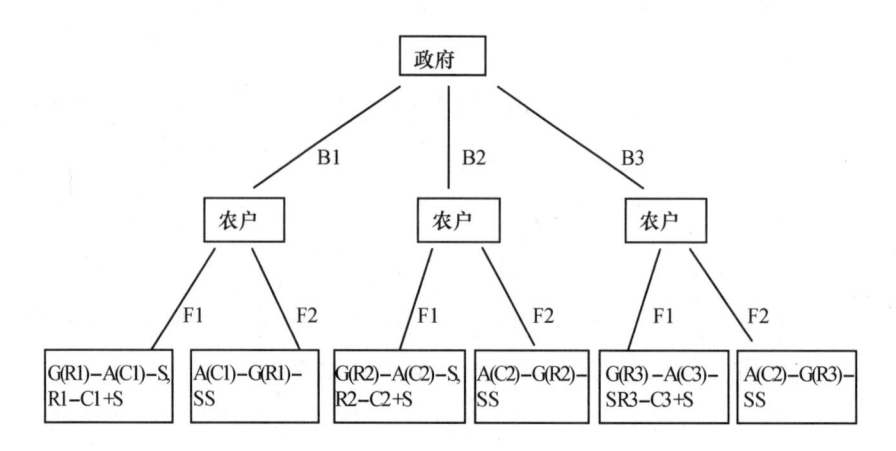

图 2—3 农业补贴条件下农户策略性行为

在上文假设条件下我们得到如图 2—3 的博弈树。图中 B1 表示政府对农业采取投入品补贴政策，B2 表示政府对农业产出品采取价格补贴政策，B3 表示政府对农民进行直接补贴；F1 表示农民选择增加投入，F2 表示农户选择不增加投入；R1、R2、R3 分别表示三种补贴方式下农户增加投入后获得的收益；C1、C2、C3 分别表示三种补贴方式下农户增加的投入量，即成本的增加，因为农户是理性的投资者，所以我们假定 R1、R2、R3 分别大于 C1、C2、C3；G（R1）、G（R2）、G（R3）分别表示农业产出增加给政府带来的经济收益的增加、国家粮食安全水平的提高等外部效应，由于我们研究的侧重点在于分析农业补贴政策的社会绩效，所以这一因素是必不可少的；S 表示政府对农业实施补贴时的支出，如果农户得到政府的补贴，则政府得益 -S，农户得益 S，我们假设政府补贴额不随补贴方式的变化而变化；A（C1）、A（C2）、A（C3）表示由于投入品，尤其是化肥、农药、水、电等的使用和土地资源的不合理开发而引致的环境问题和由农产品价格扭曲等因素带来的负面效应，它们是投入的增函数，即投入品使用得越多给农业环境带来的压力就会越大，将这一因素考虑到博弈的得益分析中同样基于社会绩效的考虑。

（二）政府选择投入品补贴条件下农户的策略性行为分析

当政府通过对投入品进行补贴的方式为农业提供补贴 S 时，如果农户选择策略 F1，即"增加投入"，则政府得益为 G（R1）- A（C1）- S，即农业产出增加给政府带来的经济效应的增加和国家粮食安全水平的提高等外部效应扣除由于农业投入增加给环境造成的压力、价格扭曲等负面效应和政府为补贴提供的支出。农户的得益为 R1 - C1 + S，即农户增加投入带来的收益扣除成本加上政府提供的补贴。如果农户选择策略 F2，即"不增加投入"，则政府的得益是 A（C1）- G（R1）- S，即农户不增加投入带来的积极环境效应，减去由于失去增加的农业产出给政府带来的经济收益和国家粮食安全水平下降的损失，并扣除补贴支出，农户的得益是 S。根据前面的假设，就农户而言，因为 R1 - C1 > 0，所以当政府对投入品提供补贴时"增加投入"是农户的理性选择。

由于我们仅仅分析了政府提供补贴状态下农户的策略性行为，因此，农户的理性选择还是不稳定的，因为此时还无法确认它是否是一个占优战略，为了使分析更加深入，我们将上述分析进一步拓展。假设政府只能选择对投入品进行补贴这一种补贴方式，那么此时政府的战略就是或者补贴，或者不补贴，当政府选择"补贴"时我们将其设定为策略 W1，反之为 W2。如此，在上述分析基础上我们建立一个新的博弈模型，如图 2—4 所示。在这个博弈中，当政府采取策略 W2，即"不补贴"时，如果农户不增加投入，那么政府的得益是 A（C′1）− G（R′1），即农户不增加投入带来的积极环境效应，减去由于失去增加的农业产出给政府带来的经济收益和国家粮食安全水平降低的损失，农户的得益是 0。如果农户选择"投入"，则政府的得益是 G（R′1）− A（C′1），这里假设当政府不提供补贴时，农户增加投入的积极性较有补贴情况下要低，所以其投入量少于有补贴的时候，为 C′1（C′1 < C1），农户的得益是 R′1 − C′1（在农户理性行为的假设基础上，R′1 − C′1 仍然大于 0），也就是说当政府不进行补贴时，农户仍然会选择"增加投入"，一直到边际收益为零时止，由此我们可以断定"增加投入"是农户的占优战略。

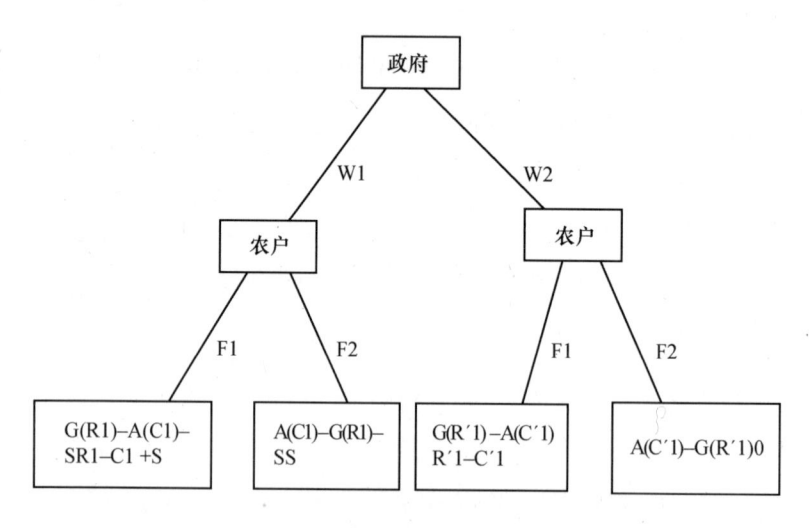

图 2—4　投入补贴条件下政府与农户博弈

那么政府的占优战略是什么呢？问题要复杂得多。由上面的分析我们得出：当农户选择增加投入，也就是策略 F1 时，政府选择

W1（提供补贴）时的得益是 G（R1）－A（C1）－S，选择 W2（不补贴）时的得益是 G（R′1）－A（C′1），如何比较 G（R′1）－A（C′1）和 G（R1）－A（C1）－S 的大小呢？这取决于由于农户生产要素投入量的不同而导致的社会绩效的变化量，如果补贴取消后投入下降导致的由农产品产量减少引起的外部效应的减少非常大，远远超过了其给农业环境带来的负面效应的减少，如式2.1：

$$G（R1）－G（R′1）>A（C1）－A（C′1) \quad 2.1$$

以至于这种悬殊超过了政府可以提供的补贴量 S，即出现如式2.2的状况：

$$[G（R1）－G（R′1）]－[A（C1）－A（C′1）]>S \quad 2.2$$

将式2.2做简单的移项便得到式2.3：

$$G（R1）－A（C1）－S>G（R′1）－A（C′1） \quad 2.3$$

这就意味着，政府在提供补贴情况下的得益大于不提供补贴时的得益，政府自然会选择"补贴"，反之亦然。由于政府的这种理性选择基于农产品产量变化对其所在国家的重要性，即如果由补贴政策变动引起的产量变动效应远远大于环境效应的变动，我们将这类国家统称为产量偏好型国家，反之则为环境偏好型国家。这样我们可以把上文的分析结果概况为，当一个国家是产量偏好型时，若农户选择"增加投入"，则政府的理性选择是"补贴"，当一个国家是环境偏好型时，在农户选择投入时政府的选择则是"不补贴"。

由上文的分析我们知道，在博弈中"增加投入"是理性农户的占优战略，也就是说在边际收益大于零的前提下其理性选择是"增加投入"，而"不增加投入"则是其劣战略，由此我们可以运用"重复剔除严格劣战略"的方法剔除农户的劣战略"不增加投入"，不做分析。这样我们可以断定，在剔除农户的劣战略"不增加投入"后，在一个产量偏好型国家，（增加投入，补贴）是战略均衡

(重复剔除的战略均衡), 在一个环境偏好型国家, (增加投入, 不补贴) 是战略均衡。

这一结论耐人寻味,究竟什么样的环境下 (增加投入, 补贴) 能够成为战略均衡, 又是什么样的环境下 (增加投入, 不补贴) 是战略均衡呢? 我们举两个例子——新西兰和中国。在新西兰, 由于其农产品丰富, 相比于产量目标, 国家更重视农业环境的保护和农业可持续发展能力的培养, 在这样的背景下, 政府取消补贴带来的环境效应就会被赋予较多的价值, 而且由于其农业已经具备较强的国际竞争力, 因此, 取消补贴后农户的得益不会下降太多, 换言之, 不会对农户的投入产生较大的影响, 所以在新西兰, (增加投入, 不补贴) 就是战略均衡, 现实中新西兰的例子也证明了这一点。而在中国, 一方面, 粮食自给本身仍然是个困扰政府的难题, 农业竞争力还很低, 自我积累自我发展的能力不高, 另一方面由于处于工业化中期, 民众对环境效应尚不是很敏感, 或者说对环境的关注度还没有达到西方发达国家的水平, 这种情况下, 如果取消各种补贴, 会在客观上影响农户的投入, 这种影响很快又会导致农产品产量的下降, 继而影响国家粮食安全, 这在像我国这样的农业竞争力较差且粮食安全问题较为突出的发展中国家往往会导致较为严重的经济、社会问题, 所以相比之下暂时的环境损失就处在一个可以容忍的范围内了, (增加投入, 补贴) 也便成了战略均衡。价格补贴条件下, 即当政府选择 B2 时, 其与农户之间的博弈与选择 B1 时类似, 在多数发展中国家, (增加投入, 补贴) 仍然是战略均衡, 在此不做详细分析。

(三) 政府选择直接补贴条件下农户的策略性行为分析

农业投入品补贴、价格补贴与直接补贴在目标上是有所区别的, 投入品补贴和价格补贴侧重稳定农产品供给, 而直接补贴则侧重于增加农民收入。通常按照补贴发放的依据划分, 农业直接补贴可分为挂钩补贴和脱钩补贴，所谓挂钩补贴，是根据农户当年特定农产品的生产或交售数量，向其发放补贴。所谓脱钩补贴，是按照农户基期特定农产品生产、交售数量，或者计税土地面积、计税常产向其发放的补贴，与农户当年该产品的生产及交售数量不挂钩。就前者而言，农业补贴额与当年农产品的生产或交售数量直接相关，在一定程度上类似于与对农业产出的价格补贴，因此，根据上文博弈分析的结果，尽管这种补贴可以直接将补贴额支付给农民，（增加投入，补贴）仍然是战略均衡，即这种挂钩式的补贴仍然会刺激农户增加投入的积极性。就后者，即脱钩补贴而言，由于这些补贴与当前的生产和价格脱钩，农户的生产决策主要基于预期的市场价格，因此，从理论上讲脱钩式的补贴不会直接影响农户的生产决策，不会改变农户与政府博弈中的原有均衡状态，即不会刺激农户增加投入，从而产生经济扭曲，属于WTO规则下的"绿箱政策"，是OECD倡导的农业补贴改革的方向之一[1]，一些面临农产品过剩问题的国家也在实践中更多地运用此种补贴方式。

（四）基于农户策略性行为分析之上的农业补贴绩效分析

1. 投入激励会加大农业生产的环境成本。农户在投入品补贴和价格补贴博弈中的策略性行为告诉我们，增加投入是其占优战略，而且很明显，有投入补贴时其投入积极性会更高，也就是说政府实施投入品补贴政策会更进一步刺激农户的投入愿望。从前面的分析中我们也可以看到，西方发达国家由于农业投入补贴和价格补贴政策的实施已经导致了化肥、农药、能源、自然资源等投入品的过量使用，从社会效应的角度看，这不仅会加速水土流失、土壤盐碱化，同时也造成了严重的污染[2]，结果是农业生产的私人成本远

---

[1] OECD. Agricultural Policies in Non-OECD Countries: Monitoring and Evaluation 2007, Available at: http://www.oecd.org/dataoecd/48/63/38696584.pdf.

[2] John Lingard, "Agricultural Subsidies and Environmental Change", *Encyclopedia of Global Environmental Change*, John Wiley & Sons, Ltd., 2002.

远低于社会成本。因为通常情况下，这种负面的社会效应均具有明显的外部性特征，也就是说农户不需要为此埋单，政府的补贴无疑会使上述情况雪上加霜。这也正是目前西方发达国家面临的问题，也正因为此，我们在前面提到的 OECD 国家农业政策调整才朝着逐步缩小投入品补贴在农业补贴中比例的方向发展。就挂钩式直接补贴的社会绩效而言，由于在这种补贴条件下的博弈中，（增加投入，补贴）仍然是战略均衡，因此，其社会绩效同投入品补贴、价格补贴基本一致，即通过刺激农户农业生产投入的积极性，引致对农业投入要素的过度使用。值得注意的是，在价格补贴博弈中 A（C2）由环境绩效的损失变成了由于价格扭曲导致的消费者福利损失和环境绩效损失之和，也就是说相比与投入品补贴，价格补贴所带来的社会绩效的损失会更大。

应当引起我们重视的是，尽管在我国目前的发展阶段，对于投入品补贴和价格补贴而言，在农户与政府的博弈中，（增加投入，补贴）是战略均衡，实施投入品补贴政策能够有效刺激农户投入、增加农产品产出，这是像我国这样的农业大国实现粮食增产、保证粮食自给的有效手段，但同时我们也应该看到，这一均衡随着一国农业竞争力的提高和粮食安全问题的缓解、随着民众环保意识的提高会发生变化，其最终的归宿将是（增加投入，不补贴），也就是说，我们目前的这个战略均衡具有明显的国情特点，我国还是一个产量偏好型的国家，现阶段下我们是牺牲了环境效应换得农业的发展机会和国家粮食安全。

2. 以粮为纲的补贴方式直接影响农村种植结构调整。作为理性的投资者，农户投资的依据主要是比较利益的高低，在没有补贴政策干预的情况下，由于经济作物的比较利益要远远高于粮食，因此，农户在保障粮食自给的情况下，投资意向就会转向粮食生产之外的其他高产、高效农产品的种植，从增加农民收入的角度讲，这种选择无疑是理性、正确的。但是从宏观上讲，这种个人理性却会导致国家粮食供给的不足。政府以粮食为重点的补贴支出作为一个外生变量进入农户的决策系统，从客观上改变了粮食作物与其他回报率较高的经济作物的利益对比状况，从理论上讲，只要政府的补贴使农户种粮的收入与种植其他经济作物的收益持平，农户种粮的积极性就可以被调动起来。目前我国的粮食直补政策作为影响农户投资决策的一个重要因素，已经达到了刺激农民种粮积极性的目的，这对基于国家粮食安全角度对农业种植结构的调整具有决定性意义。但是，一方面，由于这种积极性具有很强的政策依赖性，从长期看会给政府财政带来一定压力；另一方面，过高的补贴也会导致相应粮食品种的过剩，近几年我国玉米等粮食作物库存积压严重，与这种挂钩式的农业补贴政策有直接关系。

3. 脱钩式直接补贴社会绩效明显，但对农业增产激励效果有限。由于脱钩式的补贴不会直接影响农户的生产决策，在农户与政府的博弈中就不会改变原有的均衡状态，不会刺激农户增加投入，增加农业产出，因此，这种补贴方式一方面可以直接增加农民收入，另一方面，也不会刺激农户对农业生产资料的过度使用和农业资源的掠夺性使用。但是从经济绩效的角度看，其对增加农产品产出的激励作用却有限。在2003—2006年的补贴实施过程中，我国有6个粮食主产省和3个产销平衡区实行了粮食脱钩式补贴，分别是安徽、黑龙江、吉林、四川、河南、内蒙古和宁夏、甘肃、贵州①，表2—2 是2003—2006 年实施脱钩补贴的六大粮食主产区粮食种植面积变化情况，四年中有三个省份粮食种植面积增长率低于全国6.12%的水平，六个省份的粮食种植面积的平均增长率是

---

① 李瑞锋、肖海峰：《欧盟、美国和中国的农民直接补贴政策比较研究》，《世界经济研究》2006 年第 7 期。

6.98%,仅仅高出全国平均量 0.86 个百分点①。根据赵海东的计算,2006 年"三补贴"政策对粮食增产的贡献率约为 8.9%,2005 年的贡献率约为 12.1%,呈现较为明显的递减规律②,这也从一定程度上说明了这一点。

表2—2 2003—2006 年实施脱钩补贴的粮食主产区粮食种植面积变化情况

单位:千公顷、%

年份	内蒙古	河南	安徽	吉林	黑龙江	四川	全国
2003	4051.47	8923.33	6157.2	4013.75	8114.7	6387.3	99410
2004	4181.1	8970.07	6312.2	4312.08	8458	6476.5	101606
2005	4373.58	9153.41	6410.9	4294.5	8650.8	6564.84	104278
2006	4461.918	9303.08	6493.49	4325.5	9023.733	6583.3	105489
增长率*	10.13	4.26	5.46	7.77	11.2	3.07	6.12

资料来源:《中国统计年鉴》2004—2007 年各期。*表示 2006 年比 2003 年增长的百分比。

但是,从目前各国农业直接补贴的实践看,无论是挂钩补贴还是脱钩补贴均是针对特定农产品的,比如美国,其直接补贴对象主要是种植小麦、玉米、高粱、大麦、燕麦、水稻和棉花的农户。尽管从经济绩效看,这种针对特定农产品的脱钩式补贴不会刺激农户增加投入,但是由于其会直接影响农业种植结构的调整,一方面能够保证粮食种植面积的稳定,实现国家粮食安全目标;另一方面也会导致种植结构的失衡,从生态角度讲也会影响生物多样性。

---

① 一方面粮食种植面积的变化是由多方面原因引起的,补贴政策的实施仅仅是一方面;另一方面,我国实施粮食直补的时间还比较短,这么短的时间序列数据还不能充分说明问题,我们的数据仅仅提供一个最初步的分析。如果时间足够长的话,我们可以对数据做回归分析,这样更有利于对问题的深入分析。

② 赵海东:《中国农业补贴政策效应评价》,《理论界》2007 年第 12 期。

第 三 章

农业补贴的实践变迁与理论演化

本章将从农业补贴实践和理论变迁的角度梳理农业补贴的发展历程,以从宏观角度和世界眼光审视农业补贴政策社会绩效及其未来发展趋势。

第一节 农业补贴的实践变迁[①]

1987年加拿大通过了一个名为"农业加拿大"的计划,这一计划的内容包括:减少对市场信号的扭曲、鼓励国际竞争、提高农业部门适应不断变化的国际条件的能力等。1984—1987年,为了缓解森林退化、过度放牧、杀虫剂和化肥的过度使用等问题,新西兰完全取消了农业补贴政策。农业补贴的取消,使新西兰绵羊的数量、化肥和杀虫剂的使用都大大下降,森林也得到很好的恢复。在此期间,澳大利亚也尝试着削减农业补贴[②]。2000年冰岛签署了一项关于未来7年农业补贴的协议,意在使农业补贴倾向于那些能够控制化学用品(如化肥)和药物的使用、自愿参加国家牲畜养殖项目的农民,并争取使本国将来的农业补贴政策符合欧盟的绿色补贴

[①] 本章的部分内容发表与《理论学刊》2009年第2期。

[②] John Lingard, "Agricultural Subsidies and Environmental Change", *Encyclopedia of Global Environmental Change*, John Wiley & Sons, Ltd., 2002.

(green subsidy)政策框架①。

尽管目前英、美、日等发达国家仍然推行各自的农业补贴政策,但由于随着世界经济一体化程度的提高,全球农业经济一体化程度也不断提高,尤其随着WTO成员国的逐步增多,《农业协定》的约束范围不断扩大、约束力逐步增强,任何一国或地区农业补贴的程度、内容、手段等越来越多地受到国际环境与规则的制约。与此同时,随着农业补贴在各国的实践,到20世纪80年代,发达国家对农业的补贴不仅给本国带来了许多问题,也严重扭曲了世界农产品价格,阻碍了世界农产品贸易的发展,因此,各国都开始更加理性地关注农业补贴问题,推动农业补贴政策的改革。以明确的农业补贴法律法规为特色、完整的农业支持和保护理论体系为支撑,各国的农业补贴在不同发展阶段的主导性政策工具表现出明显的差异性,但整体发展又存在明显的同一性趋势。

一 各国农业补贴改革概况

从农业补贴的总量上看,我们查阅了OECD公布的2005—2015年各国的PSE发现,尽管大多数OECD成员国总的补贴水平下降了(其中澳大利亚、墨西哥、加拿大、欧盟等少数国家和地区是在2010年后开始缩减农业补贴水平),但是高补贴仍然是OECD成员国的主要特征,2006年OECD成员国农业的生产者补贴等值比例仍然高达27%。从各国农业补贴改革的具体情况看,无论是从补贴的总体水平看还是补贴的削减速度看,各国之间均存在较大差距。其中新西兰、美国和土耳其是在2006年大幅削减了农业补贴水平,其降幅分别为36.6%、30.1%和18.4%,但是在2010—2015年,随着土耳其继续持续其削减趋势,将PSE继续减少47.5%,美国

---

① O. Arnalds, B. H. Barkarson, "Soil erosion and land use policy in Iceland in relation to sheep grazing and government subsidies" *Environmental Science & Policy*, Vol. 6, 2003, pp. 105 – 113.

却又大幅提高了其农业补贴水平,增幅达26%。与此相反的是,墨西哥、澳大利亚、日本和加拿大确在2010—2015年开始压缩农业补贴水平,降幅分别为19%、54.5%、40.4%和39.3%(表3—1和表3—2)。

在发展中国家,农业补贴改革则是另一种情况。巴西、印度、南非、中国等国在最近几年的农业政策调整中均加大了对农业的补贴力度,但其补贴水平仍然远远低于OECD国家,2003—2005年,中国、巴西、南非的农业补贴水平分别是8%、5%、8%(PSE%),这与同时期OECD成员国29%的水平相差悬殊[①]。但是近年来,中国、印尼、南非等发展中国家的农业补贴总量快速增加,2010—2015年中国和印尼实现了PSE的翻番。

表3—1　2005—2006年OECD成员国农业生产者补贴等值变化情况

单位:百万美元、%

国别	PSE	变化率	国别	PSE	变化率
澳大利亚	1377	3.1	墨西哥	7154	30.9
加拿大	7531	7.8	新西兰	87	-36.6
欧盟	137970	2.0	挪威	2965	-0.9
冰岛	213	-1.1	瑞士	4996	-9.7
日本	40652	-4.9	土耳其	10131	-18.4
韩国	25403	-1.2	美国	29289	-30.1
OECD	267768	-4.7			

资料来源:OECD网站。

[①] OECD. Agricultural Policies in Non-OECD Countries: Monitoring and Evaluation 2007, Available at: http://www.oecd.org/dataoecd/48/63/38696584.pdf, 此文中选取了8个非OECD成员国作为发展中国家的代表,分别为巴西、印度、南非、中国、罗马尼亚、俄罗斯、保加利亚、乌克兰。

表 3—2　2010—2015 年 OECD 成员国农业生产者补贴等值变化情况

单位：百万美元、%

国别	PSE（2010）	PSE（2015）	变化率	国别	PSE（2010）	PSE（2015）	变化率
澳大利亚	1293.36	588.8	-54.5	墨西哥	6371.33	5163.55	-19.0
加拿大	7069.26	4289.26	-39.3	新西兰	99.77	101.25	1.4
欧盟	104901.85	89986.99	-14.2	挪威	3618.47	3252.5	-10.1
冰岛	124.21	196.24	58.0	瑞士	5792.56	7737.55	33.5
日本	56262.97	33509.48	-40.4	土耳其	22021.68	11568.57	-47.5
韩国	16967.88	20117.93	18.6	美国	30774.35	38784.56	26.0
OECD	249378.9	211982.25	-15.0	中国	135996.90	307394.82	126.0%
印尼	23950.63	35969.07	50.2%	南非	338.47	697.51	106.1%

资料来源：OECD 网站。

从农业补贴的方式看，OECD 成员国补贴方式的转变均较为明显。其一，扭曲方式的补贴，即与生产和投入品挂钩的补贴逐步减少。1986—1988 年，上述补贴占到补贴总量的 86%，到 2005—2006 年，这一比例已经下降到 64%。2005—2012 年欧盟和美国的价格支持在 PSE 中占比均出现明显下降。最近几年，与生产脱钩的补贴得到越来越多的重视，环境因素逐步被考虑到支付条件中。尽管如此，多数国家对生产者的支持仍然是以生产或投入补贴为主。其二，尽管单一产品支持在补贴总额中的比重下降，其仍然是生产者补贴等值中最重要的组成部分。其三，根据播种面积和牲畜数量确定的支付数量逐步扩大，2003 年占到生产者补贴的 14%，是 1986—1988 年度水平的两倍。其四，根据投入物限定因素确定的补贴与根据农业总收入确定的支付增加了。其五，一般服务型补贴增加。所谓一般服务型补贴（GSSE）是针对农业研发、农业学校、检验服务、基础设施、市场化和市场改善、公共持股和其他杂费等的补贴。在非 OECD 成员国，各国所普遍采用的补贴方式仍然是以市场价格补贴（MPS）、投入品补贴为主，但同时这些国家也都增加了与生产脱钩的补贴，意在提高低收入农民的收入、保护农村环境、促经农村发展。区别于 OECD 成员国，OECD 在其 2007 年非 OECD 成员国农业政策的监测与评估中提到的 8 个发展中国家对农业一般服务性的补贴均非常有限，有些国家 GSS 的份额竟出现下降趋势[①]。

从补贴的农产品种类看，1986—1988 年和 2002—2004 年这两段时间，所有 OECD 成员国对不同商品的补贴水平差距均不同程度地缩小，其中欧盟国家、韩国、日本缩小的幅度最低，加拿大、瑞士幅度最大。在各种农产品中，羊肉、谷类的补贴水平下降幅度最大，稻米、牛奶仍然是得到补贴最高的商品[②]。

二 欧盟的农业补贴实践

欧盟是农业补贴的典型代表，但近几年一直主张实行农业改革，实际上却步履蹒跚。欧盟最初的农业政策是以高额补贴为代价的，因此，对欧盟来说，农业既是一体化程度最深的领域，又是负担最沉重的领域，到 20 世纪 80 年代末，农业开支已接近总预算的 60%。1999 年，欧盟 15 国农业部长讨论了欧盟共同农业政策（Common Agriculture Policies，CAP），意在通过这次政策性调整将迄今为止已经实施多年的市场价格补贴机制转变为以主要农产品总量限制和市场价格相结合的补贴机制。这个方案是继 1962 年制定"共同农业政策"以来，欧盟粮食和农业政策的又一次重大调整。其政策的重点一是改变过去以生产为补贴依据的农业补贴政策，取而代之以农业生产者的收益为依据的补贴政策；二是将对农民的支

---

① OECD. "Agricultural Policies in Non-OECD Countries: Monitoring and Evaluation 2007", Available at: http://www.oecd.org/dataoecd/48/63/38696584.pdf.

② OECD. "Agricultural Policies in OECD Countries: Monitoring and Evaluation 2005", Available at: http://www.oecd.org/dataoecd/58/45/35314840.pdf.

持和农业的补贴与农业生产过程中的环境保护、农产品的公共卫生、农业产品的食用安全等结合起来；三是争取今后数年内陆续减少农业生产规模10%，降低农产品，主要是谷物价格5%，逐年减少对农业经营者的补贴。但现实中欧盟的农业改革却举步维艰，从农业补贴总量看，2004—2006年尽管其农业补贴总量由1986—1988年的41%下降到了34%，但仍然高于OECD成员国的平均量（29%）。另外，其农产品价格仍然高于国际价格27%，其对一般服务提供的补贴20年间也仅仅提高了1个百分点，达到补贴总量的9%。在环境改善方面，2005年12月，欧盟委员会采取了一项意在促进生物能源使用的计划方案；2007年1月，欧盟委员会又提出一项关于水果和蔬菜的改革方案，其中特别强调其中任何一个项目在运行过程中都必须至少拿出20%的资金用于环境改善，无疑，其改革的方向是对的，但效果如何还不得而知。欧盟农业补贴改革的困境在于各国利益的协调和平衡，这是欧盟共同农业政策实施的主要障碍。

以欧盟的共同农业政策演进为例，我们可以清晰地看到其农业补贴政策的发展历程。共同农业政策是在1957年欧洲经济共同体《罗马条约》中首次提出的，1962年正式实施；此后，根据经济形势发展需要，欧盟的农业支持政策约每10年就进行一次重大修正和改革。

(一) 欧盟CAP的实践演进

如表3—3所示，以补贴手段的导向性转折调整为标准，至今欧盟的农业支持政策已经历了"价格支持主导""价格支持与收入支持相结合"以及"收入支持主导"三个发展阶段。

1. 价格支持主导（20世纪90年代以前）。1962年欧洲经济共同体的《建立农产品统一市场折中协议》（以下简称《协议》）标志着欧盟共同农业政策的开始，逐步形成价格政策为主、结构政策为辅的农业支持体系。《协议》对内实施农产品价格支持,设立"欧洲农业指导和保证基金"(EAGGF),制定统一的农产品价格,实施价格补贴;对外则通过出口补贴、进口征税等措施限制农产品进口价格,以保障内部农业生产者的收入水平。至20世纪90年代初,共同农业政策适时对农业补贴进行了多次调整,典型如1968年的"曼斯霍尔特计划"(即《关于欧洲经济共同体农业结构改革备忘录》)和1985年的《共同农业政策展望》,旨在通过限制农产品产量的方式维持农产品价格支持体系,以便稳定农产品价格、保障农民的收入水平;虽然为减轻补贴所带来的财政负担,《共同农业政策展望》中已开始减少对农产品的价格支持("黄箱"政策)、引入直接收入补贴(如休耕补助,"蓝箱"政策),但是欧共体CAP的核心——农产品价格支持体系都未从根本上被触及。

表3—3　　　　欧洲共同农业政策(CAP)实践变迁

演进阶段	典型政策	特征与政策目的	主要举措	时期
价格支持主导 (20世纪90年代前)	1962年《建立农产品统一市场折中协议》	促进农业生产,稳定欧洲农产品市场价格,保障生产者最低收入	(1)对内价格支持:实施价格补贴,制定统一的农产品价格;设立"欧洲农业指导和保证基金"(EAGGF),保证共同农业政策运营资金;进行生产配额;(2)对外贸易保护,实施进口征税、出口补贴	经济共同体
	1968年"曼斯霍尔特计划"	提高农业生产效率和农民收入水平	(1)鼓励兼并小农场以形成大农场;(2)减少农业劳动力和农业用地,限制生产	欧洲共同体
	1985年《共同农业政策展望》	限制农产品产量,减轻财政负担	(1)制定牛奶配额;(2)建立土地休耕制度,按面积发放休耕补助,鼓励农民停止农业生产;(3)减少农产品价格扶持	

续表

演进阶段	典型政策	特征与政策目的	主要举措	时期
价格支持与收入支持相结合（1992—2002年）	1992年麦克沙利改革	以生产者直接补助取代价格干预，"价格支持"过渡为"价格支持与收入支持结合"	(1) 分阶段大幅度降低价格支持水平；(2) 实施收入支持，按照面积对农场主进行直接补贴；(3) 制订土地休耕计划；(4) 调整农业结构，增强农业生态环境保护，扶持山区与条件差的地区发展	欧盟
	《2000年议程》	强调农业多功能性和农村可持续发展	(1) 分步骤、分阶段削减农产品价格补贴；(2) 减少播种面积，以直接收入补贴补偿农民损失；(3) 制订农村发展计划，发展贫困地区，环境质量纳入CAP	
收入支持主导（2003年至今）	2003年改革	补贴与产量脱钩，稳定农场主收入，促进农业贸易自由化	(1) 进一步削减农产品价格支持；(2) 改革直接补贴方式，引入单一支付方案，补贴数额与产量脱钩，与环保、动植物健康、动物福利等挂钩；(3) 减少对大农场的直接补贴；(4) 加强农村发展政策	
	2008年健康检查	改革农业补贴结构，突出公平与绿色	(1) 下调支持价格，削减价格补贴水平；(2) 直接收入补贴，与生产脱钩；(3) 废除休耕政策；(4) 进一步减少直接补贴，发展农村基础建设	

续表

演进阶段	典型政策	特征与政策目的	主要举措	时期
	2013年CAP改革	增强农业竞争力、实现自然资源可持续管理和成员国区域平衡	(1) 调整农业直接补贴结构，削减补贴水平，设置"交叉遵守"机制和强制性绿色支付；(2) 强化市场支持：降低市场直接干预，鼓励生产者合作，加强农业生产危机管理；(3) 整合农村发展资源，促进可持续增长和地区平衡	

资料来源：作者整理。主要参考文献：高玉强（2011）[1]、张淑杰（2012）[2]、徐毅（2012）[3]、付岩岩（2013）[4]、钱玉文（2013）[5]、胡越（2014）[6]、徐雪和夏海龙（2015）[7]、刘晓亮（2015）[8]、罗超烈和曾福生（2015）[9]。

2. 价格支持与收入支持相结合（1992—2002年）。 在WTO的贸易自由和农产品过剩的压力下，1992年麦克沙利改革（《共同农业政策的发展和未来》）大幅度降低支持价格和农产品价格支持水

---

[1] 高玉强：《农业补贴制度优化研究》，博士学位论文，东北财经大学，2011年，第136—138页。

[2] 张淑杰：《农业补贴政策效果评价研究》，博士学位论文，河南农业大学，2012年，第109—112页。

[3] 徐毅：《欧盟共同农业政策改革与绩效研究》，博士学位论文，武汉大学，2012年，第24—62页。

[4] 付岩岩：《欧盟共同农业政策的演变及启示》，《世界农业》2013年第9期。

[5] 钱玉文：《国外农业补贴比较研究》，硕士学位论文，武汉轻工业大学，2013年，第17—19页。

[6] 胡越：《发达国家农业国内支持政策的调整及其效应分析》，博士学位论文，南京农业大学，2014年，第23—27页。

[7] 徐雪、夏海龙：《发达国家农业补贴政策调整及其经验借鉴——基于欧盟、美国、日本的考察》，《湖南农业大学学报》（社会科学版）2015年第16期。

[8] 刘晓亮：《欧盟农业补贴政策的演进及其对我国的启示》，《对外经贸实务》2015年第3期。

[9] 罗超烈、曾福生：《欧盟共同农业政策的演变与经验分析》，《世界农业》2015年第4期。

平（"黄箱"）、重视以面积为基础的直接补贴、休耕限产（"蓝箱"）、调整农业结构（"绿箱"）；这次改革使得欧盟 CAP 的政策基础发生了方向性变化，开始用生产者直接补贴手段取代价格干预，农业支持方式逐步切断价格支持与农民收入的联系，由过去的"价格支持主导"转向"价格支持与收入支持相结合"。在农业结构偏差和日益严重的环境问题压力下，《2000 年议程》着力构建"欧洲农业发展模式"，削减主要农产品价格补贴，强化直接收入补贴，将农业环境和农村发展计划纳入 CAP。在这一阶段欧盟 CAP 经过数次调整，农产品市场化改革倾向明显，逐步减少扭曲生产和贸易的农产品价格支持措施，强化直接补贴等收入支持手段。

3. 收入支持主导（2003 年至今）。面对日益沉重的财政负担、欧盟东扩和 WTO 谈判的贸易自由化压力，2003 年再次进行 CAP 改革，进一步削减农产品价格支持，直接补贴数额与产量脱钩，减少对农场主的直接补贴，强化"绿箱"政策，推动农产品贸易自由化。这次改革中，欧盟 CAP 对农业的支持力度下降，支持方式向以农业收入补贴为基础过渡。欧盟 2008 年健康检查加大了政策调整力度，延续 2003 年 CAP 的思路，下调支持价格，改革农业补贴结构，进一步减少直接补贴并与生产脱钩，突出"公平"和"绿色"。2013 年，欧盟 CAP 改革突出强化市场价格机制，关注农业的可持续发展和区域公平问题。自 2003 年以来，收入支持逐步成为欧盟 CAP 的基础，农产品的市场化导向日益增强，农业发展的目标多元化趋势显著。

（二）欧洲 CAP 的支持方式

如表 3—4 所示，欧洲 CAP 的目的从最初的内部市场保护逐渐过渡到确立部分农产品的国际市场竞争优势，形成了一套由价格支持、收入支持、对外贸易支持和其他支持等政策工具共同构成的复合型农业支持体系。

1. 价格支持。1962 年欧洲 CAP 建立以价格支持为核心的农业补贴运行机制，通过目标价格、门槛价格和干预价格等核心政策工具实现内部共同价格的制定和价格波动管理。作为典型的"黄箱"政策，随着经济形势发展和自由贸易压力的增大，欧盟 CAP 的价格支持措施逐渐被削弱。

2. 收入支持。自 1992 年麦克沙利改革引入与生产挂钩的直接收入补贴手段伊始，欧盟 CAP 的农业收入支持方式可分为与生产挂钩的补贴和不与生产挂钩的补贴两大类；前者主要包括长期实施的作物补贴、动物补贴、奶业补贴和税收减免，后者则主要由 2003 年改革所设包含单一支付计划（single payment scheme）和单一面积支付（single area payment scheme）的单一农场支付（single farm payment），以及有条件的直接支付交叉遵守（cross-compliance）机制构成。

表3—4　　欧洲农业支持方式与政策工具：复合型农业支持

支持方式	典型政策工具	工具内涵
价格支持	目标价格	指导价格，农产品价格浮动上限；当市场价处于目标价格以下且降到某一点时，为稳定市场，政府以事先制定的干预价格收购农产品
	门槛价格	（针对谷物的）进口控制价格，加运费、装卸费应大致等于目标价格，若到岸价格低于门槛价格，则征收差价税
	闸门价格	（针对牛羊肉和禽类产品的）最低入境价格，低于闸门价格的农产品不能进入欧盟市场
	干预价格	支持价格，农产品价格浮动下限，通常低于目标价格 6%~9%；当农产品市场价格低于干预价格时，干预中心以干预价格进行无限制收购（干预收购），或农民先以市场价出售，后从各国干预中心领取市场价格与干预价格之间的差价补贴（价格补贴）

续表

支持方式	典型政策工具		工具内涵
收入支持	不与生产挂钩	单一支付计划	补贴数额与产量脱钩,以面积或历史补贴额为依据进行一次性补贴
		单一面积支付	对每公顷耕地面积给予定额支付(针对2004年加入的欧盟10国)
		交叉遵守机制	是一种有条件的直接支付,即必须达到粮食安全、环境保护、动物福利、动物健康以及职业安全等标准,农场主才能获得全额的单一支付
	与生产挂钩:作物补贴、动物补贴、奶业补贴、税收减免		
对外贸易支持	出口价格补贴		
	货币补偿金机制		当某国货币升值时对其出口/进口农产品进行补贴/征税;货币贬值时对出口/进口农产品进行征税/补贴
其他支持	农业保险补贴;农村发展补贴,包括基础设施建设补贴、投资补贴、结构调整补贴(休耕补贴、提前退休计划)、农业生态补偿(环境受限制地区补偿、农业环境保护补贴、林业经济补贴);信贷补贴		

资料来源:作者整理。主要参考文献:高玉强(2011)[①]、张淑杰(2012)[②]、钱玉文(2013)[③]、高玉强和沈坤荣(2014)[④] 等。

3. 对外贸易支持。早在 CAP 实施之初,欧共体就对出口价格低于内部价格的农产品提供价差补贴;为维护农产品的国际竞争力,1969 年欧共体创立"货币补偿金制度",对货币升值国的出口和进口农产品分别按货币升值幅度提供补贴或征税,对货币贬值国

[①] 高玉强:《农业补贴制度优化研究》,博士学位论文,东北财经大学,2011 年,第 138—143 页。

[②] 张淑杰:《农业补贴政策效果评价研究》,博士学位论文,河南农业大学,2012 年,第 112—113 页。

[③] 钱玉文:《国外农业补贴比较研究》,硕士学位论文,武汉轻工业大学,2013 年,第 19—20 页。

[④] 高玉强、沈坤荣:《欧盟与美国的农业补贴制度及对我国的启示》,《经济体制改革》2014 年第 2 期。

则按价值幅度对其出口进行征税，进口给予补贴。

4. 其他支持。除以上各种支持外，欧盟CAP的农业支持还包括信贷补贴、农业保险、农村发展补贴等多种举措。例如，早在价格支持主导阶段，结构调整补贴已成为价格支持的辅助性手段，1968年"曼斯霍尔特计划"鼓励老年农民提前退休，1985年《共同农业政策展望》对休耕土地按照面积予以补助。近年来，随着CAP从第一支柱（市场措施）向第二支柱（农村发展）过渡，欧盟加大了基础设施建设补贴、投资补贴、结构调整补贴、农业生态补贴等来推动农村发展的"绿箱"支持。

三　美国的农业补贴实践

美国的农业补贴以立法保障为特色，补贴数额高、范围广（几乎覆盖所有主要农产品）。自1933年颁布第一部现代农业法案以来，每隔约5~6年就会根据经济社会发展需要和农业生产环境变化进行适应性调整和修正；以农业法案为中心，辅以各种农业专项法和补充条款，通过立法来规范农业补贴体系的运作，保障核心举措的实施。

（一）美国农业补贴的实践演进

如表3—5所示，同样依据主导补贴手段的调整，自1933年开始，美国的农业补贴经历了"价格补贴主导""收入补贴主导"和"收入补贴与价格补贴并存"三个发展阶段。

1. 价格补贴主导（1933—1995年）。面对大危机带来的农业发展困境，美国一改长期奉行自由放任的农业政策，罗斯福政府颁布了第一部涉及农业补贴的立法《1933年农业调整法》，建立以农产品价格补贴为核心农产品保护体系，通过农产品储备制度干预市场价格，在生产与流通环节上将农产品补贴直接与市场价格挂钩。二战期间，世界农产品需求大增，美国放松生产控制，扩大农产品的价格支持范围。面对美元升值、国际竞争加剧和财政负担加重的压力，美国农产品的市场化倾向加强，《1985年食品安全法案》对农产品的生产进行限制，加大对流通环节的补贴，降低了价格支持力度。此后，农产品的市场化倾向进一步增强，《1990年食品、农业、资源保护与贸易法案》采取了一系列措施调整和限制农产品价格补贴，降低对农业的总体补贴水平，并将补贴与生产决策分离。在这一阶段，在农业发展形势的推动下，虽然农业的市场化倾向在不断强化，但通过农产品储备稳定场价格、实施价格补贴仍是美国农业保护的主要方式。

2. 收入补贴主导（1996—2001年）。在美国农产品国际竞争力提升和WTO《农业协定》通过的背景下，《1996年联邦农业发展与改革法》开启了美国农产品的市场化改革，农业补贴方式做出重大调整，取消目标价格和价差补贴，取消生产限制；以农业收入补贴代替粮食储备制度，逐步割断政府补贴和农产品价格之间的联系，实施脱钩直接补贴。1998年为应对国际农产品价格下降而推出的"作物收入保险计划"和"市场损失援助"都是采取了直接收入补贴的形式。在这一阶段，市场化是美国农业保护体系变革的主流，政府逐渐削减甚至放弃了部分价格支持，改为直接收入补贴主导，且收入补贴力度呈缩小趋势。

3. 收入补贴与价格补贴并存（2002年至今）。随着贸易保护主义的抬头，面对美元贬值和国际农产品价格下跌，美国推翻1985年以来的市场化做法，重启了对农业的高补贴支持。《2002年农场安全与农村投资法》重新将农业补贴与农产品价格挂钩，在价格支持中创造并引入"反周期补贴"，与"直接补贴""营销援助贷款和贷款差价支付"共同构筑"三级收入安全网"，全面扩大农业补贴的范围和力度。《2008年食品、资源保护和能源法》继续扩大农业补贴的额度和范围，修补价格补贴漏洞，改革反周期补贴的操作方式。2014年《食物、农场及就业法案》削减农业补贴预算，推动农业走向市场化，取消直接补贴、反周期补贴、平均作物收入选择项目等措施，但保留了营销援助贷款项目，加强了农产品价格风险管理，设立价格损失风险覆盖（PLC）和农业收入风险覆盖（ARC）计划，扩大农作物保险项目的覆盖范围和补贴额度。

表3—5　　　　　　　　美国农业补贴的实践变迁

演进阶段	典型法案	特征与政策目的	主要举措
价格补贴主导（1933—1995年）	《1933年农业调整法》(The Agricultural Adjustment Act of 1933)	建立农产品价格保护	（1）价格支持；（2）限制耕种面积；（3）建立农产品储备；（4）扩大出口
	《1985年食品安全法案》(Food Security Act of 1985)	生产环节限制，流通环节补贴，降低价格支持力度	（1）降低商品贷款利率；（2）冻结价差补贴；（3）冻结补贴基础面积；（4）鼓励和补贴土地休耕；（5）扩大出口补贴
	《1990年食品、农业、资源保护与贸易法案》(Food, Agriculture, Conservation, and trade Act of 1990)	降低总体补贴水平，补贴与生产决策分离，发挥市场的作用	（1）维持固定目标价格；（2）限制农业贷款利率；（3）调整政府价差补贴基础，让农民自由调节生产结构与规模；（4）调整价差补贴的市场价格
收入补贴主导（1996—2001年）	《1996年联邦农业发展与改革法》(The Federal Agriculture Improvement and Reform Act of 1996)	割断政府补贴和农产品价格间的联系，实施脱钩直接补贴	（1）逐步取消对农场主的收入和价格支持，取消目标价格及差额补贴；（2）实行"弹性生产合同补贴"（直接收入补贴）；（3）取消耕种面积和种植品种限制；（4）取消农场主拥有的储备计划，实施补贴上限；（5）推行长期资源保育计划

续表

演进阶段	典型法案	特征与政策目的	主要举措
收入补贴价格补贴并存（2002年至今）	《2002年农场安全与农村投资法》(The Farm Security and Rural Investment Act of 2002)	提高农业补贴力度，扩大补贴尤其是直接补贴范围	(1) 构建"三级收入安全网"，扩大补贴种类；(2) 加入反周期补贴，提高贷款利率；(3) 提高补贴上限；(4) 推出出口和粮食援助计划，进行农产品贸易补贴；(5) 扩大资源保育面积
	《2008年食品、资源保护和能源法》(Food, Conservation, and Energy Act of 2008)	继续扩大补贴额度和范围，注重食品安全、环境保护和能源安全	(1) 大幅提高直接补贴力度，扩大补贴范围；(2) 提高贷款差价支付的贷款率；(3) 改革反周期补贴的操作方式，用"基于收益的反周期补贴"代替"基于价格的反周期补贴"；(4) 强化土地休耕、水资源管理和农地保护
	《2014年食物、农场及就业法案》(Food, Farm and Job Act of 2014)	削减预算，使农业走向市场化；加大风险管理，注重农业的可持续发展	(1) 取消直接补贴、反周期补贴、平均作物收入选择项目，保留营销援助贷款项目，设立价格损失风险覆盖和农业收入风险覆盖计划；(2) 强化农业保险；(3) 整合与调整资源保护补贴；(4) 促进农村发展，扩充研究、推广及相关项目

资料来源：作者整理。主要参考文献：冯继康（2007）[1]、张淑杰（2012）[2]、钱玉文（2013）[3]、胡越（2014）[4]、王聪颖（2014）[5]、李万君和李艳军（2014）[6] 等。

---

[1] 冯继康：《美国农业补贴政策：历史演变与发展走势》，《中国农村经济》2007年第3期。
[2] 张淑杰：《农业补贴政策效果评价研究》，博士学位论文，河南农业大学，2012年。
[3] 钱玉文：《国外农业补贴比较研究》，硕士学位论文，武汉轻工业大学，2013年。
[4] 胡越：《发达国家农业国内支持政策的调整及其效应分析》，博士学位论文，南京农业大学，2014年。
[5] 王聪颖：《美国农业补贴政策的历史演变》，《期货日报》2014年11月20日第3版。
[6] 李万君、李艳军：《美国农业补贴政策演变及对我国的启示》，《农业现代化研究》2014年第3期。

(二) 美国的农业补贴方式

在制度化、法律化的政策体系保障下，如表3—6所示，美国采取的是竞争型农业保护体系，通过灵活运用价格补贴、收入补贴、出口补贴、其他补贴等多种补贴方式，确保自身农产品在全球市场的竞争优势，市场化和反市场化都是服务于农产品国际市场的竞争需求。

1. 价格补贴。美国农业补贴体系中的价格补贴工具主要有无追索权贷款、目标价格补贴、营销贷款补贴（贷款差价补贴）和反周期补贴等形式。前三者是1996年以前美国农业价格补贴的主要方式；"反周期补贴"于2002年首次运用，2008年改革其操作方式，用"基于收益的反周期补贴"代替"基于价格的反周期补贴"，2014年被取消。

2. 收入补贴。自1996年固定直接补贴被引入以来，美国的收入补贴方式不断丰富和调整，包括农业保险、灾害补贴、灵活性（弹性）生产合同补贴（2002年）、市场损失援助（1998年）、农作物平均收益选择项目（2008年）。2014年直接补贴、平均作物收入选择项目被取消，农业保险逐渐成为现阶段美国的主要农业补贴方式。

3. 贸易补贴。美国的贸易补贴即出口补贴，除国内支持措施外，为提升农产品的国际竞争力，美国积极推动农产品出口，通过直接出口补贴、出口信贷支持、新兴市场项目、出口提高等方式对农产品出口贸易提供补贴，并适时扩大出口补贴范围，如2008年将出口补贴范围从小麦、玉米、大豆等粮食作物扩大到水果、蔬菜等专业作物。

表3—6　美国的农业补贴方式与政策工具：竞争型农业保护

补贴方式	典型政策工具	工具内涵
价格补贴	无追索权贷款	农场主将农产品抵押给农产品信贷公司按"贷款率"获得贷款，是否偿还则取决于市场价格走势。若市场价格高于"贷款率"，农场主将农产品出售并偿还贷款本息；若市场价格低于"贷款率"，农场主放弃抵押农产品的赎回权而不偿还贷款，农产品信贷公司无追索权
	目标价格补贴	农业部事先确定一个目标价格，若商业贷款利率高于目标价格，或收获后全国市场均价低于目标价格，差额将支付给农民
	营销贷款补贴（贷款差价补贴）	将未来的农作物产量抵押给农业部商品信贷公司按"贷款率"获得贷款，作物收获后，按市场价格销售。若市场价格高于"贷款率"，则按贷款率偿还贷款；若市场价格低于"贷款率"，则市场价格偿还贷款，而二者间差额相当于农民获得的直接补贴
	反周期补贴	农业部事先确定一个目标价格，若市场价格加直接支付高于目标价格，不启动反周期补贴；若市场价格加直接支付低于目标价格，政府启动反周期补贴，补贴额为两者间的差额
收入补贴	固定直接补贴	与农产品的生产和价格脱钩，补贴额按照基期的补贴单产和补贴面积直接确定，即直接补贴额 = 补贴面积 × 直接补贴单产 × 直接补贴率
	农业保险	参与保险的生产者可在农作物产量下降或在收入减少时获得补偿
	灾害补贴、灵活性（弹性）生产合同补贴、市场损失援助、农作物平均收益选择项目（ACRE）	

续表

补贴方式	典型政策工具	工具内涵
贸易补贴	直接出口补贴	典型如出口促进项目（EEP，1985 年设立，目标国售价低于成本时给予的现金补贴）和奶制品出口刺激计划
	出口信贷支持	出口信用保证、供应商信用担保、设备担保等
	新兴市场项目	提供技术资本支持、改善市场准入，推动农产品向新兴市场出口
	出口提高	本国农产品在国外市场受到不公平贸易竞争或政策打压时给予的补贴
其他补贴	资源保育补贴（土地休耕补贴等）、环境保护补贴、食品和消费补贴	

资料来源：作者整理。主要参考文献：郭玮（2002）[①]、张兴旺（2010）[②]、高玉强（2011）[③]、张淑杰（2012）[④]、钱玉文（2013）[⑤]、李万君和李艳军（2014）[⑥]、杨景元（2016）[⑦] 等。

4. 其他补贴。随着对农村发展重视程度的提高，美国农业补贴政策由传统的"黄箱"向"绿箱"转变，资源和环境保护日益受到重视，补贴条款与环境保护条款挂钩。1996 年推广资源保育计划以来，美国不断增加对土地休耕、农田水土保持、湿地保护、草地保育等资源保育及农村环境保护的补贴力度。为提升农产品需求、应对食品价格上涨的冲击，通过国内食品援助项目向低收入者提供的食品和消费补贴也有所增加。

[①] 郭玮：《美国、欧盟和日本农业补贴政策的调整及启示》，《经济研究参考》2002 年第 56 期。

[②] 张兴旺：《纵观国外农业支持保护体系的发展，健全中国农业支持保护体系》，《世界农业》2010 年第 1 期。

[③] 高玉强：《农业补贴制度优化研究》，博士学位论文，东北财经大学，2011 年。

[④] 张淑杰：《农业补贴政策效果评价研究》，博士学位论文，河南农业大学，2012 年。

[⑤] 钱玉文：《国外农业补贴比较研究》，硕士学位论文，武汉轻工业大学，2013 年。

[⑥] 李万君、李艳军：《美国农业补贴政策演变对我国的启示》，《农业现代化研究》2014 年第 3 期。

[⑦] 杨景元：《欧盟、美国农业补贴政策改革发展历程及对我国农业补贴政策的启示》，《黑龙江粮食》2016 年第 1 期。

四　日本的农业补贴实践

日本是一个农业补贴长期居高不下的补贴大国。作为OECD成员国中一个重要的农产品进口国，日本国内农业规模相对较小，长期以来，农民持续得到非常高的支持和保护，其水平远远高于OECD成员国的平均水平。日本对农业的支持侧重于贸易手段和高额财政补贴。随着OECD成员国农业改革的不断推进，日本也开始推行农业改革，调整农业补贴政策，但从总体上看，日本农业补贴改革的成效并不明显。首先，从补贴总量看，尽管日本的农业补贴率从1986—1988年的64%下降到2004—2006年的55%，但这仍然是一个非常高的补贴率，是OECD成员国平均补贴率的两倍。此外，从农业补贴总量占GDP的比重看，20年的改革中，日本农业补贴支出占GDP的比重由20世纪中期的2.4%下降到1.2%，但这主要源于日本经济总量的扩张，其农业补贴绝对量仍然很高。2010—2015年虽然日本的PSE减少40%，但是其补贴总量仍然较高。其次，补贴手段变化不大。1986—2006年，被证明是最容易导致扭曲的基于生产、可变投入品的补贴在日本生产者补贴（PSE）总额中的比重基本保持不变，一直维持在95%左右，同样，那些可以带来较少扭曲的补贴在这期间也基本保持在3%的水平不动。除此之外，近几年，尽管日本逐步减少对农产品价格形成的干预，但MPS仍然是日本农业补贴的主要方式，这直接导致了日本农产品价格和国际价格之间的巨大差距，2004—2006年日本农民获得的农产品价格比国际市场价格高出2.1倍。再次，稻米是日本补贴的主要对象，2004—2006年对稻米的补贴占据了日本单一商品补贴总额的34%。1986—2006年的20年间，这种单一商品补贴支出一直占据日本PSE的93%左右。最后，对一般服务提供的支持有所提高，1986—1988年比2004—2006年提高了2个百分点，达到农业补贴总量的 17%。2012 年提出的构建"日本型直接补贴政策"以及同年通过的《农业多功能性法》都旨在提高对农业用地用水等生态资源的保护。

尽管如此，我们也可以从日本的农业改革中捕捉到一些积极的讯号，最近几年，随着日本农业出现的新问题，意在推进农业可持续发展的农业环境政策开始得到越来越多的关注。2005 年 3 月，日本颁布了关于食品、农业和农村地区的新基本计划，提出了一系列新的农业政策。其一是由原来通过价格政策和边境措施支持的单一商品向更加灵活的商品支持政策转变，以推进由于旧政策的实施而延迟的一些必要的结构调整。此外，这项新计划还强调补贴政策要向更有效率、更加稳定的农场主倾斜。这项新基本计划的另一项重要调整是，提出关于农业土地所有权和土地使用调整的计划，以促进土地的有效利用，其目的是改善由于日本农村人口老龄化严重而导致的土地抛荒或转为他用的问题。2007 年 1 月生效的农业收入稳定法通过补贴方式和补贴对象的调整强调了农产品质量的提高。2007 年的新的农村发展计划、2012 年的《农业多功能性法》，主要目标是保护土地、水等农业资源，改善环境[①]。

由此可见，日本对农业补贴的改革质量并举，即在保持较高的补贴总额的同时不断调整补贴对象，其依据是国内农业发展状况，无论是其土地政策还是补贴对象的调整，还是农业环境政策均围绕本国农业发展能力的提高和农业结构的优化进行的。从长期看，日本的高农业补贴状况还很难改变。

（一）日本农业补贴的实践演进

如表 3—7 所示，以 1995 年为界，日本的农业补贴实践大致可以分为"价格支持"和"收入支持"两个阶段。

---

① OECD. "Agricultural Policies in OECD Countries: Monitoring and Evaluation", Chapter 8, 2007, pp. 173—180.

1. 价格支持（1995年以前）。1961年日本政府通过了《农业基本法》，以法律的形式明确实施农产品价格支持，对以大米为核心的主要农产品实行严格的价格管理，对不同的农产品实施不同的价格控制措施，对大米以"双重米价"的形式进行直接控制，并定期对价格进行综合研究。此后，通过1961年颁布的《农业信用保证保险法》和《关于稳定畜产品价格》以及1962年的《农业现代化资金助成法》和《实施农业结构改善事业》等典型农业法规，对主要农产品价格体系进行完善。在这一阶段，日本建立起了政府严格控制下的农产品价格和流通体系，但财政负担日益沉重。

2. 收入支持（1995年以后）。对农产品价格的严格管理严重扭曲了农业的生产和贸易，面对WTO《农业协定》的贸易自由化压力和国内沉重的财政负担，日本政府开始改变对农业的支持方式。1995年《新粮食法》对日本的农业政策进行大幅度修改，取消了对大米的生产流通管制，逐步退出通过"收购"干预农产品市场价格，引入对农户的直接支付。1999年《食物、农业、农村基本法》强调农业的多功能性，从价格补贴转向强化生产能力，进一步扩大直接补贴，对专业的销售农户予以直接收入补贴和信贷扶持，并定期调整食品、农业、农村基本计划；2000年《丘陵和山区直接支付计划》、2005年《土地经营规模直接支付》、2010年《农户收入直接支付计划》和2010《水稻田和旱地农业直接支付计划》等基本计划调整，逐步确立和强化了收入支持在农业补贴中的主导地位。同时，日本的农业政策也从注重经济效益转向注重可持续发展与综合效益，"黄箱"政策不断削减，"绿箱"政策不断增多，农业市场开放度也不断提高。

表 3—7　　　　　　　　　日本农业补贴实践变迁

演进阶段	典型政策法规	政策重点
价格支持（1995年前）	1961年《农业基本法》	(1) 实施农产品价格支持政策，尤其是对大米价格进行直接控制，实行"双重米价"；(2) 定期对价格政策进行综合研究
	1961年《农业信用保证保险法》 1961年《关于稳定畜产品价格》 1962年《农业现代化资金助成法》 1962年《实施农业结构改善事业》	(1) 根据形势调整生产结构，促进就业转移；(2) 在《农业基本法》的基础上，不断完善农产品价格支持体系
收入支持（1995年后）	1995年《新粮食法》	(1) 取消大米的生产流通管制，逐步退出收购；(2) 引入农户直接支付
	1999年《食物、农业、农村基本法》	(1) 价格补贴转向强化生产能力；(2) 扩大直接补贴，重点向农业可持续发展、食品安全供给、农村福利建设等方面转移；(3) 对专门从事销售的农户给予补贴、信贷扶持；(4) 强调农业的多功能性、可持续性和区域协调发展；(5) 定期调整食品、农业、农村基本计划（简称"基本计划"）
"基本计划"调整	2000年《丘陵和山区直接支付计划》	增加丘陵和山区农户收入，并逐步扩大至其他条件较差的地区（如孤岛上的平原地带）
	2005年《土地经营规模直接支付》	将"以所有农户和特定产品为中心"的直接补贴，转为"支持地方'骨干'（达到最低经营面积要求）经营的非特定产品"政策

续表

演进阶段	典型政策法规	政策重点
	2010年《农户收入直接支付计划》 2010《水稻田和旱地农业直接支付计划》	实现直接支付由"土地规模经营、重视特定类型农户"向"培育和保障不同背景'骨干'"的转变，如将所有销售农户者纳入直接支付

资料来源：作者整理。主要参考文献：郭玮（2002）[1]、张兴旺（2010）[2]、张淑杰（2012）[3]、董捷（2013）[4]、钱玉文（2013）[5]、胡越（2014）[6]、吴章勋和郑云（2016）[7] 等。

（二）日本的农业补贴方式

如表3—8所示，日本政府通过价格支持、收入补贴、对外贸易支持和其他支持等措施对部分重点农产品实施高度保护，政策工具丰富、覆盖范围广、保护品种细、数额大、保护程度深、保护时间长是典型的防御型农业保护。

1. 价格支持。日本对不同的农产品采取不同的价格支持措施，形成了多样的价格支持方式，总体上可分为直接控制和间接控制两大类。直接控制主要是针对大米、烟草实施严格的价格管理制度，如对大米实行"高价收购、低价销售"的"双重米价"，差额由财政予以补贴。间接控制是对不同的农产品实施不同的价格支持，主

---

[1] 郭玮：《美国、欧盟和日本农业补贴政策的调整及启示》，《经济研究参考》2002年第56期。

[2] 张兴旺：《纵观国外农业支持保护体系的发展，健全中国农业支持保护体系》，《世界农业》2010年第1期。

[3] 张淑杰：《农业补贴政策效果评价研究》，博士学位论文，河南农业大学，2012年，第113—115页。

[4] 董捷：《日本农业支持政策及对中国的启示》，《日本问题研究》2013年第1期。

[5] 钱玉文：《国外农业补贴比较研究》，硕士学位论文，武汉轻工业大学，2013年，第14—15页。

[6] 胡越：《发达国家农业国内支持政策的调整及其效应分析》，博士学位论文，南京农业大学，2014年，第28—32页。

[7] 吴章勋、郑云：《政策演变视角下日本农业保护的历史演进与动因》，《世界农业》2016年第2期。

要包括：(1) 大小麦、土豆、甜菜、甘薯、甘蔗等作物的"最低价格保证制度"；(2) 猪肉、蚕茧的"稳定价格制度"；(3) 牛奶、大豆的"补助金制度"；(4) 蔬菜、鸡蛋、小牛肉、水果的"稳定基金制度"。

表 3—8　　日本的农业补贴方式与政策工具：防御型农业保护

补贴方式	政策工具		工具内涵或构成
价格支持	直接控制：价格管理制度		政府直接控制农产品价格，即由政府直接规定购销价格，收购价高于销售价时，差额由财政补贴（适用：大米、烟草）
	间接控制	最低价格保证制度	当市场价格低于政府规定的最低价格水平时，政府按最低价格买入全部农产品（适用：大小麦、土豆、甜菜、甘薯、甘蔗等）
		稳定价格制度	在自由市场前提下，政府主动进行买卖操作和供求调整来稳定市场，以防止批发价格产生巨大波动（适用：猪肉、蚕茧等）
		补助金制度	政府事先确定基准价格，销售价低于基准价时，政府将基准价与市场价的差额以补贴金方式发放给农民（适用：牛奶、大豆）
		稳定基金制度	当市场价格下跌到政府确定的目标价格以下时，政府、农协、生产者共同出资对二者差额进行补贴（适用：蔬菜、鸡蛋、小牛肉、水果等）
收入补贴	直接收入补贴		单位面积售价低于生产成本的作物，对二者差额进行直接补贴
	农业灾害补偿、农业保险补贴、生产者限额补贴		
对外贸易支持	关税措施		对进口农产品征收高关税
	非关税壁垒		禁止或限制进口、进口数量价格限制

续表

补贴方式	政策工具	工具内涵或构成
其他支持	农业基础设施建设补贴、生产资料购置补贴、农业贷款利息补贴、农业结构调整补贴、农协发展支持政策（营业税和营业收益税、农协所得税免除）、青年务农补贴、水稻转作补贴……		

资料来源：作者整理。主要参考文献：周建华和贺正楚（2005）①、齐洪华与郭晶（2010）②、高玉强（2011）③、张淑杰（2012）④、董捷（2013）⑤、钱玉文（2013）⑥ 等。

2. 收入补贴。1995年以后，直接收入补贴成为日本农业的主导支持措施。直接收入补贴、农业灾害补偿、农业保险补贴、生产者限额补贴等共同构成了日本的收入补贴。

3. 对外贸易支持。为保护脆弱的国内农产品市场，日本的对外贸易支持主要针对外国农产品的进口，除对进口农产品征收高额关税外，还采取了禁止或限制进口、进口数量与价格限制等非关税壁垒，且有逐步增多的趋势。

4. 其他补贴。随着对农业多功能性、农业环境及可持续发展认识的加深，日本的"绿箱"政策逐渐增多，农业基础设施建设补贴、生产资料购置补贴、农业贷款利息补贴、农业结构调整补贴、农协发展支持政策（主要是营业税、营业收益税、农协所得税免除）、青年务农补贴、水稻转作补贴等多种农业补贴方式层出不穷。

---

① 周建华、贺正楚：《日本农业补贴政策的调整及启示》，《农村经济》2005年第10期。

② 齐洪华、郭晶：《日本农产品价格支持政策评析及借鉴》，《价格理论与实践》2010年第10期。

③ 高玉强：《农业补贴制度优化研究》，博士学位论文，东北财经大学，2011年，第155—157页。

④ 张淑杰：《农业补贴政策效果评价研究》，博士学位论文，河南农业大学，2012年，第115—116页。

⑤ 董捷：《日本农业支持政策及对中国的启示》，《日本问题研究》2013年第1期。

⑥ 钱玉文：《国外农业补贴比较研究》，硕士学位论文，武汉轻工业大学，2013年，第14—15页。

五 其他国家的农业补贴实践

除欧盟、美国、日本等发达国家与地区外,新兴发达国家和发展中国家的农业发展实践也值得我们借鉴。新兴发达国家以东亚的韩国为典型,发展中国家则以南亚的印度和拉美地区的巴西两个农业大国为例。

(一) 韩国

作为早已进入发达国家行列的东亚经济体,韩国的农业支持政策始于低收入水平阶段,支持方式也随着经济形势变化进行了相应调整。

1. 价格支持主导 (20 世纪 90 年代中期以前)。为解决城乡收入差距扩大和粮食短缺问题,20 世纪 60 年代末韩国开始实施价格支持为主的农业发展政策。与日本类似,政府财政以"高价收购、低价销售"方式对大米等主要粮食作物实施"购销倒挂"的差价补贴;对农户购置农业机械给予低息贷款补贴,对化肥、杀虫剂等投入品采取"政府购买、低价销售"的方式予以差价补贴。进入 90 年代后,巨额财政负担迫使政府减少粮食收购,价差补贴也改用销售投标方式来确定市场销价,将部分补贴成本转嫁给消费者。这一时期,价格支持是韩国农业支持的主要政策工具。

2. 向直接支付转变 (20 世纪 90 年代后期至今)。随着财政负担等负面影响的出现,90 年代后期开始,韩国的农业支持政策开始转向,积极引入直接补贴手段,如提前退休直接补贴 (1997)[①]、亲环境农业直接补贴 (1999)[②]、稻田直接补贴 (2001,脱钩直

[①] 提前退休直接补贴:若年龄超过 65 岁的农民愿意将自己的耕地出售或出租给全职农户,将有资格连续 5 年获得政府的直接支付补贴。

[②] 亲环境农业直接补贴:用于补偿农户因减少化肥和农药施用导致作物减产带来收入损失,只要农户对化肥和农药的使用没有超过标准即可获得。

补)①、稻米所得保障直接补贴（2002，与米价挂钩）②；2004年出台《农业农村综合对策》，强调农业的多功能作用，进一步加强了直接补贴力度，实施稳定农户所得直接补贴、农业结构调整直接补贴以及维护农业功能的直接补贴。在价格支持方面，1995年进行农产品购销价差补贴调整，从原来的政府委托农业协同中央会（NACF）按"政府收购价"收购改为按"市场价格"收购，NACF只支付市场价与政府收购价的差额；2005年，彻底取消化肥补贴。韩国政府还加强了农业科学研究、技术推广与农业教育以及农产品质量安全检测，积极改善农业生产、农村居民生活的基础设施。在这一阶段，韩国农业支持政策向直接支付转变的趋势明显，但价格支持仍是其主导政策工具。

（二）印度

印度与我国同属于工业化进程中的发展中国家，特点也是人口众多、耕地稀缺、分散经营，相似的农业发展条件、相近的发展历程，使其农业补贴政策的变迁对我国有重要借鉴意义。

1. 非价格支持（1990年以前）。面对日益严重的粮食短缺危机，20世纪60年代印度开始推行绿色革命，着手建立起从中央到地方的多层次农业科教和技术推广体系。80年代，印度加大了部分农村投入品的直接补贴，对化肥、农业用电、灌溉、农业机械等实施财政补贴和信贷支持。此外，在这一阶段，印度政府积极出资支持农村电力、道路等基础设施建设；建立农村社会保障制度，向农民发放收入补贴、教育补贴；实施以消除农村贫困和失业为目标的农村综合发展计划。印度的农产品价格支持主要通过最低支持价

---

① 稻田直接补贴：属于脱钩的直接补贴，是对农户因降低或冻结政府收购价格而遭受损失的适当弥补。

② 与稻米价格挂钩，把目标价格与当年市场价格差额的85%作为补贴，当稻田直接补贴达不到该水平时，启动稻米所得保障补贴。2005年"稻田直接补贴"和"稻米所得保障直接补贴"合并为"大米直接补贴"。

格（MSP）、市场干预价格（MIP）和缓冲库存储备（BSO）对生产者施加影响，通过定向公共分配系统（TPDS）影响不同层次的农产品消费者[①]，对不同领域农产品价格的差额进行补贴；早在20世纪50年代，印度就设置了农产品最低保护价；1965年印度MSP仅针对小麦、大米、玉米等主要粮食作物，70年代中期粮食自足后扩大到了24种农产品。在这一阶段，虽然农产品价格支持体系已经形成，但投入品补贴、信贷补贴、基础设施补贴、税收优惠等各种非价格支持是印度的主导农业保护方式。

2. 价格支持（1991年至今）。1991年印度新政府开启市场化经济改革，伴随加入WTO后的农业贸易自由化压力，逐步削减对化肥、农药、用电等农业投入品的补贴，逐步削减优惠贷款，甚至减少农业基础设施投资；为改变农产品价格长期低于国际市场的状况，大力提高农产品价格。虽然2006年提出二次绿色革命以后，印度增加农业支持力度，重新加强农业科研、基础设施的投资，再次积极推广农业低息信贷，但仍然更多地利用价格保护机制来刺激农业生产。

(三) 巴西

作为拉美地区发展中国家的农业大国，巴西的农业支持政策经历了"直接补贴""价格支持"以及"信贷与价格支持"三个发展时期。

1. 直接补贴（1965—1985年）。二战后的进口替代战略促进巴

[①] 首先，印度农产品成本和价格委员会向政府提供农产品订购的价格建议，经政府确认为最低保护价格。然后，印度食品公司根据MSP收购农产品，其间的各类税费、佣金、运费、储藏费等构成农产品收购成本价格，经BSO后以中央发行价格向各邦政府销售农产品；若中央发行价格低于农产品收购成本价格，两者差额由政府进行补贴。最后，通过TPDS向消费者提供农产品，政府提供财政补贴并采取差别价格，使贫困线以上的家庭以高价格购买，贫困线下家庭以较低价格购买农产品。此外，对于MSP难以覆盖的农产品实行市场干预价格（MIP），若农产品市场价格低于特定价格，政府则以MIP收购农产品，其间所发生的费用和损失由中央政府和各邦政府共同承担。

西工业进步的同时，也造成了农业发展滞后的恶果。为促进农业发展，1965年确立"巴西国家农业信贷体系"，以低于市场的利率为农业提供种植信贷（购买生产资料）、投资信贷（添置固定资产）和销售信贷，信贷支持形式的直接补贴成为巴西农业政策的主导支持方式。同时，对主要农产品实施最低保证价格制度，并颁布"农业一揽子计划"（1979年）对最低保证价格进行及时修正；通过进口许可证、进口配额、高关税、高额进口押金等方式限制农产品进口，执行免出口税、为客户提供出口信贷等方式鼓励农产品出口。

2. 价格支持（1985—1994年）。20世纪80年代中期，面对内部严重的经济困境、债务危机、国内农产品产量增加和国际农产品价格下降的压力，自1985年起政府开始减少直接补贴规模，农业政策转为以最低保证价格为主，通过剩余农产品政府直接购买（AGF，市场价低于最低价时买入）和营销贷款（EGF）的方式加以保障，并全面放松对私营资本的农产品营销管制。

3. 信贷与价格支持（1994年至今）。伴随着经济的复苏和WTO贸易自由化进程的加快，巴西对农业政策进行了全方位的市场化改革。陆续建立农业信贷票据（1994）、农牧业融资机制（2004）、农牧业商业票据（2005），多样化的农业信贷支持先于价格支持成为农业政策的基本特征；出台产品售空计划（PEP）[①] 和期权合约补贴（option contracts）[②] 取代旧的价格支持政策；减少对大农场的价格支持，实施家庭农业支持计划（1997年实施，1999年推广），通过基础设施建设、农业信贷以及对农民和技术人员的免费培训等方式支持家庭农场和低收入农户；同时，解决农民债务

[①] 产品售空计划，即政府向农产品加工企业或批发商支付农产品市场价格与政府参考价"差价"补贴，相当于政府提供农产品产地与消费地之间的运费补贴。

[②] 期权合约补贴（option contracts），先确定一定时期（如半年）以后农产品的期权价格，事先买入保险；当到期实际市场价格高于期权价格时，由农民自己出售；当到期实际市场价格低于期权价格时，政府直接把市场价格与期权价格之间的差额补给农民，仍由农民自己销售。

危机①，在备耕、种植、管理、销售四个阶段推广农业保险政策，给予农民税收优惠，采取系列辅助措施支持农业发展。

（四）新西兰

新西兰是一个成功实现从农业补贴到大规模削减补贴的成功案例。21世纪，在OECD成员国中，新西兰和澳大利亚的农业补贴率一直不到5%。两国，尤其是新西兰的农业改革呈现出明显的市场化趋势，随着改革的不断推进，新西兰的农业开放程度不断提高、农业竞争力不断加强，是一个典型的依靠农业和贸易改革在日益激烈的竞争中提高自身创新能力和竞争能力的国家。新西兰的农业补贴在20世纪七八十年代上半叶达到高峰，1983年其农业生产者补贴等值比例达到34%，其中对牧羊部门的补贴达到了其收入的40%。高额的补贴使新西兰在20世纪80年代中期不堪重负：1983—1984年，新西兰宏观经济形势明显恶化；到1984—1985年，新西兰农业产出增加的价值已经不够其生产和处理的费用。因此从20世纪80年代中期起，新西兰开始推行了一系列的农业改革政策，如逐步取消羊毛、牛肉、羊肉和奶制品的最低保护价、减少税收减免、取消政府对农场主的免费服务、削减并逐步取消土地发展贷款、化肥和灌溉补贴、贸易改革等。这些改革到20世纪80年代末期已经成效显著，到1989年，新西兰的PSE比率已经从1979—1986年的24%下降到3%。农业补贴的削减非但没有影响新西兰农业的发展，反而为其注入了新的活力、带来了新的发展机会。到改革的后期，新西兰初级农产品的出口竞争力已大大提高，在1984—1994年的十年内翻了一番，随后的十年又提高了60%。此外，改革虽然导致了羊群数量的锐减（1983—1984年的7000万头到2004—2005年的4000万头），但这促使新西兰羊肉的加工生产从数

---

① 通过立法的形式允许到期不能还债的农民，可与放款者协商而延期还贷，延长期限为10~20年不等。

量型走上质量型，目前新西兰出口的羊肉有90%都是切割好并提前包装好的，而1980年的时候这一比例尚不足20%[①]。

总结新西兰的农业改革，其主要特点如下：第一，改革彻底，步伐大。补贴率从1986—1988年的10%下降到2004—2006年的1%，自20世纪80年代中期推行农业改革以来，新西兰一直是OECD成员国中补贴率最低的国家，2006年其对农业的补贴总额仅占GDP的0.3%。2010—2015年的PSE虽然有所增加，但增幅微乎其微。第二，与投入品挂钩的补贴份额从1986—1988年的48%下降到2004—2006年的37%。第三，对特定农产品的生产者补贴（SCT）主要集中在蛋类（32%）、家禽（9%），针对其他产品的补贴基本没有。第四，对一般服务提供的补贴成为农业补贴的主要方向，主要用于农业基础研究、害虫、疾病控制和洪水控制[②]。

价格支持侧重于农产品的稳定供给，直接补贴侧重于增加农业生产者收入，然而不同发展水平国家的补贴方式仍存在较大差异。欧盟、美国、日本等发达国家的非价格补贴发展趋势明显，以印度、巴西为典型的发展中国家和以韩国为典型的新兴发达国家，非价格支持日益受重视但价格支持仍占主导。然而，价格补贴一直是各国农业政策的重点内容，即便发达国家也从未放弃，如美国的营销贷款、欧盟的干预价格、韩国政府收购等仍占重要地位。世界各国农业补贴政策的演化无非是对本国农业发展的适应性调整，支持手段存在差异，同时也存在显著的同一性发展趋势，市场化是农业补贴的基本发展方向，但诸如美国这样的发达国家也存在显著的反市场化趋势，一切政策工具的调整都是为本国农业发展和确立国际

---

① Vangelis Vitalis, "Trade and innovation project case study 2: domestic reform, trade, innovation and growth in New Zealand's agricultural sector", *OECD Trade Policy Working Paper*, No. 74, 2008, Available at: http://www.oecd.org/dataoecd/6/17/41077830.pdf.

② OECD. "Agricultural Policies in OECD Countries: Monitoring and Evaluation", Chapter 11, 2007, pp. 195 – 202.

竞争优势服务，虽然各国的补贴手段和力度有所调整，但补贴的基本政策导向始终不变。

第二节 农业补贴理论的演化

实践中补贴动因的变化决定了农业补贴理论演进以及相应补贴方式的演化，补贴绩效的考察则对补贴方式及其效果进行反思，补贴绩效和新的社会需求再进一步推动理论和实践中补贴动因的演化。农业补贴理论以实践为基础，沿着补贴动因、补贴方式和补贴绩效三个层面向前推进。

一 农业补贴动因多元化发展

实施农业补贴的动因经历了由经济动因到环境保护、生态多样化、公平分配等社会动因的多元化演变。虽然经济动因依然是各国推行农业补贴的首要原因，但环境保护、生态多样化、公平分配等多元化社会动因日益受到重视。

"市场失灵论"和"弱质产业扶持论"认为，农业具有自然属性和经济属性双重特征，农业生产周期长、农产品需求弹性小、供给弹性大等特性导致农业面临着巨大的自然风险、市场风险以及比较利益降低的约束，对资本缺乏吸引力同时也难以阻止各种生产要素的流失，仅靠市场难以保证农业发展和农业生产者的收益；然而，农业又是人类生存最基本的保障和国民经济的基础性产业，地位无可替代，为保障生产者利益和国家粮食安全，需要由政府对其进行必要的补贴。"农产品价格波动论"认为，农产品供求弹性的不一致经常导致价格与产量的巨大波动，政府应提供一定补贴来弥补这种波动给农业生产者带来的损失。"战略性国际贸易理论"则指出，为提高本国农产品的国际竞争力，政府应积极运用补贴或者出口鼓励等措施，对存在规模经济、外部经济的农业进行扶持。以上理论从农业发展、稳定农业生产者收入和增强农产品国际竞争力等经济动因着眼，分析了政府对农业进行补贴和支持的必要性。从各国实践看，美国的早期农业补贴始于应对大危机造成的农业发展困境和农业生产者收入损失，欧盟和日本的农业支持源于对内部农产品市场的保护；除主要发达国家外，新兴发达国家韩国以及发展中国家印度和巴西等国的早期农业补贴均为应对国内粮食短缺的危机。即便目前，经济因素依然是各国进行农业补贴的首要考虑。

随着国内外经济形势和国内农业发展的变化，环境保护、生态多样化和公平分配等社会动因对农业补贴政策的影响日益明显，现代农业补贴更加注重实现经济效益、环境效益和社会效益的有机统一。"农业多功能理论"认为，在农产品生产、农民生活保障和粮食安全等基本功能之外，农业还承载着环境与资源保护、生物多样性维护、农耕文明传承等诸多无法通过市场竞争得到物质和价值补偿的社会功能，只能依靠国家予以支持和保护。"公共产品提供论"指出，农业在创造农产品的同时还给所有社会成员带来了一定的生态环境效益，是一种具有明显正外部性的公共产品，为鼓励农业提供更多的生态正外部效应，政府应通过对非农部门征税的方式补偿农业部门的生产。"公共财政理论"认为，农村基础设施建设、农民技术培训与农业科研创新等行为具有明显的外部性，政府应当通过行政手段将农业社会效益和农业经济效益的差额通过补贴的方式返还给农业。"福利经济学理论"从社会公平的角度指出，对处于弱势地位的农业和农民进行补贴有利于整个社会福利水平的提高。就实践来看，欧盟 2000 年议程开始强调农业多功能性和农村可持续发展并将环境质量纳入 CAP，2008 年健康检查突出公平与绿色，2013 年 CAP 改革则强调实现自然资源可持续管理和成员国区域平衡。美国自 1996 年开始推行长期资源保育计划，《2002 年农场安全与农村投资法》明确进一步扩大资源保育面积，《2008年食品、资源保护和能源法》重视食品安全、环境保护和能源安全，《2014年食物、农场及就业法案》更为注重农业的可持续发展，对资源保护补贴进行整合与调整。日本的1999年《食物、农业、农村基本法》也将环境、生态和公平问题纳入考虑，强调农业的多功能性、可持续性和区域协调发展。韩国2004年的《农业农村综合对策》，强调农业的多功能作用，加强维护农业功能的直接补贴。印度早在20世纪80年代就制订了以消除农村贫困和失业为目标的农村综合发展计划。总之，理论和实践都表明，环境保护、生态多样化、公平分配等多元化社会动因在各国农业补贴实施过程中日益受到重视。

二　农业补贴方式绿色化研究得到越来越多的关注

随着农业补贴动因的变化，各国的农业补贴方式也出现了绿色化发展趋势。市场化是各国农业补贴实践的基本发展方向，政策工具由传统的"黄箱"政策向"绿箱"政策转变已是大势所趋，关于农业补贴理论的研究也开始赋予"绿色补贴"越来越多的笔墨。

从实践来看，各国早期农业补贴的政策工具均以直接的价格支持或者与生产挂钩的收入补贴的"黄箱"政策为主，欧盟农产品价格支持、美国的价格干预及与市场价格挂钩的直接补贴、日本的严格价格管制、韩国价差补贴与投入品补贴、印度的价格干预与农业投入品补贴、巴西的最低价格保证和农业信贷都是"黄箱"政策的典型。

随着各国经济形势的发展和WTO《农业协定》的影响，各国的农业补贴中所使用的"绿箱"政策越来越多。欧盟早在1992年的麦克沙利改革中就开始大幅度降低价格支持等"黄箱"政策，充分运用休耕限产的"蓝箱"政策，引入农业结构调整的"绿箱"政策；近年来，更加注重突出"公平"和"绿色"，推动与生产不挂钩的收入补贴,将农业补贴与食品安全、环境保护、动物福利与健康标准等直接关联,积极将"黄箱"政策和"蓝箱"政策转向"绿箱"政策。美国在20世纪80年代以来的市场化改革中大幅削减"黄箱"政策,近年美国的农业补贴存在明显的反市场化倾向,持续加大补贴力度并重新将农业补贴与农产品价格挂钩,补贴结构以"黄箱"政策为主,但日益重视农业科技研发与推广,将环境保护、资源保育与农业补贴挂钩,"绿箱"政策比重存在增强趋势。日本的严格价格管理逐步放松,农业市场开放度持续提高,"黄箱"政策不断削减,"绿箱"政策持续增多。韩国的农业补贴依然以价格支持主导,但日益强调农业的多功能作用,农业科学研究、技术推广、农业教育、农产品质量安全检测、环境保护等"绿色"直接补贴逐年增多。印度向来重视农业基础设施投资并早就建立了农业科教和技术推广体系,其间曾因经济困境而减少"绿箱"政策,但近年来又削减了价格支持和投入品补贴等"黄箱"政策,重新加强了农业科研等"绿箱"政策的运用。巴西也日益重视基础设施建设、农民和技术人员免费培训等"绿箱"支持方式。欧盟、日本的绿色化发展趋势明显,美国的反市场倾向中"绿色"工具也在增多,新兴发达国家韩国和典型发展中国家印度、巴西仍以价格支持为典型的"黄箱"政策主导,但"绿箱"政策的运用日益受到重视;经济发展水平和阶段的差异导致各国主导政策工具有所不同,但绿色化是世界农业补贴政策的未来大趋势。

2016年11月1日,中央全面深化改革领导小组第二十九次会议公布了12项改革方案,其中第一条就是《建立以绿色生态为导向的农业补贴制度改革方案》,旨在"以现有补贴政策的改革完善为切入点,从制约农业可持续发展的重要领域和关键环节入手,突出绿色生态导向,加快推动落实相关农业补贴政策改革",从关注农业产量增长转到数量质量生态并重上来。因此,无论从国内还是国外农业补贴实践的发展看,农业绿色补贴理论将成为未来农业补贴理论研究的热点问题。

三 农业补贴绩效研究范围和数量增加

国内外学者对农业补贴效果的评价以经济绩效为核心,但存在从关注经济绩效到关注环境、分配等社会绩效的变化。

经济绩效是农业补贴效果评价的首要考虑因素,主要探讨农业补贴的经济合理性及其对农民增收、粮食增产、农业发展、农产品价格、国民经济结构调整、农产品贸易、国家财政等方面的影响。加德那(Gardner,1987)[1]、鲍德温(Baldwin,1989)[2]、金镇焕(Jin Inhwan,2008)[3] 实证考察了农业保护对农民收入的影响(负相关);安德森等(Anderson et al.,2006)[4] 认识到了国内农业支持对农业生产的扭曲效应;泰尔斯和安德森(Tyers,Anderson,1988)[5]、刁新申等(Diao et al.,2001)[6]、巴格沃蒂(Bhagwati,2004)[7] 研究了农业补贴对农产品价格的影响;安德森等(Ander-

---

[1] Gardner, B. L, "Causes of US Farm Commodity Programs", *Journal of Political Economy*, Vol. 95, No. 2, 1987.

[2] Baldwin, R. E, "The Political Economy of Trade Policies", *Journal of Economic Perspectives*, No. 3, 1989.

[3] Jin Inhwan, "Determinants of Agricultural Protection in Industrial Countries: An Empirical Investigation", *Economics Bulletin*, Vol. 17, No. 1, 2008.

[4] Kym Anderson, Will Martin, Ernesto Valenzuela, "The Relative Importance of Global Agricultural Subsidies and Market Access", *World Bank Policy Research Working Paper* 3900, 2006.

[5] Rod Tyers, Kym Anderson, "Liberalising OECD Agricultural Policies in the Uruguay Round: Effects on Tradeand Welfare", *Journal of Agricultural Economics*, Vol. 39, No. 2, 1988.

[6] Xinshen Diao, Agapi Somwaru, Terry Roe, "A global analysis of agricultural trade reform in WTO member countries", *Bulletins* 12984, *University of Minnesota*, Economic Development Center, 2001.

[7] Jagdish Bhagwati, *In Defense of Globalization*, New York: Oxford University Press, 2004, pp. 123 – 145.

son et al.，1985）[①]、蒂玛拉纳等（Dimaranan et al.，2002）[②]、贝金等（Beghin et al.，2003）[③] 考察了农业保护对国际农产品贸易的作用；达斯库帕塔等（Dasgupta et al.，1997）[④]、杨等（Young et al.，2002）[⑤] 指出农业补贴带来了沉重的财政负担。国内学者对农业补贴绩效的研究集中关注经济绩效分析，探讨农业补贴对农民增收、粮食增产、农业增效和农户投入等方面的影响，且大多认可农业补贴对这些方面的积极作用（张莉琴，2001；肖国安，2005；何忠伟，2005；王姣，2007；侯玲玲等，2007；高玉强，2010）。

然而，随着理论和实践中农业补贴动因的演进和补贴方式的绿色化发展，农业补贴的社会绩效评价日益受到重视。早在20世纪90年代，农业补贴的社会绩效就开始受到关注，博曼等（Bohman et al.，1991）[⑥] 注意到了农业补贴的净福利效应，布拉德肖等（Bradshaw et al.，1997）[⑦] 指出减少农业补贴对农业生态环境保护的正面影响。进入21世纪以来，有关农业补贴社会绩效的研究文

[①] Kym Anderson, Yujiro Hagam, *The Political Economy of Agricultural Protection*: *The East Asian Experience of theInternational Perspective*, Beijing: China Agriculture Press, 1985, p. 106.

[②] Dimaranan, Betina, Thomas Hertel, Roman Keeney, "OECD Domestic Support and the Developing Countries", *GTAP Working Paper* 1161, 2002.

[③] Beghin, et al., "How will agricultural trade reforms in high-income countries affect the trading relationship of developing countries?" *World Bank Working Paper*, 2003（http://are.berkeley.edu/~dwrh/Docs/BRHM0103.pdf）.

[④] Dasgupta. P, Maler. K. G., Archibug. Fetal, "Reforming subsidies", *State of the world*, No. 5, 1997.

[⑤] E. Young, M. Burfisher, F. Nelson, L. Mitchel, "Domestic Support and the WTO: Comparison of Support Among OECD Countries", *United States Department of Agriculture*, Economic Research Service, 2002.

[⑥] Mary Bohman, Colin A. Carter, Jeffrey H. Dorfman, "The Welfare Effects of Targeted Export Subsidies: A General Equilibrium Approach", *American Journal of Agricultural Economics*, Vol. 73, No. 3, 1991.

[⑦] Ben Bradshaw, Barry Smit, "Subsidy Remover and Agroecosystem Health", *Agriculture, Ecosystems and Environment*, No. 6, 1997.

献日益增多。米德摩尔等（Midmore et al., 2001）[1]、戈弗雷（Godfrey, 2002）[2]、林加德（Lingard, 2002）[3] 围绕农业可持续发展考察了农业补贴的环境影响，塞拉等（Serra et al., 2005）[4]、布雷迪等（Brady et al., 2009）[5] 研究了欧洲农业直接补贴对农药、化肥施用以及环境的影响，塔赫里波尔等（Taheripour et al., 2008）[6] 考察了不同农业补贴政策对降低农业污染及社会福利的影响；巴格沃蒂（Bhagwati, 2004）[7] 指出农业补贴能够增进全球的净福利，并分析了农业补贴对发达国家和发展中国家的不同福利效应；麦克米伦等（McMillan et al., 2005）[8] 认为OECD的农业支持政策对农产品进出口国收入的影响存在显著差异。国内学者对农业补贴的社会绩效的关注相对较少，但也在逐渐引起重视。曹明宏（2001）[9] 从农业可持续发展的高度审视了农业补贴的环境效应，

---

[1] Peter Midmore, Anne-Marry, Gabriella Roughley, "Policy reform and the sustainability of farming in the up lands of the United Kingdom: conflicts between environment and social support", *Journal of Environmental Policy & Planning*, No. 3, 2001.

[2] Godfrey, Claire. "Stop the dumping how EU agricultural subsidies are damaging livelihoods in the developing world", *Oxfam Policy & Practice Agriculture*, volume 2 (2002): 1-12 (12).

[3] John Lingard, "Agricultural Subsidies and Environmental Change", *Encyclopedia of Global Environmental Change*, John Wiley & Sons, Ltd., 2002 (http://eu.wiley.com/legacy/wileychi/egec/pdf/GB403-W.PDF).

[4] Teresa Serra, David Zilberman, Barry K. Goodwin, Keijo Hyvonen, "Replacement of Agricultural Price Supports with Area Payments in the European Union and the Effects on Pesticide Use", *American Journal of Agricultural Economics*, Vol. 87, No. 4, 2005.

[5] Mark Brady, Konrad Kellermann, Christoph Sahrbacher, "Impacts of Decoupled Agricultural Support on Farm Structure, Biodiversity and Landscape Mosaic: Some EU Results", *Journal of Agricultural Economics*, Vol. 60, No. 3, 2009.

[6] Taheripour F, Khanna M, Helson C, "Welfare Impacts of Alternative Public Policies for Agricultural Pollution Control in an Open Economy: A General Equilibrium Framework", *American Journal of Agricultural Economics*, Vol. 90, No. 3, 2008.

[7] Jagdish Bhagwati, *In Defense of Globalization*, New York: Oxford University Press, 2004.

[8] Margaret McMillan, Alix Peterson Zwane, Nava Ashraf, "My Policies or Yours: Does OECD Support for Agriculture Increase Poverty in Developing Countries?" *NBER Working Paper* 11289, 2005.

[9] 曹明宏：《可持续发展背景下的农业补贴问题研究》，博士学位论文，华中农业大学，2001年。

并指出了发展中国家农业补贴在分配公平程度和生态环境影响上的缺陷；侯玲玲、孙倩、穆月英（2012）[①] 关注到了农业补贴对农业面源污染的影响；孙开、高玉强（2010）[②] 从粮食安全、公平收入分配、农业生产要素流动等多个视角分析了粮食直补的理论与政策。

第三节　实践发展趋势与理论局限

从世界各国农业的实践发展来看，农业补贴呈现出以下特点：

第一，农业的特殊性决定了补贴的必要性。从20世纪80年代中期开始，OECD成员国出于各种目的就开始推行削减农业补贴的各种改革，但直到2007年，这种改革所取得的成效并不是特别显著。2006年OECD地区农业补贴总量是2678亿美元，农业补贴占农业收入的27%，这一比例在1986—1988年是38%，2005年是29%。尽管如此，从OECD成员国的整体情况看，生产者补贴（producer support）的水平从20世纪90年代以来并没有发生多大的变化[③]。究其原因在于农业本身的特殊性，即除了弱质性以外，农业具有典型的多功能性——经济功能、社会功能和环境功能，在这三大功能中，除了商品生产功能外，其环境和社会功能都具有明显的公共物品性质。众所周知，公共物品会天然地导致市场失灵，于是政府干预也便成了必然。上述各国农业补贴改革的实践证明，农业补贴改革的关键不在于是否要补贴，仅仅是补贴方式的优化选择

[①] 侯玲玲、孙倩、穆月英：《农业补贴政策对农业面源污染的影响分析——从化肥需求的视角》，《中国农业大学学报》2012年第4期。

[②] 孙开、高玉强：《粮食直接补贴：问题考察与政策优化》，《财经问题研究》2010年第8期。

[③] OECD, "Agricultural Policies in OECD Countries: Monitoring and Evaluation 2007", Available at: http://www.oecd.org/dataoecd/61/3/39524780.pdf.

而已。

第二，农业补贴政策具有明显的阶段性特点。从国外农业补贴实践情况看，各个国家农业补贴政策实施的时机与本国经济发展水平密切相关。根据一般经济理论和发达国家的经验，各国农业支持和保护大体始于其工业化中期阶段，是为农业补贴的起始阶段。但由于补贴政策实则是政府对经济生活的干预，政府失灵在所难免，所以当农业在政府羽翼的保护下保持了和二、三产业勉强平行的收益状况时，各国都不同程度地遇到了因为补贴而引发的诸多环境和社会问题。由此，农业补贴不得不进入调整阶段，各国都试图通过补贴方式、补贴总量的调整缓解因为补贴而产生的财政、环境压力，校正因补贴而产生的农产品价格扭曲。

第三，环境压力、市场扭曲是农业补贴政策改革的直接外在动力。农业补贴是一把双刃剑，一方面它可以有效促进农业发展、保障农民收入，但另一方面补贴手段，尤其是价格补贴和与生产挂钩的补贴也存在环境、社会层面上的缺陷，如前文多次提到的因为补贴政策而引发的环境问题、对世界农产品市场的扭曲等社会问题。这是农业补贴政策的两个典型的不受欢迎的副产品，而且此两大产品生不逢时——一方面可持续发展概念逐渐深入人心，并成为各国经济社会发展的重要目标，另一方面，随着世界经济全球化进程的推进，一个开放的、自由的世界市场体系成为国际经济秩序努力追求的重点，因此，克服或校正农业补贴的环境和社会缺陷便成为必然。

从农业补贴的理论演化看，市场失灵论、弱质产业扶持论、农产品价格波动论、战略性国际贸易理论、农业多功能理论、公共产品提供论、公共财政理论、福利经济学理论分别从不同的视角对农业补贴的合理性、动因及其手段进行了阐释，但并未形成统一的理论分析框架。农业补贴理论和实践存在"补贴动因多元化""补贴方式绿色化""补贴绩效评价关注点由经济绩效转向社会绩效"等演进倾向，在欧盟、美国、日本等发达国家尤为明显。基于各国农业所处发展水平和发展阶段的差异，农业理论和实践存在一定程度的分歧。例如，在市场化的非价格补贴主导和绿色化发展趋势下，新兴发达国家韩国和发展中国家印度、巴西的价格补贴仍占主导地位，即便作为发达国家的美国在实践中也出现了与大趋势相背离的反市场化倾向，"黄箱"补贴仍处于优势地位。农业补贴理论的演进趋势无法对各国实践的差异化做出有效的诠释。农业补贴和支持不存在世界统一的发展模式，在农业补贴基本理论的指导下，完善和创新符合本国农业发展水平和发展阶段需求的农业补贴制度才是未来的研究热点。

中国农业发展有自身的发展特点和独特背景，农业补贴政策的实施时间尚短，国内对农业补贴的研究整体滞后，关注点集中在经济绩效上，对其社会绩效的关注尚处于起步阶段：研究成果零散且过于注重短期效应，缺乏全面、系统地分析及基于可持续发展视角的长期探讨；关注农业补贴对社会绩效的负面影响，研究视角和方法单一。因而，今后我们应当在借鉴国外研究和实践经验的基础上，从理论上对农业补贴的社会绩效进行全面而系统的分析，在实践中不断丰富和创新农业补贴手段，逐步完善具有中国特色的农业补贴制度。

第四章

农业补贴社会绩效统计描述

——基于山东省的问卷调查

本章以山东省为例，在考察其农业补贴实施状况的基础上，通过2008年、2015年和2016年的问卷调查信息，对农户的农业补贴政策认知与评价以及农业补贴对耕地地力保护、土地流转、环境影响等社会绩效进行初步的统计描述分析，从问卷分析中得出农业补贴社会绩效的基本判断，为后续的实证分析提供基本方向。

第一节 山东省农业补贴实施状况

2002年我国在吉林和安徽开展"种粮直接补贴"（又称"粮食直补"）试点，2003年试点扩大至16个省（自治区、直辖市）；2004年在全国范围内全面推广，同年国家开始实施"农作物良种补贴"和"农机具购置补贴"；2006年增加了"农资综合补贴"。我国以粮食直补、农资综合补贴、农作物良种补贴和农机具购置补贴等"四大补贴"为基础，逐渐构建起一套针对性强、含金量高、惠及面广的农业补贴政策体系。山东省是我国重要的农业大省，自2004年开始实行对农户的直接补贴，与国家同步于2006年增加农资综合补贴，以"四大补贴"为基础的农业补贴体系逐步建立和完善。

一 农业补贴范围不断扩大

以农作物良种补贴为例，2004年山东省根据国家统一部署，开始实施农作物良种补贴。此后，山东省良种补贴覆盖的农作物范围不断扩大，2008年首次将水稻纳入农作物良种补贴范围，2009年实现对小麦、玉米、水稻和棉花四大主要农作物的良种补贴全覆盖。在农作物之外，自2007年起，山东省财政积极筹集资金支持实施畜牧良种补贴，对生猪、奶牛、肉牛和羊等动物养殖实施良种补贴。山东省还积极推行农业保险补贴制度，2006年进行试点，2008年被纳入中央农业保险补贴省份，农业保险补贴的品种和适用的地域范围连年扩大，补贴险种由2006年的4个增加到2014年的17个，适用地域范围由2006年最初的3个试点县逐步推广到全部17个地市。山东省出台的惠农补贴政策覆盖范围持续扩大。

二 农业补贴力度持续增强

如表4—1所示，山东省农业补贴规模持续增加，由2004年的7.70亿元增加到2014年的106.35亿元，十余年间增加了12.81倍，其中2005—2008年农业补贴规模处于快速上升阶段，年均增长高达71.89%，而2008年增幅则达104.2%。2009年以来农业补贴增幅虽有所下降，其中2013—2014年甚至出现了小幅负增长，但年均增速仍达8.92%。

表4—1　　　　　2004—2015年山东省农业补贴规模

单位：亿元

年份	补贴总额	种粮直接补贴	农资综合补贴	良种补贴	农机具购置补贴
2004	7.70	7.36	——	0.28	0.057

续表

	补贴总额	种粮直接补贴	农资综合补贴	良种补贴	农机具购置补贴
2005	11.39	8.53	——	2.50	0.325
2006	21.20	9.24	9.11	2.39	0.456
2007	31.65	8.77	19.10	2.60	1.18
2008	64.63	9.37	43.63	8.83	2.80
2009	74.15	9.50	47.17	10.98	6.50
2010	80.68	9.64	47.14	12.90	11.00
2011	89.20	9.30	56.10	12.60	11.20
2012	107.50	9.38	69.72	14.38	12.70
2013	106.66	8.89	69.74	14.33	13.70
2014	106.35	8.58	68.00	14.04	15.73
2015	112.18	95.04	17.14		

注：目前山东省农业补贴及细分尚没有权威的公开统计，表中数据均为作者整理，数据资料主要来自：(1) 2011—2015 年山东省农业和农村发展报告、个别年份的山东省农业农村经济工作总结以及山东省国民经济和社会发展统计公报；(2) 山东省财政厅、山东省农业厅、山东省农机局等相关政府部门官方网站；(3) 权威媒体网络报道；(4) 因多数年份种粮直接补贴与农资综合补贴为合并报告，表格中部分数据为根据历年补贴标准（见表4—2）与二者合并额度分配计算得到，个别良种补贴数据由四项补贴总额与其他三项补贴之差计算得到。

就四项补贴的细分来看（表4—2），由种粮直接补贴和农资综合补贴构成的综合补贴标准不断提升，由 2006 年的 28.20 元/亩增加到 2015 年的 125 元/亩，提高了 3.43 倍，然而，其补贴力度的增加主要源自农业综合补贴标准的持续提高，种粮直接补贴标准则稳定在 14 元/亩。根据表 4—1 的数据，除种粮直接补贴规模维持相对稳定外，山东省农资综合补贴、良种补贴和农机具购置补贴的规模均存在扩大趋势。农资综合补贴由 2006 年的 9.11 亿元增加到 2014 年的 68 亿元，提高 6.46 倍；农作物良种补贴从 2004 年的 2800 万元提高到 2014 年的 14.04 亿元，农机具购置补贴则从 2004 年的 570 万元增加到 2014 年的 15.73 亿元。2015 年农业补贴政策做出调整后，补贴总额增加 5.48% 达到 112.18 亿元，新的"农业支持保护补贴"比原有的"三项补贴"提高了4.88%达到95.04亿元。仅2016年上半年,山东省就已下发76.66亿元农业支持保护补贴资金,用以支持农业耕地地力保护。从总体来看,自2004年以来,山东省农业补贴力度呈现出持续增强的态势。

表4—2　　　　　　山东省农业补贴标准　　　　　单位:元/亩

年份	种粮直接补贴标准	农资综合补贴标准	综合补贴标准
2006	14	14.20	28.20
2007	14	30.50	44.50
2008	14	65.20	79.20
2009	14	69.97	83.97
2010	14	69.15	83.15
2011	14	84.45	98.45
2012	14	106.00	120.00
2013	14	111.00	125.00
2014	14	111.00	125.00
2015	——	——	125.00

注:各补贴标准以小麦种植面积为基础,但存在地区差异,比如历年青岛、东营、烟台、威海、莱芜5市的种粮直接补贴标准为15元/亩,其余地市则为14元/亩;2009年青岛、东营、烟台、威海、莱芜5市的农资综合补贴标准为68.97元/亩,其余地市则为69.97元/亩。为分析方便,我们仅报告多数地市的标准。

三　农业补贴政策的社会绩效导向调整

2015年,山东省作为财政部、农业部的首批5个试点省份之一[①],将种粮直接补贴、农资综合补贴和农作物良种补贴(以下称"三项补贴")合并为"农业支持保护补贴",支持耕地地力保护和粮食适度规模经营。即将80%的农资综合补贴存量资金,加上种粮直接补贴和农作物良种补贴资金,支持耕地地力保护,用于减少农药化肥施用、控制农业面源污染、发展节水农业和农业绿色发展重

---

① 除山东外,其余4个试点省份是安徽、湖南、四川和浙江。

大技术、改善土壤耕层结构与蓄水保墒和抗旱能力、提高农产品质量；将20%的农资综合补贴存量资金，加上种粮大户补贴试点资金和农业"三项补贴"增量资金，支持粮食适度规模经营，主要用于种粮大户和家庭农场补贴、全省农业信贷担保体系建设、农业经营模式创新支持、农业社会服务组织发展、农业技术推广、农业服务中心与平台及农民培训基地建设。

将"三项补贴"合并为"农业支持保护补贴"，是国家和山东省农业补贴政策根据农业发展和国际市场竞争需要而进行的适应性调整，与WTO的农业补贴由"蓝箱"政策向"绿箱"政策转化的发展趋势一致。原有的"三项补贴"侧重生产与价格支持，属于受WTO限制的"黄箱"政策。合并后的"农业支持保护补贴"则侧重对耕地资源的保护，属于WTO不加以限制的"绿箱"政策。此次改革将原有的"激励性补贴"变为"功能性补贴"，将"覆盖性补贴"变革为"环节性补贴"，农业补贴政策的绩效评价由原先的经济绩效转为更加重视社会绩效。

第二节 山东省农户对农业补贴政策的动态认知与评价

为对山东省农业补贴政策的实施状况进行全面了解，课题组分别于2008年、2015年和2016年进行了三次问卷调查，分别是：第一，典型地区调查。首先选取人均耕地资源丰富的经济发达地区（第一类地区，青岛）、人均耕地资源丰富的经济欠发达地区（第二类地区，滨州）和人均耕地资源较少的经济欠发达地区（第三类地区，菏泽）三类不同典型地区，于2008年10月对青岛即墨区灵山镇、滨州滨城区秦皇台乡、菏泽牡丹区高庄镇各随机抽取120户农户进行问卷调查，分别收回有效问卷103份、93份和100份。第二，典型地区追踪调查。为进行对比分析，2015年7—8月，再次选取青岛、滨州、菏泽三类典型地区的农户进行追踪问卷调查，分别收回有效问卷116份、111份和111份。第三，全面调查。2016年2月，对山东省的青岛、滨州、菏泽、聊城、济宁、潍坊、东营、莱芜、烟台、德州、泰安、日照、临沂、淄博14地市进行全面问卷调查，共收回有效问卷295份。

一　研究区域概况

（一）青岛即墨灵山镇——人均耕地资源丰富的经济发达地区

即墨位于胶东半岛沿海前沿，东临黄海，2017年10月撤市设区。全区共有陆地面积1780平方公里①，其中耕地面积74104万公顷，人均耕地面积0.07公顷，拥有海域面积2517平方公里，海岸线183公里。全区总人口111.19万人，其中农业人口62.85万人，既是一个人口大区，同时又是一个农业大区。2016年地区生产总值达到1180.48亿元，农业产值43.5亿元，居全省第3位，城乡居民人均可支配收入3.01万元，综合竞争力排名位居全国第9位，是江北第一区县。即墨的主要农作物有小麦、玉米、花生等。灵山镇位于即墨市北部，截至2016年年底，版图面积80.9平方公里，辖42个行政村、3.2万人口，耕地面积7.4万亩，是一个农业大镇。

（二）滨州滨城区秦皇台乡（原单寺乡）——人均耕地资源丰富的经济欠发达地区

滨城区地处黄河下游鲁北平原，2016年，滨城区总面积697.49平方公里，全区总人口49.61万人，地区生产总值398.71亿元，农业产值11.45亿元。城镇居民人均可支配收入31530元，农村居民人均可支配收入14674元。滨城区的主要农作物有棉花、

---

① 下文中各地数据分别根据山东省情信息网、即墨市统计局、滨城区统计局和牡丹区统计局提供的数据整理。

冬枣、小麦、玉米、水稻，是农业部确定的优质棉基地区。秦皇台乡地处滨城区东北部，是滨城区、沾化县和东营市利津县三县区交界处，截至2016年年底，版图面积128平方公里，辖3个社区、48个行政村、2.1万人口、耕地面积11万余亩，是一个典型的农业乡。2016年全乡地区生产总值8.25亿元，人均收入1.24万元。

（三）菏泽牡丹区高庄镇——人均耕地资源较少的经济欠发达地区

牡丹区位于山东省西南部，菏泽市中部偏西。西北隔黄河与河南省濮阳市交界，属黄河冲积平原，截至2015年，牡丹区总面积1249.3平方公里，下辖10街道、13镇、1乡，总人口107.66万人。2016年，地区生产总值306.16亿元，第一产业增加值29.33亿元，城乡居民人均可支配收入2.22万元。主要农作物有小麦、玉米、棉花、花生、大豆等。高庄镇地处鲁西南牡丹区辖区内，北依黄河。全镇辖34个行政村，常住人口5.82万人，总面积110平方公里，农民人均纯收入4800元，贫困人口9502人，是一个农业镇，主要农作物有小麦、玉米、棉花、花生。

为方便起见，我们分别将三类地区称为：第一类地区、第二类地区和第三类地区。

二 农业补贴政策认知总体状况

（一）农业补贴政策的认知程度不高

如表4—3所示，2016年全面调查显示，仅有6.46%的被访农户表示对现有的农业补贴政策"非常了解"，26.78%的被访农户对农业补贴政策"比较了解"，即仅有1/3的被访农户对农业补贴政策有较好的了解。然而，对农业补贴政策"不太了解"的被访农户比例高达57.48%，且有9.18%的被访农户对农业政策"不了解"。我国的农业补贴政策已经实施十多年，山东省农户对农业补贴政策的认知程度总体偏低，这是需要引起我们重视的。

表4—3　　山东省农户的农业补贴政策认知程度（2016）

选项	样本数量	比重（%）	有效样本总数
非常了解	19	6.46	294
比较了解	79	26.87	
不太了解	169	57.48	
不了解	27	9.18	

（二）对补贴对象和补贴标准计量基础存在认知偏差

为提高农户的种粮积极性，"谁种粮谁受益"是农业补贴对象的确认原则，现有我国农业补贴对象明确为所有拥有耕地承包权的种地农民，即拥有耕地承包权且实际耕种土地的农民。然而，考虑土地流转问题，将农业补贴给予"耕地承包户"还是"耕地经营者"，在政策执行中没有明确。实际上，为操作方便，各地通常都以"耕地承包户"为农业补贴的主要发放对象，即"谁的土地谁受益"。政策目标与政策执行的偏差导致农户对补贴对象的认知出现偏差。表4—4的调查结果显示，山东省农户对农业补贴对象的认知不清，虽有超过半数被访农户认为农业补贴的发放对象是"耕地经营者"，但仍有45.17%的被访农户误认为农业补贴的发放对象是"耕地承包户"。

表4—4　　山东省农户对农业补贴对象与补贴标准计量基础的认知（2016）

	样本数量	比重（%）	有效样本总数
补贴对象认知			
耕地承包户	131	45.17	290
耕地经营者	159	54.83	

续表

	样本数量	比重（%）	有效样本总数
补贴标准量基础认知			
承包耕地面积	17	19.93	129
粮食种植面积	112	80.07	

山东省部分农户对补贴标准的计量基础也存在认知偏差。现阶段，我国农业补贴标准的计量以"粮食种植面积"为基础，而调查则显示，仍有近1/5的农户（19.93%）误将"耕地承包面积"认作农业补贴标准的计量基础。

（三）农业补贴政策认知方式被动，认知途径狭窄

首先，山东省农户对农业补贴政策的认知方式比较被动。根据表4—5，仅有5.88%的被访农户能够主动去了解相关政策。其次，政策认知途径单一。有近半数（48.79%）被访农户通过"村委及相关部门普及"来了解农业补贴政策，12.45%的被访农户对农业补贴政策的认知是"经由亲友介绍"或"主动通过网络、书籍等查阅"方式获得，仍有高达38.75%的被访农户对政策的认知途径处于"不了解，给啥领啥"的状态。

表4—5　　山东省农户的农业补贴政策认知途径（2016）

选项	样本数量	比重（%）	有效样本总数
村委及相关部门普及	141	48.79	289
经由亲友介绍	19	6.57	
主动通过网络、书籍等查阅	17	5.88	
不了解，给啥领啥	112	38.75	

（四）对农业补贴政策的社会绩效目标认识不足

农户对农业补贴政策目标的认知情况直接影响到农户的生产决

策,从而影响到农业补贴政策的实施效果。根据表4—6,认为农业补贴的政策目标是"促进农户种粮积极性,保障粮食安全和国家稳定"的被访农户最多,占比达60.88%;认为实施农业补贴是为"保证农民的农业最低收入"的被访农户数量次之,占53.06%;认为发放农业补贴的目的是"资助农民购买农资"的被访农户也占到了39.46%。然而,仅有约1/5的被访农户(21.77%)将"耕地保护"列入农业补贴政策目标。此次调查是在2015年农业补贴政策调整后进行的,调查结果显示,农户对此次农业补贴政策调整并不是很清楚,仍然主要关注其经济绩效,而对耕地保护等社会绩效的关注严重不足。

表4—6　　　　　　山东省农业补贴政策认知程度(2016)

选项	样本数量	比重(%)	有效样本总数
保证农民农业最低收入	156	53.06	294
资助农民购买农资	116	39.46	
促进农户种粮积极性,保障粮食安全和国家稳定	179	60.88	
保护耕地	64	21.77	

三　农业补贴政策总体效果评价

(一)农业补贴的经济效果下降,社会绩效导向的补贴结构调整时机初现

课题组的历次调查显示,农户对山东省农业补贴政策的评价是积极的。根据表4—7,大约2/3的被访农户认为现阶段山东省农业补贴政策效果"很好",农业补贴政策让农民得到了实惠,认为农业补贴效果较差、农民未得到实惠的被访农户比重不足10%。

表4—7　　　　　　山东省农业补贴政策总体效果评价

选项	样本数量	比重（%）	有效样本总数
2015/2016年合并			
很好	392	62.92	623
一般	178	28.57	
较差	53	8.51	
2008年			
很好	218	73.65	296
一般	61	20.61	
较差	17	5.74	

注：(1) 2008年调查问卷效果评价的选项为："很满意、满意、一般、不满意、反对"，为与2015年及2016年调查的评价结果可比，对2008年调查的补贴政策总体效果评价状态进行调整，调整后："很好"＝"很满意"＋"满意"，"一般"＝"一般"；由于2008年的调查无人持"反对"评价，则"较差"＝"不满意"。(2) 2015年对青岛、滨州、菏泽三市的典型调查与2016年对全省的全面调查，时间接近，调查对象为随机抽取，将两次调查合并分析，更能客观、准确反映最新的农业补贴政策效果评价并便于进行动态比较分析；两次调查合并有效样本623个，其中2015年调查有效样本332个，2016年有效样本291个。

然而，我们也注意到，农户对农业补贴政策的效果评价存在降低倾向。2008年的典型地区调查显示，被访农户认为农业补贴政策效果"很好"的比重为73.65%，2015年典型调查和2016年全面调查合并后的结果则显示这一比例为62.92%，下降超过10个百分点；同时，持政策效果"一般"（即对农业生产影响不大）观点的被访农户比重则从20.61%上升到28.57%，认为政策效果"较差"的被访农户比例从5.74%上升为8.51%。全面调查比典型调查更能客观反映农业补贴政策的真实效果，随着人们对政策和实践认识的加深，山东省农户对农业补贴政策的评价仍持积极态度，但下降趋势明显，这与我国农业补贴覆盖范围持续扩大、补贴力度不断增强的现实是相冲突的，因此，我们可以得出一个基本的判断，我国农业补贴可能存在结构性偏差，需要深入研究并加以修正。

2016年的调查表明，88.93%的被访农户所获农业补贴占家庭收入的比重在5%以下，其中55.02%的被访农户所获农业补贴占家庭收入的2%以下。也就是说，对绝大多数被访农户来讲农业补贴的收入占比不高，虽然2004年以来山东省农业补贴规模持续加大，但普惠式的补贴方式很难增强所有农户的获得感。同时，调查表明，82.07%的被访农户将所获农业补贴用于购买化肥等农资和作物良种。然而，仅就农资价格与补贴的上涨对比来看，73.10%的被访农户指出"农资价格上涨超过补贴"，22.07%的被访农户认为"农资价格上涨与补贴持平"。根据以上分析可以看出，现阶段山东省有限的农业补贴基本被农资市场和粮食市场的价格上涨所抵消，农业补贴的经济效益大打折扣，农户对农业补贴政策的积极效果评价下降也就不足为奇了。世界农业补贴政策的关注点转向绿色化等社会绩效，WTO《农业协定》也不断强化各国农业补贴约束，倡导减少"黄箱"政策、加大"绿箱"政策，在此大背景下，社会绩效导向的农业补贴结构调整条件和时机在山东省初步显现。

（二）农户对农业政策效果的评价存在地区差异和积极变化

根据表4—8，2008年的典型地域调查显示，第一类地区（人均耕地资源丰富、经济发达，青岛）对现有农业补贴政策的认同度要低于第二类地区（人均耕地资源丰富、经济欠发达，滨州）和第三类地区（人均耕地资源少、经济欠发达，菏泽），认为农业补贴政策效果"很好"的农户比例为54.37%，远低于第二、第三类地区70.96%和96.00%的水平；第一类地区认为政策效果"一般"的农户比例为35.92%，远高于第二、第三类地区21.51%和4.00%的水平；第一、第二、第三类地区认为农业补贴政策"较差"的农户比重则依次降低。也就是说，农户对农业补贴政策的效果评价随着区域经济发展水平的提升而降低，发达地区的农户对农业补贴政策的认可度低于欠发达地区。

另外，被访农户对农业补贴政策效果的正面评价变化也存在区域差异。与 2008 年的调查结果相比较，2016 年的调查显示，第一、第二类地区对农业补贴政策效果评价为"很好"的农户比重约提高了 20 个百分点，而第三类地区的农户比重则降低超过 10 个百分点，但第一类地区的评价仍然依次低于第二、第三类地区；第一、第二类地区将政策效果评价为"一般"的农户比重下降均超过 10%，认为政策效果"较差"的农户比重则分别从 9.71% 和 7.53% 快速降低到 0.91% 和 0.90%。与第一、第二类地区的变化相反，第三类地区对政策效果评价为"较好"的农户比重下降，而评价为"一般"的农户比重提升，均在 10 个百分点上下，评价为"较差"的农户比重上升。一方面，人均耕地资源丰富的发达和欠发达地区对农业补贴政策的积极性评价均有提升；另一方面，随着政策认知度的提升，人均耕地资源少的欠发达地区对农业补贴政策的评价更为理性、客观。

表 4—8　山东省典型区域农业补贴政策效果评价（2008/2015 年）

		2008 年		2015 年	
		样本数量	占比（%）	样本数量	占比（%）
第一类地区		青岛即墨区灵山镇（有效样本总数：103）		青岛（有效样本总数：110）	
	很好	56	54.37	83	75.45
	一般	37	35.92	26	23.64
	较差	10	9.71	1	0.91
第二类地区		滨州滨城区秦皇台乡（有效样本总数：93）		滨州（有效样本总数：111）	
	很好	66	70.96	98	88.29
	一般	20	21.51	12	10.81
	较差	7	7.53	1	0.90

续表

		2008 年		2015 年	
		样本数量	占比（%）	样本数量	占比（%）
第三类地区		菏泽牡丹区高庄镇（有效样本总数：100）		菏泽（有效样本总数：111）	
	很好	96	96.00	95	85.59
	一般	4	4.00	15	13.51
	较差	0	0	1	0.90

注：同上，出于可比性考虑，对 2008 年调查的补贴政策总体效果评价状态进行调整，调整后："很好"＝"很满意"＋"满意"，"一般"＝"一般"，"较差"＝"不满意"。

四 农业补贴政策收入效应评价

（一）农户对农业补贴政策的收入效应感觉较为明显，但已出现降低倾向

如表 4—9，2008 年和 2015 年对典型区域的调查表明，2/3 以上的被访农户认为农业补贴政策的实施提高了农业收入，认为农业收入保持不变的农户比重由 26.10% 提高到 32.54%，认为农业收入下降的农户比重由 5.44% 下降为 0；然而我们也注意到认为农业收入提高的农户比重下降了 1.01 个百分点，农业补贴的收入效应存在减少的可能性。

（二）农户对农业补贴政策收入效应的认知存在区域差异

1. 经济发展水平差异导致了区域农业补贴政策收入效应的敏感性差异。根据表 4—9，2008 年的调查表明，三类地区认为农业补贴政策实施后农业收入提高的农户分别占 44.66%、66.30% 和 95%，而认为农业补贴政策实施后收入不变的农户分别占 47.57%、25% 和 5%，即经济发达地区农户对农业补贴政策的收入效应敏感度低于经济欠发达地区。

2. 土地资源禀赋不同区域农户的农业补贴收入效应认知存在截然相反的变化趋势。与 2008 年的调查结果相比较，2015 年的调

查显示，三类地区农户对农业补贴政策收入效应认知出现了分化：第一、第二类地区认为农业补贴政策实施后农业收入提高的农户比重分别提高到了 56.03% 和 83.78%，认为农业收入保持不变的农户比重则各自降低为 43.97% 和 16.22%，人均耕地资源丰富地区（无论经济发达还是经济欠发达地区）农户对农业补贴收入效应的获得感提高，两类地区农业补贴政策的收入效应均有所提升；然而，第三类地区认为农业补贴政策实施后农业收入提高的农户比重下降为 63.06%，认为农业收入维持不变的比重则提高到了 36.94%，即与人均耕地资源丰富的地区相反，人均耕地资源少的欠发达地区农业补贴政策的收入效应下降。也就是说，以耕地资源多寡为标准，山东省不同区域农业补贴政策的收入效应出现了截然相反的变化。

表 4—9　山东省典型区域农业补贴政策收入效应评价（2008/2015 年）

		2008 年		2015 年	
		样本数量	占比（%）	样本数量	占比（%）
三地综合		三典型地区合计 （有效样本总数：296）		三典型地区合计 （有效样本总数：338）	
	提高	203	68.47	228	67.46
	不变	77	26.10	110	32.54
	降低	16	5.44	0	0
第一类地区		青岛即墨区灵山镇 （有效样本总数：103）		青岛（有效样本总数：116）	
	提高	46	44.66	65	56.03
	不变	49	47.57	51	43.97
	降低	8	7.77	0	0

续表

		2008 年		2015 年	
		样本数量	占比（%）	样本数量	占比（%）
第二类地区		滨州滨城区秦皇台乡（有效样本总数：93）		滨州（有效样本总数：111）	
	提高	62	66.30	93	83.78
	不变	23	25.00	18	16.22
	降低	8	8.70	0	0
第三类地区		菏泽牡丹区高庄镇（有效样本总数：100）		菏泽（有效样本总数：111）	
	提高	95	95.00	70	63.06
	不变	5	5.00	41	36.94
	降低	0	0	0	0

课题组历次调查表明，目前山东省农户对农业补贴政策的认知程度仍然不高，对政策内容存在一些认识误区，政策认知方式被动、认知途径狭窄，对农业补贴政策目标的认知"偏重经济绩效"而"忽略社会绩效"，政府对农业补贴政策的宣传不到位，急需多途径提升农户了解农业补贴政策的积极性和主动性。

农户对农业补贴政策的评价是积极的，但经济绩效下降，农业补贴政策可能存在结构性偏差，在政策目标多元化和绿色化的发展大势下，社会绩效导向的结构性政策调整时机初现。农户对农业补贴的政策效果评价存在区域性差异：政策推行早期，经济发达地区的政策认可度低于经济欠发达地区；随着政策的深入推进，农户对农业补贴政策的认知和评价日趋客观、理性，耕地资源丰富的经济发达地区和欠发达地区的政策评价提升，而耕地资源少的欠发达地区政策评价降低。

农业补贴政策的实施推动了山东省农户收入水平的提高，但政策的收入效应出现了下降倾向；经济水平和土地资源禀赋差异导致了农业补贴政策收入效应的区域差异：农业补贴政策对经济发达地区农户收入的影响低于欠发达地区，发达地区农户对补贴政策的收入效应敏感性低于经济欠发达地区；耕地资源丰富地区农业补贴政策的收入效应提升，耕地资源匮乏地区农户对农业补贴政策收入效应的感知度下降，两类地区的政策收入效应出现了截然相反的变化。

总之，山东省农户对农业补贴政策的认知有待于进一步提升，农业补贴政策推动了农业生产的发展和农民收入水平的提高，但"普惠式"农业补贴政策存在结构性偏差，对农业生产和农民增收的激励作用下降，即补贴政策的整体效果和经济效应有削弱趋势，社会绩效导向的结构性政策调整势在必行。

第三节　山东省农业补贴下的耕地地力保护与农村土地流转

作为全国试点省份之一，2015年山东省将种粮直接补贴、农资综合补贴和农作物良种补贴等"三项补贴"合并为"农业支持保护补贴"，支持耕地地力保护和粮食适度规模经营，政策目标出现转折性变化，"激励性"与"覆盖性"补贴向"功能性"和"环节性"补贴转化，强化"绿箱"政策，社会绩效导向的补贴政策调整已纳入实践。粮食适度规模经营以顺畅的土地流转为前提，然而调查显示，山东省现有的农业补贴政策调整对耕地地力保护和土地流转的作用有限。

一　农业补贴与耕地地力保护

（一）农业补贴政策调动农户耕地保护积极性的动力不足

如表4—10，2016年的山东省全面调查显示，仅有9.59%的被访农户认为农业补贴政策对调动农户耕地保护积极性的作用"非常明显",27.40%的被访农户认为作用"比较明显",即认为农业补贴能够较好调动农户耕地保护积极性的被访农户比重占36.99%;而调查中认为农业补贴对调动农户耕地保护积极性作用"一般"的被访农户达39.04%,超过了前二者之和。目前绝大多数被访农户所获农业补贴占家庭收入的比例过小,且这有限的农业补贴多数被用于购买化肥、种子以及购买或租赁农业机械,甚至被用于子女上学、日常消费等非生产性用途,因而用于耕地地力保护的资源和动力严重不足。

表4—10　农业补贴政策对调动农户耕地保护的积极作用(2016)

选项	样本数量	比重(%)	有效样本总数
非常明显	28	9.59	
比较明显	80	27.40	
一般	114	39.04	292
较小	44	15.07	
没有	26	8.90	

(二)农业补贴政策目标调整对耕地地力保护的短期效果不明显

根据表4—11,2016年对山东省的全面调查表明,仅有31.40%的被访农户认为农业支持保护补贴有利于耕地地力保护和规模经营,而有接近一半的被访农户(46.42%)认为"三项补贴"合并对包括耕地保护在内的农业生产影响不大。山东省农业补贴政策目标的社会绩效导向调整刚刚展开,且对农户获得补贴资金的使用缺乏约束,当前农业补贴政策调整对耕地地力保护的作用难以在短期内发挥。

表4—11　　山东省农户对"三项补贴"合并的认识（2016）

选　项	样本数量	比重（%）	有效样本总数
很好，利于保护耕地地力和规模经营	92	31.40	293
一般，对农业生产影响不大	136	46.42	
较差，农户仍然得不到实惠	37	12.63	
说不清楚	28	9.56	

二　农业补贴与农村土地流转

广义的土地流转包括土地征收、土地出让和土地转让、土地与房屋的出租和农村集体建设用地流转、农村集体土地承包经营权的流转。本书的农村土地流转是狭义的土地流转——农村土地承包经营权流转，即农村土地的转包、出租、互换、转让和股份合作。在我国现有的经济发展水平下，传统家庭联产承包责任制下的细碎化小规模分散经营降低了农业效率，阻碍了农业的规模化、集约化经营，农业补贴政策是引导加快农村承包土地经营权流转以实现规模化经营的重要推动力。

早在2003年9月出台的《中共山东省委、山东省人民政府关于稳定完善农村土地承包经营制度的意见》（鲁发〔2003〕17号）中，山东省就提出规范引导农村土地承包经营权流转。随着2004年以来农业补贴政策出台和落实，山东省创造性地形成了宁阳模式、西岗模式、莱芜模式等特色土地流转模式。一是泰安市宁阳县的"股份+合作"模式：依托龙头企业，在稳定农村家庭承包经营制度和不改变土地农业用途的前提下，积极引导农民以土地经营权入股，成立合作社，实现生产的规模化、集约化，提高土地收益。二是枣庄滕州西岗镇的"西岗流转模式"：建立农村土地流转有形市场，在不改变家庭承包经营制度的前提下，发展农村土地适度规模经营。三是莱芜市的"龙头企业带动模式"：主要有"企业+村级组织＋农户"的租赁合作模式、"企业＋合作社＋农户"的带地入社模式、企业带动下"农户＋农户"的转包经营模式。农业补贴政策实施以来，规模化经营需求推动着农村土地经营权的革新。为加速土地流转，2013年山东省提出用3年时间完成农村土地确权办证，山东省农村土地流转规模加速扩大。2011年流转耕地800多万亩，两年后的2013年流转规模几乎翻了一番达到1567.9万亩，2015年则达到2569.5万亩，占家庭承包经营面积的27.3%。

（一）农户土地流转意愿不高，参与度低，流转规模小

1. 农户土地流转意愿依然不高，且存在显著区域差异。农业是绝大多数农户的主要收入和社会保障来源，虽然农业补贴政策已在山东省实施多年，但对土地流转的影响不显著，农户的土地流转意愿不高。如表4—12所示，我们2015年对青岛、滨州和菏泽三市的典型调查结果表明，66.77%的被访农户不愿意将自家耕地流转给他人，过半数被访农户（57.59%）不愿意转出的主要原因是"自己能够耕种"。2016年的全面调查显示，农户对土地经营的态度依然保守，半数被访农户倾向自己耕种所承包土地；22.11%的被访农户"还想再承包一些耕地"，即存在流转入耕地进行规模化经营的意愿；27.21%的被访农户愿意将"自己的地租给其他农户"，低于典型调查的土地转出意愿水平。

此外，典型调查还发现，耕地资源丰富的发达地区（青岛）农户的土地转出意愿最高，42.24%的被访农户愿意将耕地流转给他人；耕地资源匮乏的欠发达地区（菏泽）农户的土地转出意愿次之，36.70%的被访农户愿意将耕地流转给他人；耕地资源丰富的欠发达地区（滨州）农户土地转出意愿最低，仅有19.81%的被访农户愿意将耕地流转给他人。可能的原因是，在土地资源丰富的发达地区，非农产业发达，农户的家庭收入主要源自本地非农产业，农业收入占比低，将土地流转出去使得农户有更多的精力从事非农

产业以获得更高的收入；在土地资源少的欠发达地区，人多地少的现实迫使外出打工成为农户的普遍谋生手段，大批的劳动力转移导致土地转出，农业补贴又吸引少部分劳动力回流农业，因而其土地转出意愿相对较高；在土地资源丰富的欠发达地区，农业是农户的主要收入来源，农业收入占农户家庭收入的比重相对较高，农业补贴又在一定程度上提高了农户的种地积极性，因而其土地转出意愿最低。

表4—12 山东省农业补贴政策实施后的农村土地流转意愿（2015/2016）

选项	样本数量	比重（%）	有效样本总数	备注
将自家耕地流转给他人（转出）				
愿意	110	33.23	331	2015年调查
不愿意	221	66.77		
不愿意流转的原因				
自己能够耕种	91	57.59	158	2015年调查（青岛、菏泽）
需要保障基本口粮	45	28.48		
家中无其他收入来源	16	10.13		
其他	6	3.80		
转出意愿：耕地资源丰富的发达地区——青岛				
愿意	49	42.24	116	2015年调查
不愿意	67	57.76		
转出意愿：耕地资源丰富的欠发达地区——滨州				
愿意	21	19.81	106	2015年调查
不愿意	85	80.19		
转出意愿：耕地资源少的欠发达地区——菏泽				
愿意	40	36.70	109	2015年调查
不愿意	69	63.30		

续表

选项	样本数量	比重（%）	有效样本总数	备注
土地经营态度				
把自己的地租给其他农户（转出）	80	27.21	294	2016年调查
全部自己种	149	50.68		
还想再承包一些耕地（转入）	65	22.11		

2. 土地流转方式以出租或转包为主，农户土地流转参与度不高。被访农户土地流转的主要形式仍是"出租或转包"。如表4—13所示，2015年和2016年的调查显示，60.43%的被访农户愿意通过传统的"出租或转包"方式进行土地流转，另有超过1/3的被访农户（34.49%）愿意通过"土地入股"的方式参与土地流转。然而，调查发现，仅有17.79%的被访农户转租他人土地进行耕种（转入），只有11.68%的被访农户将自己的土地转给他人耕种（转出）；即便不考虑对同时有转入土地和转出土地的农户进行剔除调整，也仅有不到30%的被访农户有耕地的转入或转出，实际流转状况要低于流转意愿，即农户的土地流转参与程度较低。

表4—13　山东省农村土地流转方式与规模（2015/2016）

选项	样本数量	比重（%）	有效样本总数	备注
流转形式				
出租或转包	226	60.43	374	2015/2016年调查合并
无偿转送给亲戚	13	3.48		
土地入股	129	34.49		
其他	6	1.60		
流转类型1：是否转租他人土地（转入）				
是	108	17.79	607	2015/2016年调查合并
否	499	82.21		

续表

选　项	样本数量	比重（%）	有效样本总数	备注
流转类型2：是否将自己耕地转出（转出）					
是	71	11.68	608	2015/2016年调查合并
否	537	88.32		

注：2015年三市典型调查和2016年全省调查时间接近，调查对象不重复，将两次调查合并分析，更能精准反映农村土地流转的状况。

3. 土地流转规模仍偏小。"三项补贴"改革强化了对种植面积超过50亩的种粮大户的精准补贴，然而调查发现，被访农户中种粮大户凤毛麟角。2015年典型调查发现，"三项补贴"改革前的2014年，青岛、菏泽两地225家被访农户中耕地面积超过50亩的仅有2家，转租他人土地超过10亩的共8家；2016年的全面调查显示，"三项补贴"改革后的2015年，14地市290家被访农户耕地面积超过50亩的也仅有4家，转租他人土地超过10亩的共7家。虽然山东省农村土地流转面积连年扩大，但整体流转规模仍然偏小，制约了适度规模化经营的发展。

（二）农业补贴对农村土地流转的正面影响有限

1. 农业补贴对土地流转和土地规模经营的激励作用减弱。农业补贴在一定程度上可以激励农户调整种植结构、扩大种植面积，进行土地适度规模经营，从而刺激农村耕地流转。根据表4—14，2008年典型调查表明67.23%的被访农户表示会因农业补贴对种植结构做出调整，2015年追踪调查则显示仅有13.81%的被访农户表示会因农业补贴而对种植结构进行调整；2008年典型调查中有53.40%的被访农户有意扩大粮食种植面积，2016年的全面调查中37.11%的被访农户表示有意扩大粮食种植面积。可以看出，有种植结构调整意愿和扩大粮食种植面积打算的被访农户比重均出现了显著下降。在政策实施早期阶段，通过种植结构调整和粮食种植面积扩大,农业补贴对土地规模经营和农村耕地流转的刺激作用相对较强;然而,随着对农业补贴认知日益理性,本就微不足道的农业补贴被农资和粮食价格波动等市场变化所抵消,加之多数地区补贴的发展参照土地承包面积而非粮食种植面积,农户对种植结构调整和粮食种植面积扩大的意愿降低,从而对土地流转和土地规模经营的作用减弱。

"谁的土地谁受益"的发放模式将农业补贴变成了"普惠式"收入补贴,对农户种粮面积与种植结构调整以及土地流转的激励作用弱化。"三项补贴"合并为"农业支持保护补贴"是"普惠式"补贴向"精准"补贴的转变,虽然政策目标转向致力于农地适度规模化经营,但被访农户土地流转规模偏小、补贴力度不足,刚刚展开的农业补贴政策调整还没有发挥出其精准支持耕地适度规模化经营的作用。

表4—14 农业补贴对种植结构和种植面积调整的作用(2008/2015/2016)

种植结构	2008年		2015年	
	样本数量	比重(%)	样本数量	比重(%)
调整	199	67.23	46	13.81
不调整	97	32.77	287	86.19
有效样本总量	296		333	
粮食种植面积	2008年		2016年	
	样本数量	比重(%)	样本数量	比重(%)
扩大	55	53.40	108	37.11
不扩大	48	46.60	183	62.89
有效样本总量	103		291	

2. 农业补贴错位抑制农村土地流转和规模化经营进程。农业补贴政策的目标是"谁种粮谁受益",然而基于农村的社会结构、可操作性等多方面原因,实践中农业补贴的发放则是"谁的土地谁

受益"，2016年的调查发现仍有近半数被访农户（45.17%）误认为农业补贴的对象是"耕地承包者"。政策原则与政策实践的错位会引发农业补贴分配纠纷，从而抑制土地流转。由于对附属于流转土地的农业补贴归属没有明确的政策规定，耕地承包者（转出方）和耕地经营者（转入方）在农业补贴归属和份额上的博弈不可避免，但通常由双方当事人自愿协商确定。

表4—15显示，就土地流转中的农业补贴分配来看，近2/3转租他人土地耕种的被访农户"得到所有农业补贴"或"得到部分农业补贴"，即63.64%转租他人土地的农户（耕地经营者）从土地承包者手中分得了全部或部分农业补贴；75.61%将自己耕地转出的被访农户（土地承包者）"得到部分农业补贴"或"没有得到农业补贴"[1]。针对以上调查数据，虽然无法做出山东省土地流转过程中"大部分农业补贴从承包者转移给了经营者"的判断——因为无法排除部分被访对象对调查问题理解上可能存在的偏差[2]——但是我们可以判断土地流转中普遍存在耕地经营者只能分得部分补贴甚至分不到补贴的情形。"谁的土地谁受益"的补贴发放模式加之人均耕地面积少，很多农户出于嫌麻烦的心理，存在宁愿将土地撂荒或者粗放经营、委托亲人耕种也不愿意流转的现象。从调查结果

---

[1] 实践中土地承包方按照"谁的土地谁受益"原则得到农业补贴。据调查本意，在土地流转出中，作为被访对象的土地承包者若"没有得到农业补贴"即是将全部农业补贴随土地流转转移到经营者手中。

[2] 本意是调查在农村土地流转过程中，有土地流出行为的被访农户（耕地承包方，转出方）是否将"全部或部分"补贴转移给了耕地经营方，有土地流入行为的被访农户（耕地经营方，转入方）是否从承包方手中到"得部分或全部"补贴，即调查依附于流转土地的农业补贴在承包者与经营者之间的分配。然而，由于访问人员表达或被访对象理解偏差，在有限的有效回答中，我们无法排除被访农户将此处的农业补贴理解为家庭承包土地应得农业补贴，而非仅指流转土地的农业补贴。若理解为前者，则调查结果可能会存在偏差。例如，转入方（耕地经营者）没有从耕地承包者手中协商分得补贴，但得到了自己所承包土地的全部补贴，若出现理解偏差，则可能做出"得到全部农业补贴"的错误回答。因此，结合"谁的土地谁受益"我们判断"得到部分农业补贴"的回答可能更能趋近现实中流转土地农业补贴在承包者和经营者之间的分配情况。

看，在补贴额度本就非常有限的情况下，加之农业补贴的发放和分配错位，现行农业补贴政策若不能做出根本性的结构和方式调整，其对农户土地流转意愿的影响不会有明显改变，也便实现不了此次政策调整旨在推动农业生产规模化的目标。

表4—15　　　　土地流转中的农业补贴分配（2015/2016）

选项	样本数	比重（%）	有效样本总数
转租他人土地所得农业补贴状况（转入方）			
得到所有农业补贴	21	31.82	
得到部分农业补贴	21	31.82	66
没有得到农业补贴	24	36.36	
自己耕地转出所得到农业补贴状况（转出方）			
得到所有农业补贴	10	24.39	
得到部分农业补贴	13	31.71	41
没有得到农业补贴	18	43.90	

注：2015年典型调查与2016年全面调查合并分析。

第四节　山东省农业补贴的环境影响

世界各国的早期农业补贴动因和政策绩效评价着眼于单一经济目标，当今农业发展的多元化目标趋势明显，环保、生态、食品安全和社会发展等社会绩效方面日益受到重视，农业补贴的绿色化发展不可逆转。农业补贴政策的制定和调整在着眼经济增长目标的同时，也需要考虑其环境影响，在农业生产与环境安全之间需寻求一种平衡。

一　农业补贴与化肥施用

山东省多数农户在化肥上的资金投入和施用量增加。根据表4—16的调查结果，农业补贴政策实施以来，在资金投入上，

67.48%的被访农户在化肥上的资金投入增加，另有20.63%被访农户在化肥上的资金投入没有明显变化；在施用量上，53.72%的被访农户增加了每亩耕地的化肥施用量，43.85%被访农户每亩耕地的化肥施用量没有明显变化。化肥施用固然可以增加农作物产量，但施用过度也破坏土壤的内在结构，导致土壤板结，有机质下降，形成土壤的富营养化，最终造成耕地地力的长期性破坏；化肥分解挥发的气态损失进入大气，化肥残留通过灌溉渗入水体和土壤，带来大气、水体和土壤的污染。农业补贴政策实施后农户在耕作过程中化肥资金投入和施用量的增加与"三项补贴"改革保护耕地地力的目标是相悖的，问题的关键是2015年调整后的补贴政策并没有起到调整农户化肥施用习惯的作用。

表4—16　　山东省农业补贴与化肥施用调查（2015/2016）

选项	样本数	比重	有效样本总数
化肥资金投入			
增加	193	67.48	286
无明显变化	59	20.63	
减少	34	11.89	
化肥施用量			
增加	332	53.72	618
无明显变化	271	43.85	
减少	15	2.43	

注：（1）资金投入为2015年典型调查结果；（2）施用量情况为2015年典型调查与2016年全面调查合并分析。

二　农业补贴与农药施用

多数农户的农药资金投入增加，部分农户农药施用量增加。根据表4—17，调查显示，获得农业补贴后，64.56%的被访农户增加了在农药上的资金投入，28.07%的被访农户的农药资金投入没有明显变化；在施用量上，46.13%的被访农户增加了每亩耕地的农药施用量，50.16%被访农户每亩耕地上的农药施用量没有明显变化。同样，农药的有毒物质不易分解，会对大气、水体和土壤直接造成污染；农药施用过度威胁动植物的生存环境，造成动植物品种和数量减少，导致不可逆的生态破坏；此外，农药残留还可能对食品安全造成严重威胁，在国际贸易中遭遇"绿色壁垒"。农药的过量施用对农业生产环境、生态国际和农产品竞争力造成严重破坏。农业补贴政策实施后，农药施用量的增加与WTO农业补贴的绿色化趋势不符，新的农业补贴政策也没有起到调整农户农药施用行为的作用。

表4—17　　山东省农业补贴与农药施用调查（2015/2016）

选项	样本数	比重	有效样本总数
农药资金投入			
增加	184	64.56	
无明显变化	80	28.07	285
减少	21	7.37	
农药施用量			
增加	286	46.13	
无明显变化	311	50.16	620
减少	23	3.71	

注：（1）资金投入为2015年典型调查结果；（2）施用量情况为2015年典型调查与2016年全面调查合并分析。

三　农业补贴结构调整及其环境影响

农业补贴政策的初衷是生产激励，但也对农业和农村环境带来严重的负面影响。农资综合补贴刺激农户增加化肥、农药等化学品的投入，农机具购置补贴激励农户购置以石油为动力的农机具，农药、化肥等化工农资和农机具的大量使用在大大提高农业生产效率和农产品产量的同时,也增加了环境友好型生产方式的推广难度,对农业产地的水体、大气和土壤环境带来直接威胁,造成耕地地力的长期性破坏和不可逆的生态灾难,也对食品安全和农产品国际竞争带来不利影响。农业补贴既要关注经济利益,也不可忽视社会绩效。

如前文所示,自 2008 年以来的三次问卷调查显示,农户获得农业补贴后分别仅有 2.43% 和 3.71% 的被访者降低了对化肥和农药的使用,缺乏针对性的"普惠式"农业补贴对环境破坏影响显著而保护作用微乎其微。"三补合一"改革是对农业补贴结构的调整,表明政府已经关注到了农业补贴对环境的负面影响,政策制定要兼顾农业环境目标,农业补贴对面源环境污染的影响被纳入各国政府的政策调整考量,新的"精准"补贴方式有利于加强耕地地力和环境保护,然而精准补贴在农业环境、生态和食品安全方面的约束仍然是空白点,其政策效果还有待于时间的检验,农业补贴的政策方向、政策力度、补贴方式尚需根据实践做出适应性调整和优化。

第五章

农业补贴的生态效应评价

农业补贴在带来正面效应的同时,也会对农业生态环境甚至是社会生态环境带来负面效应,不少学者已在这方面展开了理论研究,比如雷佩托(Repetto,1987)通过实证分析发现农业补贴政策在增加农民收入和农作物产量的同时也对环境造成了污染[1];穆纳辛格等(Munasinghe et al.,1995)认为农业补贴会造成农产品价格扭曲,扭曲的农产品价格不利于经济的发展,甚至对环境也有消极影响[2];张少兵等借鉴国际补贴政策的经验,认为农业补贴政策会带来政府失灵,加上农业环境问题本身具有市场失灵问题,会导致传统农业补贴政策对环境具有很大负面影响[3];王利荣指出农业补贴对环境的负面效应主要体现在:影响农业的种植结构和面积、降低了农户流转土地的意愿、使农民盲目追求"石油农业"等[4]。上述研究多采用定性分析方法,对农业补贴负面影响进行实证研究

---

[1] Repetto R, "Economic incentives for sustainable production", *The Annals of Regional Science*, Vol. 21, 1987.

[2] Munasinghe M, Cruz W, Economy wide policies and the environment, Washington DC: World Bank, 1995.

[3] 张少兵、王雅鹏:《国外农业补贴的环境影响与政策启示》,《经济问题探索》2007 年第 12 期。

[4] 王利荣:《农业补贴政策对环境的影响分析》,《中共山西省委党校学报》2010 年第 2 期。

的学者还比较少，具有代表性的是侯玲玲等人采用 2004—2009 年省级面板数据，构建了化肥的需求函数，具体分析了农业补贴对化肥投入量的影响，其研究表明，农业补贴并没有使化肥的投入量显著增加，农业补贴政策的实施并没有加重由化肥引起的农业面源污染[①]。实证研究和理论分析得出了相反的结论，那么农业补贴到底对生态环境产生怎样的影响？影响是正还是负？如何发挥积极影响规避负面影响？这些问题将是本章研究的重点。

第一节　理论分析

一　农业补贴对生态环境的影响路径

农业补贴对生态环境的影响路径主要表现在以下几个方面。

（一）农业补贴促使农民选用有机化肥和先进农机设备，减轻环境污染

近年来，政府多次增加农业补贴金额和种类，减轻了农民负担，增加了农民收入，加之农民环保意识逐渐加强，出口农产品检查标准提高，部分农民开始选择有机化肥进行种植，使得由于化肥施用对环境造成的破坏大大降低。另外，随着农业科学技术的进步，先进的农机设备不断推出，在农机设备补贴的情况下，农民购买农机设备的积极性提高，农机设备更新换代速度加快，由于过去简陋的农机设备造成的环境污染逐渐降低。

（二）农业补贴在一定程度上增加了农药化肥的使用，农业环境污染加剧

农业收入补贴中的农资综合补贴，在一定程度上增加了农民收入，为农民购买农药化肥和农机设备提供了资金。特别是当补贴前

[①] 侯玲玲、孙倩、穆月英：《农业补贴政策对农业面源污染的影响分析——从化肥需求的视角》，《中国农业大学学报》2012 年第 4 期。

农民收入不高，可以购买的化肥农药和农机设备数量有限的情况下，增加的补贴收入会促使农民多采购和使用化肥农药和农机设备。但统计数据显示我国农药真正有效的用量不到40%，60%—70%的田间农药会对土地、大气和周边水域造成污染，还会增加害虫抗药性，杀灭害虫天敌，破坏生态系统。

（三）农业补贴针对特定农产品，影响农作物种植的多样性

我国目前针对农作物种类补贴力度最大的有粮食直接补贴和良种补贴，这两种补贴都是针对粮食作物的补贴，这有力地扩大了良种种植面积，降低了单位粮食的生产成本，粮食产量不断提高，农民收入也相应增加。但只针对粮食作物的农业补贴在一定程度上影响农民种植其他农作物的积极性，导致农业种植结构不合理，某些市场需要的农作物可能因为农民未得到相应的补贴而市场供应不足甚至被放弃种植。另外，粮食补贴在具体的发放过程中主要按种植面积计算，种的面积越多，农民可以拿到的补贴也越多。在现有耕地面积有限的情况下，农民为了可以得到更多的政府补贴而去开垦一些不适合种植的土地，不仅会使粮食种植成本增加，效率降低，还会影响到某些野生动植物的生存空间，对生物多样性构成致命性破坏，破坏生态环境。

（四）农业补贴影响土地流转，现代化集约化清洁化农业难以推广

现代化集约化清洁化农业是以先进的农业科学技术为基础，通过适度规模经济发展多种经营方式、多种生产类型、多层次的农业经济结构，实现生产率持续增长、土壤肥力持续提高、农村生态环境持续优化，逐步建立起一个采用现代科学技术、现代经营管理方式和生态环境和谐的农业综合体系。建立现代化集约化清洁化农业的前提是土地一定程度的集中，从而提高农机设备和土地的使用效率，有利于生态环境改善措施的实施。2015年年底，我国农村人均

耕地面积约 3.27 亩，远远低于世界平均水平，而且地区性差异较大，土地分散在农民手中，在现有的农村土地分散经营模式下，农业补贴对农户的土地流转不仅没有明显的促进作用，如前文所述，农民为了获得农业补贴，甚至不愿意将手中分散的土地进行流转集中，这既不利于清洁农业生产技术的推广，也会使农业环境污染治理难度加大。

二 农业补贴影响生态环境的经济学分析

农业补贴对生态环境的影响是通过农户行为传递的，不同的政策对农户生产行为的影响也存在差异，由于农业生产行为直接作用于自然，因此农户的行为方式会直接或间接地影响生态环境。本部分我们尝试分析不同农业补贴政策下的农户行为。

（一）无农业补贴状态下的农户行为

农民进行农业生产，主要目标是追求利润最大化，即在成本一定的情况下追求收益最大化，或在收益一定的情况下追求成本最小化。假定在没有农业补贴时，农民的最优生产决策模型为：

$$\max L = Pf(q) - pq \tag{5.1}$$

其中，L 表示农民的利润，P 表示农产品价格，p 表示农业各投入要素的价格，q 表示农业各要素的投入量，$f(q)$ 表示农民的生产函数，即当投入的要素量为 q 时产出的农产品数量。因此，$S = Pf(q)$ 表示农民获得的总收入，$C = pq$ 表示农民的总成本，如图 5—1 所示。

农民实现利润最大化的条件是边际收益等于边际成本，上式两边就农业各要素投入量 q 求导，令等式等于零，即：$Pf'(q^*) = p$，可计算出农民的最优生产投入量 q^*，如图 5—2 所示。

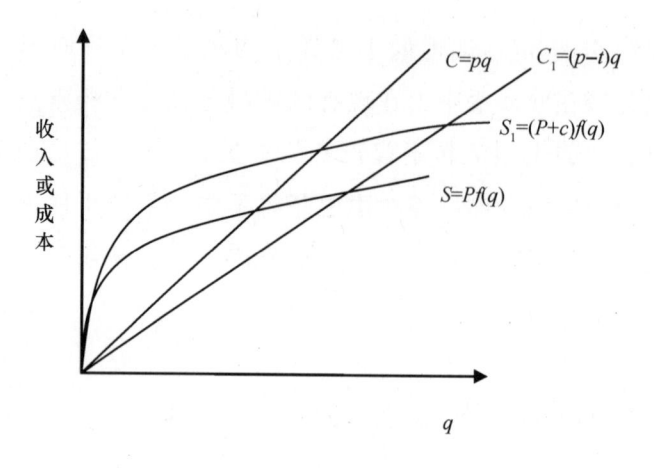

图 5—1　收益与成本曲线

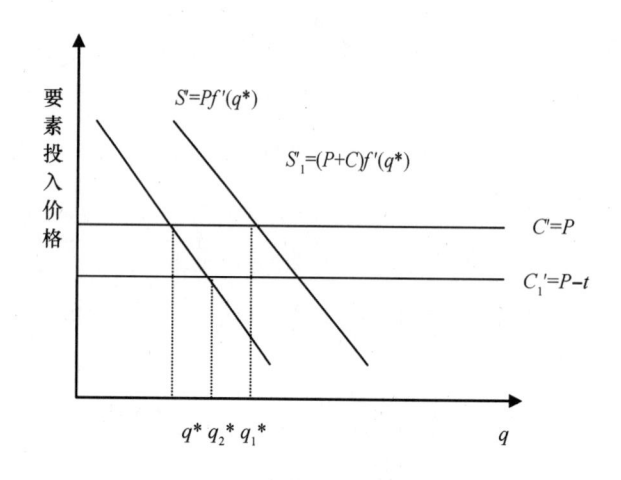

图 5—2　边际收益与边际成本曲线

（二）实行脱钩农业补贴下的农户行为

假设政府实行农业补贴，而且实行的是与农民生产行为脱钩的农业补贴，即政府给予农民一揽子收入补贴 B，这为农民带来了一定数额的固定收入，与其投入和产出无关，现在农户的最优生产决策模型变为：

$$\max L = Pf(q) - pq + B \qquad 5.2$$

上面等式就农业各要素投入量 q 求一阶偏导等于 0，农民实现利润最大化的条件仍是 $Pf'(q^*) = p$，最优要素投入量仍是 q^*（如图 5—2 所示），和不存在农业补贴的情况一样，说明脱钩的农业补贴对农民的生产行为没有产生影响。这主要是因为，脱钩农业补贴的补贴数额跟农民的农业生产不挂钩，实质只是增加了农民的转移性收入，农民没有积极性将增加的收入投入农业生产，所以说，这类农业补贴的增加不会对农户的生产行为产生影响，也不会导致生态环境的变化。

（三）实行与产出挂钩农业补贴下的农户行为

假如现在政府实行与产出挂钩的农业补贴，并且一单位产出的农业补贴为 c 单位，则农业补贴总量为 $cf(q)$，农民的最优生产决策模型变为：

$$\max L = (P + c)f(q) - pq \qquad 5.3$$

同样对等式求农业各要素投入量 q 的一阶偏导等于零，农民实现利润最大化的条件变为 $(P + c)f'(q_1^*) = p$，如图 5—2 所示，$S_1' = (P + c)f'(q_1^*)$ 较 $S' = Pf'(q_1^*)$ 向右移动，因此 $q_1^* > q^*$。说明与农业产出挂钩的农业补贴，刺激了农民生产的积极性，农民会想尽办法增加产出，比如选用更多的化肥和农药、更多地使用农机设备、不间歇地对土地进行耕种等，这些都会恶化生态环境，造成更严重的环境污染，因此，与产出挂钩的农业补贴在一定程度上会间接地造成生态环境恶化。

（四）实行与投入挂钩农业补贴下的农户行为

除了与产出挂钩的农业补贴外，还有与生产投入挂钩的农业补贴，比如良种补贴、农机具购置补贴等。假设一单位的投入补贴 t 单位，总农业补贴量为 tq，则农民视为最优生产决策模型可以表示成：

$$\max L = Pf(q) - (p - t)q \qquad 5.4$$

图 5—1 中的生产成本曲线变成了 $C_1 = (p - t)q$，较原来的成本

曲线 $C=pq$ 变平缓,当满足边际成本等于边际收益时,得到最优要素投入量为 q_2^*,如图 5—2 所示。发现 $q_2^* > q^*$,说明与农业投入挂钩的农业补贴,一定程度上降低了农业生产成本,在农产品价格保持不变的情况下,变相地增加了农民的农业生产收入,极大地刺激了农民生产的积极性,因此,农民会尽可能最大限度地增加各种要素投入,甚至超过土地和环境的吸收能力,造成严重的环境污染和生态破坏。

可以说,与投入挂钩的农业补贴对生态环境的负面影响比与产出挂钩的农业补贴的负面影响更大,因为当实行与产出挂钩的农业补贴时,会激励农民多投入化肥、农药、农机设备等来增加产出,当产出增加不明显时,理性的农民会停止追加各项投入,如图 5—3 所示,当要素投入达到 A 时,产出达到最大,此时的农业补贴为 B(图5—4),如果继续追加农业补贴,农民也不会追加要素投入,曲线 b 就构成了与产出挂钩的农业补贴曲线。因此,实施与产出挂钩的农业补贴造成的生态环境的破坏是有限的。而当实行与投入挂钩的农业补贴时,由于补贴额是按照投入量发放,农民会不计后果地增加各项投入,其中就包括会对环境造成污染的化肥和农药等,图5—4中曲线 a 就表示与投入挂钩的农业补贴曲线,超额的要素投入,一方面造成产出减少,另一方面也会对生态环境产生难以修复的破坏。

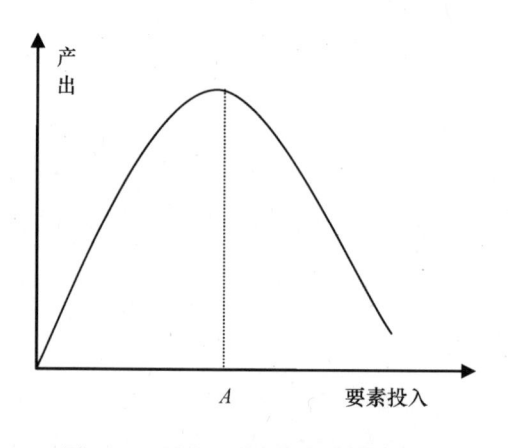

图 5—3 要素投入和产出之间的关系

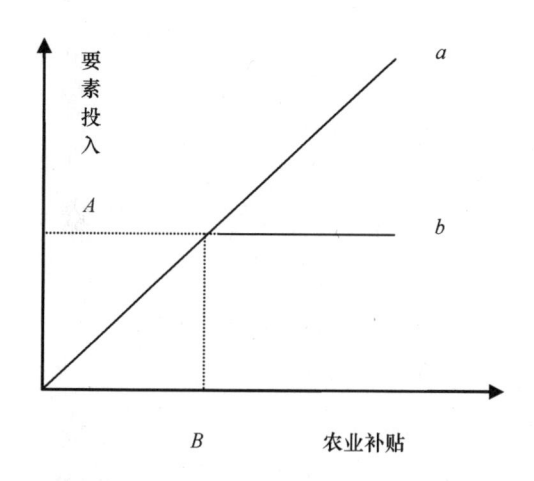

图 5—4　农业补贴和要素投入之间的关系

第二节　农业补贴对化肥施用量的影响

目前我国已经成为世界上最大的化肥生产国和使用国，2015 年我国共生产化肥 7627.36 万吨，但化肥利用效率不高，三大粮食作物（玉米、水稻、小麦）的化肥利用率只有 35.2%，而美国粮食作物氮肥利用率大体在 50%，欧洲主要国家粮食作物化肥利用率大体在 65%，比我国高 15 个至 30 个百分点，可见我国与欧美发达国家化肥利用率还存在很大的差距。那么农业补贴对化肥施用量有什么样的影响，我们将对我国化肥施用过量程度进行测度，然后分析农业补贴对化肥施用的影响。

一　我国化肥施用过量程度测量

通过上节的分析可知，要素投入对产出的影响是呈倒 U 形的，当要素投入量超过 A 点以后，产量不但不增加反而会下降，那化肥作为一项主要的农业生产投入要素，是否也存在过量问题呢？

大量事实和研究表明，目前我国化肥施用量已经超过实际需要水平，杨增旭等[①]、李静等[②]人从技术效率的角度，通过计算农户最大可能的化肥减少量来间接反映化肥过量施用的程度，林源等人基于利润最大化原理，通过令化肥边际产值与化肥价格的比率等于1来确定最优使用量[③]。本书尝试使用1991—2014年数据，运用DEA方法分析农业生产过程中的经济效率情况，然后运用DEAP 2.1软件计算出作为要素投入量的化肥施用是否过量。

(一) 农业生产经济效率模型及数据来源

本书运用数据包络分析方法 (DEA) 中的 VRS 模型对 1991—2014 年的农业生产经济效率进行测算。DEA 方法是由美国的 Charnes、Cooper 等人于1978年在 Farell 测度论上发展起来的一种评价决策单元相对业绩的非参数方法。该方法利用线性规划技术巧妙地解决了具有不同量纲、多输入、多输出的同类决策单元之间绩效的比较评价问题。运用 DEA 的关键在于选择合适的投入产出指标，投入产出集合的内部指标体系要尽可能地避免有较强的线性关系。考虑到农业生产投入和产出的特征，以及根据农业生产过程中各生产要素的相对重要性和指标数据的可获得性和准确性，并通过对现有农业生产率文献的研究，结合指标选取原则，本书选取了以下指标：农业产出变量选择农林牧渔总产值指标；农业投入变量选择5个指标：(1) 劳动投入，以第一产业年末从业人员数计算；(2) 土地投入，以农作物总播种面积计算；(3) 农林机械投入，以农业机械总动力进行计算；(4) 化肥投入，以农用化肥施用折纯量计算；(5) 农药投入，以年末农药施用量表示；(6) 能源投入，

[①] 杨增旭、韩洪云：《化肥施用技术效率及影响因素——基于小麦和玉米的实证分析》，《中国农业大学学报》2011年第1期。

[②] 李静、李晶瑜：《中国粮食生产的化肥利用效率及决定因素研究》，《农业现代化研究》2011年第5期。

[③] 林源、马骥：《农户粮食生产中化肥施用的经济水平测算——以华北平原小麦种植户为例》，《农业技术经济》2013年第1期。

以每年农村总用电量进行计算。所有数据均来自1992—2015年《中国统计年鉴》。

（二）农业生产经济效率结果分析

利用DEAP 2.1软件计算出1991—2014年我国农业生产效率，结果如表5—1所示。从表中可以看出，农业综合效率总体上呈现N形发展趋势，1996年以前增长较快，并在1996年达到1，即达到技术前沿面，农业综合效率最高，这段时间农业综合效率的快速增长主要是由于社会主义市场经济体制改革目标逐渐明确，农产品价格体制改革初见成效，农业市场资源配置效率大大提高，农民的生产积极性也逐渐提高。从1997年开始，受亚洲金融危机的影响，宏观经济出现增长下滑和通货紧缩，农业也受到其影响进入不景气状态，农业综合效率开始下滑，2006年达到最低点0.696。2007年以来，党中央多次发文强调"三农"问题的重要性，并采取一系列惠农措施促进农业发展，农业综合效率开始恢复增长，并在2014年又回到最高值1。

表5—1　　1991—2014年我国农业生产效率值及分解

年份	综合效率	纯技术效率	规模效率	规模报酬	年份	综合效率	纯技术效率	规模效率	规模报酬
1991	0.687	1	0.687	irs	2003	0.717	0.987	0.726	irs
1992	0.666	0.999	0.666	irs	2004	0.766	0.987	0.776	irs
1993	0.716	1	0.716	irs	2005	0.751	0.978	0.768	irs
1994	0.867	1	0.867	irs	2006	0.696	1	0.696	irs
1995	0.996	1	0.996	irs	2007	0.744	1	0.744	irs
1996	1	1	1	—	2008	0.849	0.998	0.851	irs
1997	0.978	0.992	0.985	irs	2009	0.828	0.992	0.835	irs
1998	0.979	0.981	0.998	irs	2010	0.876	0.988	0.887	irs
1999	0.921	0.968	0.951	irs	2011	0.956	0.994	0.962	irs
2000	0.843	0.963	0.876	irs	2012	1	1	1	—
2001	0.824	0.964	0.855	irs	2013	0.987	0.999	0.998	irs

续表

年份	综合效率	纯技术效率	规模效率	规模报酬	年份	综合效率	纯技术效率	规模效率	规模报酬
2002	0.755	0.970	0.778	irs	2014	1	1	1	—
平均	0.85	0.99	0.859						

注：irs 分别表示规模报酬不变和规模报酬递增状态。

资料来源：作者计算。

从表 5—1 中还可以看出，我国农业每年的纯技术效率值都明显高于规模效率值，某些年份的纯技术效率还达到了最高值 1，且从图 5—5 可以看出，综合效率和规模效率变化趋势基本相同，都经历了先升后降再升的过程，这说明我国农业无效率主要来自规模无效率，即现有投入与最佳投入规模差距较大，规模无效率是影响我国农业综合效率的主要因素。

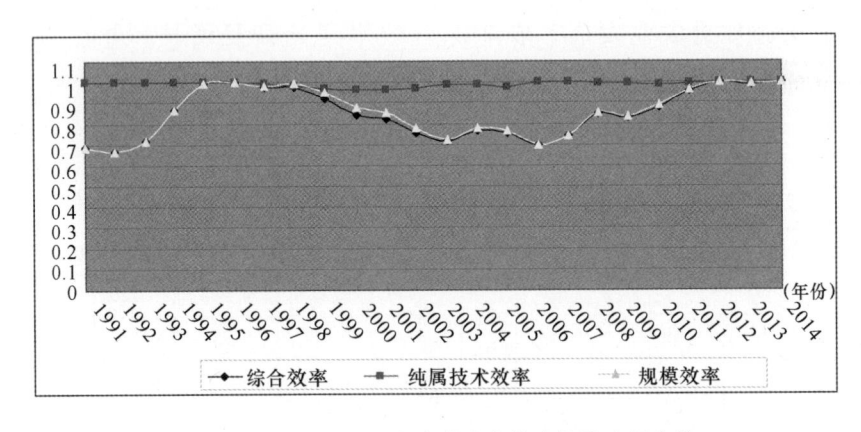

图 5—5　1991—2014 年农业生产效率值及分解走势

（三）我国化肥施用量分析

我们使用投入导向模型分析化肥施用是否存在过量问题。投入导向模型是假定产出不变，要得到最优效率而需要达到的各项投入目标。根据 DEAP 2.1 计算出来的投入目标值，与实际投入进行比较，表 5—2 列出了化肥施用量的效率目标值和实际值，效率目标值是根据投入导向 VRS 模型得到的有效率（指效率分数为 1）的年份设定的效率前沿计算出来的，指无效率年份若要达到有效率的标准应该达到的目标值。从表 5—2 可以看出，24 年中有 9 个年份的目标值都等于实际值，其余 15 个年份出现实际值大于目标值的情况，这说明，在给定产出水平下存在明显的化肥过度施用。而且化肥施用实际值与目标值的差额变化趋势与农业综合效率成反比，农业综合效率高的时候，化肥施用实际值与目标值的差额小，农业综合效率低的时候，化肥施用实际值与目标值的差额大，2000 年，化肥施用实际值与目标值的差额达到最大值 560.37 万吨，占化肥实际使用量的 13.5%，说明化肥过度施用的程度比较严重。

表 5—2　　　　　投入导向的化肥施用量目标值与实际值比较

单位：万吨

年份	1991	1992	1993	1994	1995	1996	1997	1998
目标值	2805.1	2928.65	3151.9	3317.9	3593.7	3827.9	3874.37	3889.45
实际值	2805.1	2930.2	3151.9	3317.9	3593.7	3827.9	3980.7	4084
差额	0	1.55	0	0	0	0	106.33	194.55
年份	1999	2000	2001	2002	2003	2004	2005	2006
目标值	3788.92	3586.04	3736.57	3956.03	4213.44	4369.04	4546.43	4927.69
实际值	4124.3	4146.41	4253.76	4339.39	4411.6	4636.6	4766.22	4927.69
差额	335.38	560.37	517.19	383.36	198.16	267.56	219.79	0
年份	2007	2008	2009	2010	2011	2012	2013	2014
目标值	5107.83	5013.95	5157.05	5303.44	5350.51	5838.85	5844.1	5995.94
实际值	5107.83	5239.02	5404.4	5561.68	5704.24	5838.85	5911.86	5995.94
差额	0	225.07	247.35	258.24	353.73	0	67.76	0

资料来源：作者计算。

二　农业补贴对化肥施用量的影响

目前，学者们对影响化肥施用量各种因素的研究大体上可以分成两大类：一类学者主要从定性分析入手，从理论层面分析影响化肥施用量的影响因素。比如，曾鸣等人从制度角度入手，认为农村的土地制度是造成化肥过度使用，进而影响农业生态环境的主要原因[①]；邱君重点研究了农业水域污染问题，认为粮食安全政策、化肥产业支持政策、农业结构调整政策、国际贸易政策会对化肥投入的增加有促进作用，从而加剧农业水域污染程度[②]。另一类学者从定量分析入手，运用实证分析方法研究影响化肥施用量的主要因素。比如，张卫峰等人认为农业人口、农业经济状况、农业技术水平、农业政策和种植结构都会影响我国的化肥施用量[③]；马骥实地调查了华北地区的粮食作物化肥施用情况，认为农户非农收入、农户受教育程度和化肥价格是影响化肥施用量的主要因素[④]；巩前文等人认为影响农户施肥量的主要因素有农户本身、耕地、施肥技术、农产品贸易等[⑤]。

现有的文献为今后的研究奠定了理论基础，但还有些欠缺的地方，比如实证研究以地区性研究为主，缺乏全国层面的结论；指标选择上不够全面，未考虑农业补贴对化肥施用量的影响。鉴于此，本书采用1993—2014年我国27个省自治区的面板数据对化肥施用的影响因素进行实证分析，重点观察农业补贴对化肥施用的影响作用，为下一步制定农业补贴政策提供理论依据。

(一) 我国化肥施用量影响因素分析及模型建立

根据经济学原理，某一生产要素的需求量主要受其自身价格影

[①] 曾鸣、谢淑娟：《我国农业生态环境恶化的制度成因探析》，《广东社会科学》2007年第4期。
[②] 邱君：《我国化肥施用对水污染的影响及其调控措施》，《农业经济问题》2007年增刊。
[③] 张卫峰、季玥秀、马骥等：《中国化肥消费需求影响因素及走势分析Ⅲ 人口、经济、技术、政策》，《资源科学》2008年第2期。
[④] 马骥：《农户粮食作物化肥施用量及其影响因素分析——以华北平原为例》，《农业技术经济》2006年第6期。
[⑤] 巩前文、张俊飚、李瑾：《农户施肥量决策的影响因素实证分析——基于湖北省调查数据的分析》，《农业经济问题》2008年第10期。

响，另外，一些像收入、人口、技术等宏观环境因素也会影响其需求量。根据化肥施用的实际情况，综合现有研究成果，本书认为影响化肥施用量的主要因素有价格因素、收入因素、劳动力因素、种植结构因素、利用效率因素、农业政策因素等。化肥施用量 Q_{hf} 与各影响因素之间的函数关系如下式：

$$Q_{hf} = F(P, I, L, S, E, B) \qquad 5.5$$

其中：

Q_{hf} 用化肥折纯量来表示。

P 表示化肥价格，它是影响化肥施用量最直接的一个因素。理论上两者呈现反向变动规律，当化肥价格降低时，化肥施用量增加；当化肥价格提高时，化肥施用量减少。但如果存在农业补贴，两者的关系可能会发生变化：即使化肥价格提高，但由于农业补贴的存在（提高了农民的转移性收入或刺激了农民的生产积极性），农民依然会加大化肥的使用量。该指标以1993年化肥价格为基准1，利用化肥价格指数折算出1994年以来各省市的化肥价格。

I 表示农民的收入，收入也是决定化肥施用量的一个重要因素，随着收入水平的提高，农民可以拿出更多资金购买化肥等生产要素，使得化肥施用量增加。可以用农村居民家庭生产性人均纯收入作为农民收入指标的代表值。

L 表示从事农业生产的劳动力情况。农业生产活动离不开人的参与，随着城市化和工业化进程的推进，越来越多的农业人口离开农村，从事非农业生产活动，农业劳动力数量不断下降，这对化肥的施用会造成双向的影响：一方面，大量的劳动力不再从事农业生产，必然会造成农业生产要素需求量的下降；另一方面，仍然从事农业生产的劳动者期望通过增加农业要素投入（这其中就包括化肥施用量）来增加产量，这就会引起化肥施用量的增加。可以用农林牧渔从业人员与农作物总播种面积的比值来反映单位面积上的劳动力情况。

S 表示种植结构。由于不同农作物的生长特点不同，其化肥施用量具有一定程度的差别，研究表明，经济作物化肥的施用量通常比粮食作物要多。因此，当种植面积不发生很大变化的情况下，农业种植结构的变化就会影响化肥施用量。可以用粮食作物播种面积占农作物总播种面积的比值来代表种植结构情况。

E 表示化肥利用率。任何一种化肥进入土壤后都不可能被农作物完全吸收利用，其中一部分由于挥发、淋失或被土壤固定而损耗掉。以水稻为例，我国水稻单产跟日本差不多，但是氮肥使用量却是日本的三倍、韩国的两倍，这主要就是因为我国化肥利用率不高造成的，因此，化肥利用率的高低也成为影响化肥施用量的一个重要因素。可以用农业总产值与化肥施用量的比重表示化肥利用率。

B 表示农业政策。农业生产作为一项经济活动，始终处在一定的政策环境之中，并受政策环境的影响，因此，农业政策在一定程度上也会影响化肥施用量。例如，农业税减免政策、农业补贴政策、施肥技术推广政策等。程国强认为，农业政策可以根据针对的对象不同分为三种类型：针对生产者的农业政策、针对消费者的农业政策和为农业提供一般服务的农业政策，相应的评估方法分别为生产者支持估计（PSE）、消费者支持估计（CSE）和一般服务支持估计（GSSE）。考虑到化肥的施用主要是由生产者操作，所以选择生产者支持估计来衡量农业政策。生产者支持估计法是由经济合作与发展组织（OECD）提出的，从农业补贴角度反映政府政策情况，农业补贴测算时包括的内容有：财政支出中的农林水事务支出、农业直接补贴、救济补贴等。

（二）数据来源及处理

本书考察的空间范围包括 22 个省和 5 个自治区（由于 4 个直辖市农业规模有限，化肥施用量较低，缺乏化肥价格指数指标，因此，暂时不考虑这4个市的情况），时间跨度为1993—2014年。化肥折纯量、化肥价格指数、农作物总播种面积、粮食作物播种面积和农业总产值数据均来自于1994—2015年《中国统计年鉴》，农村居民家庭人均纯收入[①]、农林牧渔从业人员数据来自于1994—2015年《中国统计年鉴》和各地方统计年鉴，财政支出中的农林水事务支出数据来自于1994—2015年《中国统计年鉴》《中国财政统计年鉴》和《中国农业年鉴》。

（三）实证结果分析

根据上面建立的化肥施用量与其影响因素关系的模型，运用1993—2014年27个省自治区的面板数据进行实证分析。进行面板分析之前，需要确定是固定效应模型还是随机效应模型，前者只检验那些随时间变化的自变量对于因变量的影响，而一些不随时间变化而变化的自变量被排斥在固定效应模型之外；后者允许那些不随时间变化而变化的自变量加入模型之中。有关模型选择的检验方法有很多，但最基本的、通常的做法就是Hausman检验。Hausman检验结果如表5—3。

表5—3　　　　　　　　　Hausman检验结果

检验结果	卡方统计量	概率
横截面随机检验	28.6660	0.0001

根据Hausman检验检验结果可知，P=0.0001，选择固定效应模型研究化肥施用量与其影响因素之间的关系。运用Eviews 8.0软件进行固定效应面板分析，结果如表5—4。

[①] 1993—2012年采用农村居民家庭生产性人均纯收入指标数据，2013年和2014年采用农村居民人均可支配收入。

表5—4 化肥施用量与其影响因素分析结果

变量	系数	t统计量	概率
C	256.4402	10.0287	0.0000
P	-36.4640	-9.0006	0.0000
I	0.0043	2.6714	0.0078
L	-17.1530	-2.6318	0.0087
S	-1.3661	-4.8414	0.0000
E	-6.1748	-9.6223	0.0000
B	0.1397	6.8875	0.0000
修正的 R^2	0.9509		
F统计量	359.562	概率（F统计量）	0.0000

从表5—4可以看出，所选择的6个影响化肥施用量的指标全部通过检验，模型整体检验也呈现显著性，并且模型整体拟合优度较高，说明构建的模型比较理想。

在影响化肥施用量的因素中，化肥价格为负值，表明化肥施用量与化肥价格成反比，化肥价格的回归系数为-36.4640，数额较其他因素的回归系数都大，说明化肥价格是影响其使用量的最重要的因素；农民人均纯收入对化肥施用量的影响为正值，即随着农民收入的增加，农民可以拿出更多的资金购买化肥，农民家庭生产性人均纯收入每增加1元，化肥施用量就增加43吨，说明化肥施用量对收入因素的变动很敏感；单位播种面积上劳动力的数量与化肥施用量成反向关系，这也符合实际情况，两者都是生产要素的投入，相互之间有替代作用，目前随着大量劳动力从第一产业转移出来，单位面积上的劳动力呈现下降趋势，这在一定程度上促使农民使用更多的化肥来提高产量；种植结构方面，由于选择的指标是粮食作物播种面积占农作物总播种面积的比值，当该比值高时，粮食作物播种面积多，其他经济作物播种面积少，考虑到粮食作物的化肥施用量要比经济作物的低，因此，化肥施用量也会较少，那该指标回归系数的负值也符合实际情况；化肥利用率对化肥施用量的影响为负，且影响程度不低，说明今后需努力提升化肥利用效率，这在一定程度上也说明了随着化肥施用量的增加，由于低效率的存在，对生态环境的破坏是非常严重的。

本书最关注的农业补贴方面，发现农业补贴对化肥施用量具有显著的正面影响，即农业补贴越多，化肥施用量越多。在目前化肥施用量已经过度的情况下，农业补贴的增加会促使农民更多地使用化肥，加之化肥利用率较低，对生态环境的破坏更为严重，因此，农业补贴会通过刺激化肥施用量的增多对生态环境造成破坏。

第三节 农业补贴对农药施用量的影响

农药是农民用来防治病虫灾害的主要投入要素，2012—2014年农作物病虫害防治农药年均使用量达到31.1万吨，比2009—2011年增长9.2%。农药的大量使用，增加了农民的生产成本，给农产品质量安全和生态环境安全带来了隐患。研究表明，农药利用率一般为10%左右，约90%的农药残留在环境中，对生态环境造成不可修复的破坏：大量散失的农药挥发到空气中，流入水体中，沉降聚集在土壤中，污染农畜渔果产品，并通过食物链的富集作用转移到人体，对人体产生危害。究竟农业补贴对农药施用量有什么样的影响，我们首先分析我国的农药施用量是否过量，过量的程度，然后研究在这个过程中农业补贴的影响。

一 我国农药施用过量程度测量

根据上节计算出来的1991—2014年我国农业生产效率，运用投入导向模型分析农药施用是否存在过量问题。投入导向模型是假定产出不变，要得到最优效率而需要达到的各项投入目标。根据

DEAP 2.1 计算出来的投入目标值，与实际投入进行比较，表 5—5 列出了农药施用量的效率目标值和实际值，效率目标值是根据投入导向 VRS 模型得到的有效率（指效率分数为 1）的年份设定的效率前沿计算出来的，是指无效率年份若要达到有效率的标准应该达到的目标值。

从表 5—5 可以看出，24 年中有 9 个年份目标值都等于实际值，其余 15 个年份出现实际值大于目标值，这说明，在给定产出水平下也存在明显的农药过度使用。而且农药施用实际值与目标值的差额变化趋势与农业综合效率成反比，农业综合效率高的时候，农药施用实际值与目标值的差额小，农业综合效率低的时候，农药施用实际值与目标值的差额大，1999 年，农药施用实际值与目标值的差额达到最大值 18.02 万吨，占农药实际使用量的 13.63%，说明农药过度使用的程度也比较严重。

表 5—5　　　　投入导向的农药施用量目标值与实际值比较

单位：万吨

年份	1991	1992	1993	1994	1995	1996	1997	1998
目标值	76.53	79.36	84.48	97.86	108.7	114.08	115.51	116.04
实际值	76.53	79.92	84.48	97.86	108.7	114.08	119.55	123.17
差额	0	0.56	0	0	0	0	4.04	7.13
年份	1999	2000	2001	2002	2003	2004	2005	2006
目标值	114.14	117.97	111.95	120.75	128.93	135.31	141.73	153.71
实际值	132.16	127.95	127.48	131.13	132.52	138.6	145.99	153.71
差额	18.02	9.98	15.53	10.38	3.59	3.29	4.26	0
年份	2007	2008	2009	2010	2011	2012	2013	2014
目标值	162.28	154.92	159.13	162.82	160.78	180.61	176.11	180.69
实际值	162.28	167.23	170.9	175.82	178.7	180.61	180.19	180.69
差额	0	12.31	11.77	13	17.92	0	4.08	0

资料来源：作者计算。

二 农业补贴对农药施用量的影响

国内外研究农药施用量影响因素的文献众多，可以将影响因素大体分为内在因素和外在因素两方面。

内在因素主要是指农户本身的一些因素，比如年龄、性别、受教育程度、收入、种植结构、对农药的认知等特征，迈克尔等（Michael et al., 2001）通过研究发现，女性劳动者更偏向于使用农药[1]；埃西纳等（Isina et al., 2007）研究了土耳其苹果种植地区农药施用情况，发现农户的年龄和受教育年限会影响其农药施用情况[2]；周洁红等人经过调研，发现在浙江省年龄较大、受教育水平较低的农户更倾向于使用高毒杀虫剂[3]；姜培红研究了福建省农户农药施用影响因素，得出种植结构会影响农药施用量的结论[4]。

外在因素主要指影响农户农药施用的外在环境因素，包括自然环境、市场环境、政府政策等。自然环境方面，爱泼斯坦等（Epstein et al., 2003）认为农药施用量与病虫害的发生概率、种类和数量密切相关[5]；库柏等（Cooper et al., 2007）证实了气候对农药施用量的影响，他认为气候温暖的地区较气温寒冷的地区农药施用量大[6]。市场环境方面，达斯古普塔等（Dasgupta et al., 2007）认

---

[1] Michael L, Morris, Cheryl R. Doss, "How does gender affect the adoption of agricultural innovations? The case of improved maize technology in Ghana", *Agricultural Economics*, No. 1, 2001.

[2] Sule Isina, Ismet Yildirim, "Fruit-growers' perceptions on the harmful effects of pesticides and their reflection on practices: The case of Kemalpasa, Turkey", *Crop Protection*, No. 26, 2007.

[3] 周洁红、胡剑锋：《蔬菜加工企业质量安全管理行为及其影响因素分析——以浙江为例》，《中国农业经济》2009年第3期。

[4] 姜培红：《影响农药施用的经济因素分析——以福建省为例》，硕士学位论文，福建农林大学，2005年。

[5] Epstein Lynn and Bassein Susan, "Patterns of Pesticide Use in California and the Implications for Strategies for Reduction of Pesticides", *Annu. Rev. Phytopathol*, No. 41, 2003.

[6] Jerry Cooper, Hans Dobson, "The benefits of pesticides to mankind and the environment", *Crop Protection*, No. 1, 2007.

为经济发展水平不高的地区农药施用量要高于经济发展水平高的地区[①]；恩戈维等（Ngowi et al.，2007）通过研究认为农药商贩也会对农户的农药施用情况造成影响[②]；祝建桥和孙庆珍都认为农村经济合作组织的成立，会规范农户的农药施用行为，降低农药施用量。政府政策方面，鲁斯卡等（Hruska et al.，2002）论证了政府是否为农户的信息活动提供资金支持会影响其农药施用情况[③]；沙姆韦等（Shumway et al.，1994）通过对美国得克萨斯州的调查发现，农药税的征收会影响种植结构和农药施用量[④]。

虽然已有大量文献对农药施用量的影响因素进行了研究，但还有一些领域尚属空白，比如全国层面将地域因素、经济水平因素、农户自身因素、种植结构因素、政策因素等结合起来研究农药施用量的文献还不多。另外，考虑农业补贴对农药施用量的影响的文献还没有。鉴于此，本书采用1996—2014年我国27个省自治区的面板数据对农药施用的影响因素进行实证分析，重点观察农业补贴对农药施用的影响作用，为下一步制定农业补贴政策提供理论依据。

（一）我国农药施用量影响因素分析及模型建立

根据经济学原理，某一生产要素的需求量主要受其自身价格影响，再综合现有研究成果，本书认为影响农药施用量的主要因素有价格因素、收入因素、劳动力性别因素、种植结构因素、经济水平因素、农业政策因素等。农药施用量 Q_{ny} 与各影响因素之间的函数

[①] Dasgupta S, Meisner C, Huq M, "A pinch or a pint? Evidence of pesticide overuse in Bangladesh", *Journal of Agicultural Economics*, Vol. 1, 2007.

[②] A V F Ngowi, T J Mbise, A S M Ijani, Ajayietal, "Smallholder vegetable farmers in Northern Tanzania: Pesticides use practices, perceptions, cost and healtheffects", *Crop Protection*, No. 26, 2007.

[③] Hruska, Atla, Marianela Coriols, "The Impact of Training in Integrated Pest Management among Nicaraguan Maize Famers: Increased Net Reteruresand Reduced Health Risk", *International Journal of Occupation and Environmental Health*, No. 3, 2002.

[④] Shumway C. Richard, Chesser Rayanne R, "Pesticide Tax, Cropping Patterns, and Water Quality in South Central Texas", *Journal of Agricultural and Applied Economics*, Vol. 26, No. 1, 1994.

关系如下式：

$$Q_{ny} = F(P, I, X, S, J, B) \quad\quad 5.6$$

其中：

Q_{ny} 表示农药施用量。

P 表示农药价格，它是影响农药施用量最直接的一个因素。理论上两者呈现反向变动规律，当农药价格降低时，农药施用量增加；当农药价格提高时，农药施用量减少。但如果存在农业补贴，两者的关系可能会发生变化：即使农药价格提高，但由于农业补贴的存在（提高了农民的转移性收入或刺激了农民的生产积极性），农民依然会加大农药的使用量。该指标以1996年农药价格为基准1，利用农药价格指数折算出1997年以来各省市的农药价格。

I 表示农民的收入，收入也是决定农药施用量的一个重要因素，随着收入水平的提高，农民可以拿出更多资金购买农药等生产要素，使得农药施用量增加。可以用农村居民家庭生产性人均纯收入作为农民收入指标的代表值。

X 表示从事农业生产的劳动力性别情况。农业生产活动离不开人的参与，随着城市化和工业化进程的推进，越来越多的男性农业人口离开农村，从事非农业生产活动，农业劳动力性别比例严重失衡，这会对农药的使用造成负面影响，女性劳动者由于本身劳动能力较弱，为了获得更多的农作物产出，会更倾向于使用农药等生产要素。这里用男性农业从业人员占农业总从业人员的比例表示从事农业生产的劳动力性别情况，理论上，该指标与农药施用量成反比。

S 表示种植结构。由于不同农作物的生长特点不同，其农药施用量具有一定程度的差别，研究表明，经济作物的农药施用量通常比粮食作物要多。因此，当种植面积不发生很大变化的情况下，农业种植结构的变化就会影响农药施用量。可以用粮食作物播种面积占农作物总播种面积的比值来代表种植结构情况。

J 表示经济发展水平。经济发展水平也会对农药的使用发挥作用，一般来说，经济发展水平高的地区，人们的环保意识和对农产品品质的要求较高，使得该地区农产品在生产过程中就会较少地使用农药等生产要素；而经济不是很发达的地区，人们环保意识不强，为了从农业生产中获得更多的收入，农户会加大农药等生产要素的使用。可以用各地人均 GDP 表示经济发展水平状况。

E 表示农药利用率。任何一种农药施用后都不可能被农作物完全吸收利用，其中一部分由于挥发、淋失或被土壤固定而损耗掉，因此，农药利用率的高低也成为影响农药施用量的一个重要因素。可以用农业总产值与农药施用量的比重表示农药利用率。

B 表示农业政策。农业生产作为一项经济活动，始终处在一定的政策环境之中，并受政策环境的影响，因此，农业政策在一定程度也会影响农药施用量。例如，农业税减免政策、农业补贴政策等。如前文所述，程国强认为，农业政策可以根据针对的对象不同分为三种类型：针对生产者的农业政策、针对消费者的农业政策和为农业提供一般服务的农业政策，相应的评估方法分别为生产者支持估计、消费者支持估计和一般服务支持估计。考虑到农药的使用主要是由生产者操作，所以选择生产者支持估计来衡量农业政策。生产者支持估计法是由 OECD 提出的，从农业补贴角度反映政府政策情况，农业补贴测算时包括的内容有：财政支出中的农林水事务支出、农业直接补贴、救济补贴等。

（二）数据来源及处理

本书考察的空间范围包括 21 个省和 5 个自治区（同前文的原因，暂时不考虑这 4 个直辖市的情况，由于西藏数据缺失较多，也对其暂不做研究），时间跨度为 1996—2014 年。农药施用量、农药价格指数、农作物总播种面积、粮食作物播种面积、农业总产值和人均 GDP 数据均来自于 1997—2015 年《中国统计年鉴》，农村居民家庭人均纯收入①数据来自于 1997—2015 年《中国统计年鉴》和各地方统计年鉴，男性农业从业人员占农业总从业人员的比例数据来自于 1997—2013 年《中国统计年鉴》和 2014 年、2015 年《中国人口与就业统计年鉴》，财政支出中的农林水事务支出数据来自于 1997—2015 年《中国统计年鉴》《中国财政统计年鉴》和《中国农业年鉴》。

（三）实证结果分析

根据上面建立的农药施用量与其影响因素关系的模型，运用 1996—2014 年 26 个省自治区的面板数据进行实证分析。进行面板分析之前，需要确定是固定效应模型还是随机效应模型，前者只检验那些随时间变化的自变量对于因变量的影响，而一些不随时间变化而变化的自变量被排斥在固定效应模型之外；后者允许那些不随时间变化而变化的自变量加入模型之中。有关模型选择的检验方法有很多，但最基本的、通常的做法就是 Hausman 检验。Hausman 检验结果如表 5—6。

表 5—6　　　　　　　　　　Hausman 检验结果

检验结果	卡方统计量	概率
横截面随机检验	37.2860	0.0000

根据 Hausman 检验结果可知，P = 0.0000，选择固定效应模型研究农药施用量与其影响因素之间的关系。运用 Eviews 8.0 软件进行固定效应面板分析，结果如表 5—7。

---

① 1996—2012 年采用农村居民家庭生产性人均纯收入指标数据，2013 年和 2014 年采用农村居民人均可支配收入。

表 5—7　　　　　　　农药施用量与其影响因素分析结果

变量	模型 1 系数	模型 1 t 统计量	模型 1 概率	模型 2 系数	模型 2 t 统计量	模型 2 概率
C	11.0318	3.4014	0.0007	9.0910	3.0531	0.0024
P	0.0202	2.9140	0.0038	0.0178	2.6429	0.0001
I	0.0002	2.7688	0.0059	0.0002	4.0733	0.0001
X	-11.7415	-2.0429	0.0417	-10.3732	-1.8677	0.0625
S	-0.0198	-1.5584	0.1199	—	—	—
J	$-8.91E-06$	-0.6357	0.5253	—	—	—
E	-0.0026	-6.4977	0.0000	-0.0024	-6.7265	0.0000
B	0.0034	4.0547	0.0001	0.0030	3.7510	0.0002
修正的 R^2	0.9475			0.9474		
F 统计量	274.5279			293.6673		
概率（F 统计量）	0.0000			0.0000		

从表 5—7 可以看出，所选择的 7 个影响农药施用量的指标并未全部通过检验，现将未通过检验的变量依次剔除模型：先剔除经济发展水平 J，发现剩下的变量中种植结构 S 依旧不能通过检验，第二步再剔除种植结构 S 这个变量，剩余的 5 个变量及模型整体检验呈现显著性，并且模型整体拟合优度较高，说明构建的模型比较理想。

模型 1 中考虑了所有变量对农药施用量的影响，可以发现，虽然经济发展水平 J 和种植结构 S 对农药施用量的影响不显著，但是其影响方向和前面分析是一致的：粮食作物种植比例越高，农药施用量越低；经济发展水平越高，农药施用量越低。

模型 2 剔除了经济发展水平 J 和种植结构 S 两个影响因素，其余的 5 个变量在 10% 的置信水平下呈现显著性，其中，农药价格的回归系数为 0.0178，即农药价格变动 1 个百分点，农药施用量增加 178 吨，表明农药施用量与农药价格成正比，农药施用量随着农药价格的提高而增加了，造成这个结果的原因主要是农业补贴使得农户收入增加，农户可以不受价格的影响拿出更多的资金购买农药；农民人均纯收入对农药施用量的影响为正值，即随着农民收入的增加，农民可以拿出更多的资金购买农药，使得农药施用量随之增加，农民每增加1元收入，农药施用量增加2吨；劳动力的性别也会显著地影响农药施用量，当农业男性从业比例降低1个百分点，农药施用量就增加10.3732万吨，说明农药施用量对农业男性从业比例的变化非常敏感，但考虑到农业男性从业比例近十几年变化幅度不大，所以性别因素对农药施用量的总体影响有限；农药利用率对农药施用量有显著的负影响，说明今后需努力提升农药利用效率，这在一定程度上也说明了随着农药施用量的增加，由于低效率的存在，对生态环境的破坏是非常严重的。

本书最关注的农业补贴方面，发现农业补贴对农药施用量具有显著的正面影响，即农业补贴越多，农药施用量越多。在目前农药施用量已经过度的情况下，农业补贴的增加会促使农民更多地使用农药，加之农药利用率较低，对生态环境的破坏更为严重，因此，农业补贴会通过刺激农药施用量的增多对生态环境造成破坏。

第四节　农业补贴对农业生物多样性的影响

生物多样性为人类提供了赖以生存的食物和环境，是人类发展过程中必不可少的因素。农业生物多样性（agrobiodiversity）是由昆赛特等（Qualset et al., 1995）人率先提出的，定义为"所有的农作物、牲畜和它们的野生近缘种，以及与之相互作用的授粉者、共生成分、害虫、寄生生物、肉食动物和竞争者等"[1]，是生物多样

---

[1] Qualset C O, McGuire P E, Warburton M L, "In California: Agrobiodiversity' key to agricultural productivity", *California Agriculture*, No. 49, 1995.

性的重要组成部分。农业生物多样性一方面为人类的生存提供衣、食等原料和药品；另一方面为人类生活提供了良好的生态环境。然而，由于人口增长、环境恶化以及某些高产品种农作物的大规模推广等方面的原因，农作物的遗传多样性不断遭到破坏。资料显示，从 20 世纪中后期以来，最主要的农作物大约有 75% 的遗传多样性已经消失。这带来的直接后果是农业生物多样性降低，同时也会间接导致农田生态系统不稳定和病虫等自然灾害的大规模爆发，从而给农户甚至整个国家带来严重的经济损失。

目前，加强农业生物多样性保护已引起了人们的高度重视，学者们在该领域也展开了深入研究，主要集中于以下几方面：(1) 农业生物多样性的功能。谢等 (Xie et al , 2011)[①]、李等 (Li et al., 2009)[②]认为农业生物多样性的提高可以提高粮食产量、降低农作物病害发生进而增加农民收益；郭水良等人指出某些杂草可以起到保持水土、净化水体、改良土壤的功能，因此，农业生物多样性还具有促进养分循环、净化水资源、支撑环境的功能[③]。(2) 农业生物多样性的影响因素。有些学者从自然环境因素入手进行分析，弗里曼 (Freeman J, 2012)[④]、马克明等人[⑤]认为坡向、坡度、坡位等地形地貌会影响农业生物多样性的丰富度水平；李等 (Li et al., 2007) 人指出不同理化性质的土壤类型会影响物种多样化水平[⑥]；

[①] Xie J. Hu L. Tang J. et al., "Ecological mechanisms underlying the sustainability of the agricultural heritage rice-fish coculture system", *Proc Natl Acad Sci USA*, No. 108, 2011.

[②] Li C. He X. Zhu S. et al., "Crop diversity for yield increase", *Plos One*, No. 4, 2009.

[③] 郭水良、李扬汉：《杂草的基本特点及其在丰富栽培地生物多样性中的作用》，《自然资源》1996 年第 3 期。

[④] Freeman J, "Domesticated crop richness in human subsistence cultivation systems: a test of macroecological and economic determinants", *Global Ecology ang Biogeography*, No. 21, 2012.

[⑤] 马克明、张洁瑜、郭旭东等：《农业景观中山体植物多样性分布：地形和土地利用的综合影响》，《植物生态学报》2002 年第 5 期。

[⑥] Li L. Li S M. Sun J H. et al., "Diversity enhances agricultural productivity via rhizosphere phosphorus facilitation on phosphorus-deficient soils", *Proc Natl Acad Sci USA*, No. 104, 2007.

吴军等人认为气候变化通过影响病虫害的发病率和改变农作物的物候期进而对农业生物多样性带来影响[1]；还有些学者是从社会因素入手进行分析，冯伟等人[2]、姜俊红等人[3]、钟文辉等人[4]认为农村生活与生产方式的转变、化学农药的施用，节水灌溉技术的采用都是农业生物多样性水平降低的原因。(3) 农业生物多样性的保护措施。郭辉军等人[5]、卢新雄等人[6]认为可以通过种子储藏、花粉储存或田间基因库等迁地措施来保护农业生物多样性；郑等（Trinh et al.，2004）[7]、韦伯等（Webb et al.，2009）[8] 认为可以通过建立家庭庭院、原生境保护区等就地保护策略维持农业生物多样性。(4) 农业生物多样性水平的测量。陈梦等人运用熵值及其他多样性指标测量了新疆克拉玛依荒漠植被的生物多样性[9]；张丹等人运用香农—维纳（Shannon-Wiener）多样性指数，对贵州省从江县的农业生物多样性进行了测度[10]。

---

[1] 吴军、徐海根、陈炼：《气候变化对物种影响研究综述》，《生态与农村环境学报》2011年第4期。

[2] 冯伟、潘根兴、强胜等：《长期不同施肥方式对稻油轮作田土壤杂草种子库多样性的影响》，《生物多样性》2006年第6期。

[3] 姜俊红、金玲、朱朝荣等：《农业活动多农田生态系统物种多样性的影响》，《中国农学通报》2005年第7期。

[4] 钟文辉、蔡祖聪：《土壤管理措施及环境因素对土壤微生物多样性影响研究进展》，《生物多样性》2004年第4期。

[5] 郭辉军、Padoch C、付永能等：《农业生物多样性评价与就地保护》，《云南植物研究》2000年。

[6] 卢新雄、陈晓玲：《我国作物种质资源的保存与共享体系》，《中国科技资源导刊》2008年第4期。

[7] Trinh L. Wastson J W. Hue N N. et al.，"Agrobiodiversity conservation and development in Vietnamese h ome gardens"，*Agriculture*，*Ecosystems & Environment*，No. 97，2003.

[8] Webb E L. Kabir M E，"Home gardening for tropical biodiversity conservation"，*Conservation Biology*，No. 23，2009.

[9] 陈梦、恩斌：《生物多样性熵值测度指标的应用与分析》，《南京林业大学学报》（自然科学版）2005年第1期。

[10] 张丹、张洁瑜、何露等：《农业生物多样性测度指标的建立与应用》，《资源科学》2010年第6期。

综上所述，对农业生物多样性的研究主要集中在功能、影响因素和保护措施等理论研究领域，对农业生物多样性的测度方面研究还比较少，现有农业生物多样性的测量指标是在生物多样性测度指标的基础上稍作修改得到的，专门对全国和各省份历年农业生物多样性进行建立指标体系和测量的文献不多。另外，将农业补贴纳入农业生物多样性影响因素框架的文献还很少。因此，本书希望通过对农业生物多样性程度的测量，进而重点分析农业补贴对农业生物多样性的影响。

一 农业生物多样性程度的度量

生物多样性的测度方法主要有三大类：α多样性、β多样性和γ多样性。α多样性主要关注局域均匀生态环境下的物种数目，因此也被称为生境内的多样性（within-habitat diversity）。β多样性指沿环境梯度不同生态环境群落之间物种组成的相异性或物种沿环境梯度的更替速率也被称为生境间的多样性（between-habitat diversity），控制β多样性的主要生态因子有土壤、地貌及干扰等。γ多样性描述区域或大陆尺度的多样性，是指区域或大陆尺度的物种数量，也被称为区域多样性（regional diversity），控制γ多样性的生态过程主要为水热动态，气候和物种形成及演化的历史。考虑到农业生产的特点，这里只计算α多样性。在α多样性各计算方法中，最常用的是辛普森多样性指数（Simpson's diversity index）和香农—维纳指数，两者经常搭配使用。

（一）农业生物多样化指标

1. 辛普森多样性指数。辛普森多样性指数是一种简便的测定总体中物种多样性的指数。假设现有一个总体，总体中包含M种物种，总数个体是N，现从中按随机不放回的方法抽取两个个体，如果这两个个体属于同一物种的概率较大，则说明该总体的生物多样性较低。辛普森多样性指数可以表示成：

Simpson's diversity index = $1 - \sum p_i^2$ 5.7

其中，$P_i = \dfrac{N_i}{N}$，$i = 1, 2, \cdots, M$。表示整个总体中第 i 种物种占总体的比例，N_i 表示第 i 种物种的个体数量。辛普森多样性指数越大，说明随机抽取的两个个体属于一个物种的概率越小，总体的生物多样性就越高。当辛普森多样性指数趋近于 0 时，说明总体中的个体是一个物种；当辛普森多样性指数趋近于 1 时，说明总体中的个体物种数量近乎 N 种，总体的生物多样性达到最大。在运用辛普森多样性指数计算农业生物多样性时，可以用各种农作物的播种面积代替个体数 N_i 代入公式 5.7。

2. 香农—维纳指数。香农—维纳指数也是用于调查总体中物种多样性的常用指数。该指数反映生物多样性的思想来源于信息论，总体中的个体出现无序性和不确定性越高，该总体的多样性也就越高。香农—维纳指数可以表示成：

Shannon—Wiener index = $- \sum P_i \times \ln P_i$ 5.8

其中，$P_i = \dfrac{N_i}{N}$，$i = 1, 2, \cdots, M$。表示整个总体中第 i 种物种占总体的比例，N_i 表示第 i 种物种的个体数量。香农—维纳指数越大，表示不确定性越大，说明生物多样性就越高。在运用香农—维纳指数计算农业生物多样性时，同样用各种农作物的播种面积代替个体数 N_i 代入公式 5.8。

（二）数据说明及来源

在考虑农作物多样性问题时，物种的选择要满足全国和地方两个层面的数据可得性，根据农业部颁布的农作物分类标准，考虑以下农作物种类（见表5—8）。

表 5—8　　　　　　　　主要农作物分类

粮食	稻谷	油料	花生	糖类	甘蔗
	小麦		油菜籽		甜菜
	玉米		芝麻	蔬菜	蔬菜
	谷子		向日葵	瓜果	西瓜
	高粱		胡麻籽		甜瓜
	其他谷物		其他油料		草莓
	大豆	棉花	棉花	烟叶	烤烟
	绿豆	麻类	黄红麻		其他烟叶
	红小豆		亚麻	药材	药材
	其他豆类		大麻	其他农作物	青饲料
	马铃薯		苎麻		其他农作物
	其他薯类		其他麻类		

资料来源：农业部网站。

本书时间跨度为 1991—2014 年。全国层面分析农作物多样性时，是将全国所有省市自治区都考虑进去，各农作物播种面积数据来源于 1992—2015 年《中国统计年鉴》。

（三）全国层面农业生物多样化水平测度

将搜集到的数据代入辛普森多样性指数和香农—维纳指数计算公式，得到 1991—2014 年全国层面的农业生物多样化数据，如表 5—9 所示。为了更直观地观察两个指数的变动趋势，做出两个指数的折线图，分别如图 5—6 和图 5—7 所示。

表 5—9　　　　全国 1991—2014 年农业生物多样化数据

年份	1991	1992	1993	1994	1995	1996	1997	1998
辛普森指数	0.8746	0.8767	0.8785	0.8831	0.8812	0.8780	0.8787	0.8792
香农—维纳指数	2.4870	2.4970	2.5463	2.5295	2.5094	2.4878	2.4899	2.4822
年份	1999	2000	2001	2002	2003	2004	2005	2006
辛普森指数	0.8799	0.8896	0.8917	0.8923	0.8963	0.8920	0.8896	0.8813

续表

年份	1999	2000	2001	2002	2003	2004	2005	2006
香农—维纳指数	2.4834	2.5414	2.5494	2.5758	2.5952	2.5602	2.5440	2.4807

年份	2007	2008	2009	2010	2011	2012	2013	2014
辛普森指数	0.8801	0.8814	0.8786	0.8772	0.8760	0.8732	0.8710	0.8695
香农—维纳指数	2.4749	2.4833	2.4592	2.4492	2.4436	2.4287	2.4143	2.4032

资料来源：作者计算。

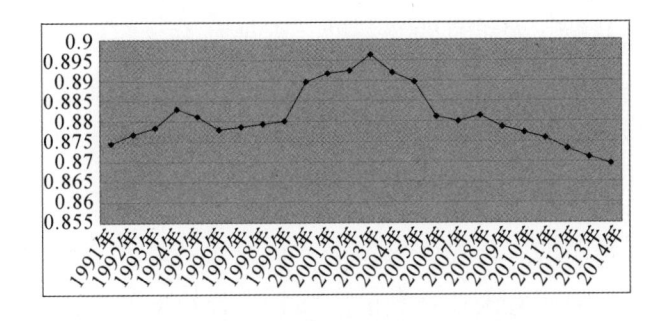

图 5—6　全国层面辛普森多样化指数

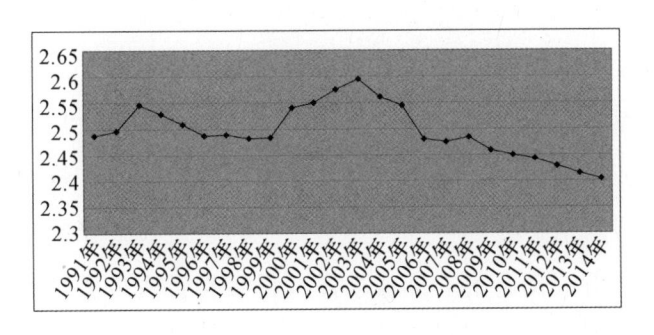

图 5—7　全国层面香农—维纳指数

从两个指数的折线图可以看出，虽然两个指数的数量级别不同，但其变动趋势几乎趋于一致。两个指数都是以2004年为分水岭，2004年以前，两个指数总体上是上升的，也就是说在2004年以前，农业生物多样性是上升的，这主要是由于随着改革开放的深入，一方面农民思想逐步解放，农民不再局限于生产粮食作物，生产种类逐渐扩大到各类经济作物，另一方面人们生活水平逐渐提高，消费者对新品种产品的需求增加，这也促使农民改变原有的生产路径，开发新品种的生产。在1993—1994年，两个指数有略微的下降，这主要是由于在这段时期，中央多次发布一号文件，对粮食收购价格进行保护，使得此后两三年内，农民大量种植粮食作物，农业生物多样性略微下降。2004年以来，为进一步促进粮食生产、保护粮食综合生产能力、调动农民种粮积极性，中央相继出台了粮食直接补贴、农机具购置补贴、良种补贴、农资综合直接补贴和农业保险保费补贴等政策。这些政策的出台，在促进农民增收、农业增产等方面发挥了巨大的作用，为农业经济的发展，乃至整个经济的发展做出了巨大的贡献。但是，由于补贴种类有限，带来的后果是没有补贴的农作物，农民生产积极性不高，甚至逐步放弃生产，转投种植那些有农业补贴的农作物，使得大部分土地种植品种雷同，农业生物多样性程度大大降低。

二　农业补贴对农业生物多样性的影响

从前面的分析可知，农业生物多样性从2004年以来逐渐下降，目前来看还没有回升趋势。与此同时，中央逐渐增多农业补贴数额。二者的变化是纯属巧合，还是农业补贴对农业生物多样性的下降起关键作用？我们用辛普森多样性指数和香农—维纳指数代表农业生物多样性，对农业补贴对农业生物多样性的影响进行协整检验。

（一）单位根检验

协整关系存在的前提要求变量必须是非平稳序列，因此对变量之间的协整关系进行检验之前，需要先对变量进行单位根检验。如果分析的变量都是非平稳序列，则可以进行下一步的协整检验；如果分析的变量都是平稳序列或者部分变量是平稳序列，则就不可以进行协整检验。单位根检验的方法有很多，如 ADF 检验、DF 检验、PP 检验等，本书采用 ADF 检验的方法对上文得到的辛普森多样性指数（S）和香农—维纳指数（X）以及农业补贴数据（B）进行平稳性检验。其中，农业补贴数据采用粮食直接补贴、农机具购置补贴、良种补贴和农资综合直接补贴的加总来表示，时间范围为 2002—2014 年。另外，为了消除异方差问题和数据的剧烈波动，需要对数据做对数化处理，再进行平稳性检验，并根据 AIC 和 SC 准则选取最佳滞后期，检验结果如表 5—10 所示。

表 5—10　　　　　　　　单位根 ADF 检验结果

变量	检验形式（c, t, k）	ADF 统计量	5% 临界值	结论
lnS	(c, t, 1)	-2.5696	-3.8753	不平稳
lnX	(c, t, 1)	-2.1008	-3.8753	不平稳
lnB	(c, t, 2)	-1.5805	-4.0082	不平稳
△lnS	(c, t, 1)	-4.4952	-3.9334	平稳
△lnX	(c, t, 1)	-4.5956	-3.9334	平稳
△lnB	(c, t, 2)	-4.3586	-3.934	平稳

注：检验形式中 c 表示包含截距项，t 表示包含趋势项，k 表示滞后的阶数，△表示一阶差分。

资料来源：作者计算。

从表 5—10 可以看出，辛普森多样性指数、香农—维纳指数以及农业补贴是非平稳序列，而它们的一阶差分变量是平稳的，说明变量辛普森多样性指数、香农—维纳指数以及农业补贴都是非平稳的一阶单整序列，可以进一步检验它们之间是否存在协整关系。

在进行协整关系检验之前，需要确定变量的最佳滞后期，如果滞后期选择不恰当，会影响被估参数的一致性和有效性。这里可参照 LR、FPE、AIC、SC 和 HQ 准则来选择滞后期，根据数据我们建立 VAR（4）模型，即最佳滞后期是 3 期。

（二）协整分析

进行协整检验的方法主要有两大类：一种是 E-G 两步法，一种是 Johansen 极大似然估计法，本书选用后者，协整检验结果如表 5—11，根据前面选择的 VAR 模型的最佳滞后期 3，这里协整分析的滞后期是 3-1，即 2 期滞后。从表 5—11 的结果可以看出，不管是迹统计量的检验还是最大特征值的检验，都认为辛普森多样性指数和农业补贴之间，香农—维纳指数和农业补贴之间至多存在一个协整关系，说明农业生物多样性和农业补贴之间存在长期的动态均衡关系。

表 5—11　　　　　　　　Johansen 协整检验结果

变量序列	原假设	迹检验		最大特征值检验	
		统计量	5%临界值	统计量	5%临界值
lnS 与 lnB	None	22.2438	15.4947	18.6862	14.2646
	At most 1	3.5576	3.8415	3.5576	3.8415
lnX 与 lnB	None	32.8188	15.4947	30.3503	14.2646
	At most 1	2.4685	3.8415	2.4685	3.8415

在 5%的置信水平下，农业生物多样性和农业补贴之间存在的协整关系，可以用下面的表达式表示：

$lnS = -0.0220 \times lnB + et$

$lnX = -0.0566 \times lnB + et$

从上面两个式子可以看出，不论是用辛普森多样性指数表示农业生物多样性，还是用香农—维纳指数表示农业生物多样性，在长期，农业生物多样性与农业补贴都呈现反向变动关系，即我国农业补贴的增加，对农业生物多样性产生负面影响。

（三）格兰杰因果关系检验

协整检验的结果显示农业生物多样性和农业补贴之间存在长期

的均衡关系，但它们之间的关系是否构成因果关系还需要进一步验证，为此，我们进一步用 Granger 因果关系检验确定两者之间的关系。

从表5—12中可以看出，格兰杰因果检验为我们较好地提供了两个变量之间的因果关系方向，这种方向是从农业补贴到农业生物多样性，而反过来并不成立。在短期内，农业补贴的变动是农业生物多样性变动的格兰杰原因，即农业补贴变动的滞后期能解释或者预测农业生物多样性的变动，而且由于概率是 0.0377 和 0.0375，这种格兰杰原因是非常显著的，所以，农业补贴的增加使得农业生物多样性下降。而检验结果显示农业生物多样性的变动不是农业补贴变动的格兰杰原因，即农业生物多样性变动的滞后期不能解释和预测农业补贴的变动。这是因为，农业补贴主要是由政府制定并实施，其目的是希望增加农民收入，减轻农民负担，在制定时未从农业生物多样性角度进行考虑，因此，农业生物多样性因素不是农业补贴的格兰杰原因。

表5—12　　　　　　　格兰杰因果关系检验结果

原假设	概率	结论
lnS 不是 lnB 的格兰杰原因	0.7507	lnS 不是 lnB 的格兰杰原因
lnB 不是 lnS 的格兰杰原因	0.0377	lnB 是 lnS 的格兰杰原因
lnX 不是 lnB 的格兰杰原因	0.2369	lnX 不是 lnB 的格兰杰原因
lnB 不是 lnX 的格兰杰原因	0.0375	lnB 是 lnX 的格兰杰原因

农业补贴作为一项惠及民生的政策，在增加农民收入，促进农业发展方面发挥了积极的作用，但其对生态环境的影响也不应忽视。本章首先对农业补贴对生态环境的影响情况进行了阐述，发现农业补贴会通过增加农药化肥和农机设备的使用，进而影响农业生物多样性和土地流转，最终对生态环境产生破坏作用，在分析农业

补贴对生态环境的作用机理时，发现脱钩农业补贴不会对生态环境带来影响，挂钩的农业补贴会恶化生态环境，其中与投入挂钩的农业补贴对生态环境的负面影响比与产出挂钩的农业补贴的负面影响更大，验证了第二章的理论分析结论。另外，农业生产的要素投入与产出呈现倒 U 形关系，当要素投入超过临界值时，即要素投入过量时，农业产出会随着投入的增加而减少。

实证分析表明，关于农业补贴与化肥施用的关系，（1）1991—2014 年，有 15 个年份出现化肥实际施用量超过最佳投入量，这说明，在给定产出水平下存在明显的化肥过度施用，尤其是 2000 年，化肥实际施用量与最佳投入量的差额达到最大值 560.37 万吨，占化肥实际施用量的 13.5%，说明化肥过度施用的程度比较严重；（2）农业补贴对化肥施用量具有显著的正面影响，即农业补贴越多，化肥施用量越多，在目前化肥施用量已经过度的情况下，农业补贴的增加会促使农民更多地使用化肥，加之化肥利用率较低，对生态环境的破坏更为严重。

关于农业补贴对农药施用量的影响，（1）1991—2014 年，有 15 个年份出现化肥实际施用量超过最佳投入量，这说明，在给定产出水平下存在明显的农药过度施用，尤其是 1999 年，农药施用实际值与目标值的差额达到最大值 18.02 万吨，占农药实际施用量的 13.63%，说明农药过度施用的程度也比较严重；（2）农业补贴对农药施用量具有显著的正面影响，即农业补贴越多，农药施用量越多，在目前农药施用量已经过度的情况下，农业补贴的增加会促使农民更多地施用农药，加之农药利用率较低，对生态环境的破坏更为严重。

对农业补贴与生物多样性关系的检验发现，2004 年以来，我国农业生物多样性水平呈现明显的下降趋势，而此时恰逢国家开始实行农业补贴政策。进一步对农业补贴和我国农业生物多样性指数进行协整分析和格兰杰检验,研究表明农业生物多样性和农业补贴之间存在协整关系,在长期内,农业补贴的增加会对农业生物多样性带来负面影响,且两者之间存在从农业补贴到农业生物多样性的格兰杰因果关系,这说明,农业补贴在发挥促进农民增收,农业增产等积极作用的同时,还带来了农业生物多样性下降的消极作用。

第六章

农业补贴的制度变迁效应分析

我国农业补贴政策始于由政府主导的强制性制度变迁,但随着农户自主经营权的扩大,农户与政府之间逐步建立起动态的重复博弈机制,双方根据各自获取的信息采取不同的行为反应,前者表现为经营行为的调整,后者表现为政策和制度的调整,这种互动客观上会带来农业经营制度的变迁,本书将其称为农业补贴的制度变迁效应。

2013年中央一号文件要求,"鼓励和支持承包土地向专业大户、家庭农场、农民合作社流转,发展多种形式的适度规模经营"。这不仅代表我国未来土地政策的方向,也明确了培育和扶持新型经营主体的要求,专业大户、家庭农场和农民合作社将成为政策扶持的重点。那么,中央政府对农业的大力补贴所起到的效果是怎样的呢?农业补贴最终对我国的农业制度变迁的影响又是怎样的呢?基于此,在前文分析基础上,以国内外现有研究成果为基础,本章将从更广阔的视域对农业补贴的制度变迁效应进行理论与实证分析,首先从理论上剖析农业补贴制度变迁效应的传导机理,然后采用2004—2014年我国多个省份的非平衡面板数据,采用多种估计方法,实证检验农业补贴对我国农业制度变迁的影响。

第一节 传导机理

农业补贴本质上是政府通过财政对农业进行的转移支付,是支持和保护农业的最常用、最重要的政策工具。根据经济学和农业经济学的一般理论,农业补贴对受补贴地区可以产生直接的、可预见的要素(资本、人力、技术等)投入效应、产出效应、收入效应以及替代效应等,但除此之外农业补贴实际上还会对受补贴地区的农业生产经营制度产生诸多间接的、不易量化的影响,这一效应主要表现为农业补贴会导致农业生产经营制度的变迁,即本书所指的农业补贴的制度变迁效应。

改革开放以来,伴随着农村经济体制改革和现代农业建设的推进,我国正由传统农业生产经营制度逐步向现代化农业生产经营制度转型,这一制度变迁集中体现为我国农业生产经营组织、农业生产经营方式和农业生产经营管理模式的创新与变革,以及我国新型农业经营体系的逐步构建。因此,我国农业补贴政策的制度变迁效应主要体现为农业补贴政策的实施对农业生产经营组织变迁、农业生产经营方式变迁和农业生产经营管理模式变迁产生的影响,如图6—1所示。

图6—1显示了我国农业补贴政策对农业生产经营制度变迁的影响路径,在农业补贴政策的作用下,我国农业生产经营组织正由以家庭承包经营为主的家庭联产承包责任制逐步向以种粮大户(专业大户)、家庭农场、农民专业合作社及农业企业("公司+基地+农户"模式)等为主体的新型农业生产经营方式变迁,初步实现了以家庭经营为基础,集体经营、合作经营、企业经营等多种经营方式并存的发展态势[①],这一结果的出现主要归结为农业补贴对

[①] 钱忠好、冀县卿:《中国农地流转现状及其政策改进——基于江苏、广西、湖北、黑龙江四省(区)调查数据的分析》,《管理世界》2016年第2期。

农村土地流转产生的复杂而深刻的影响，如图 6—2 所示。

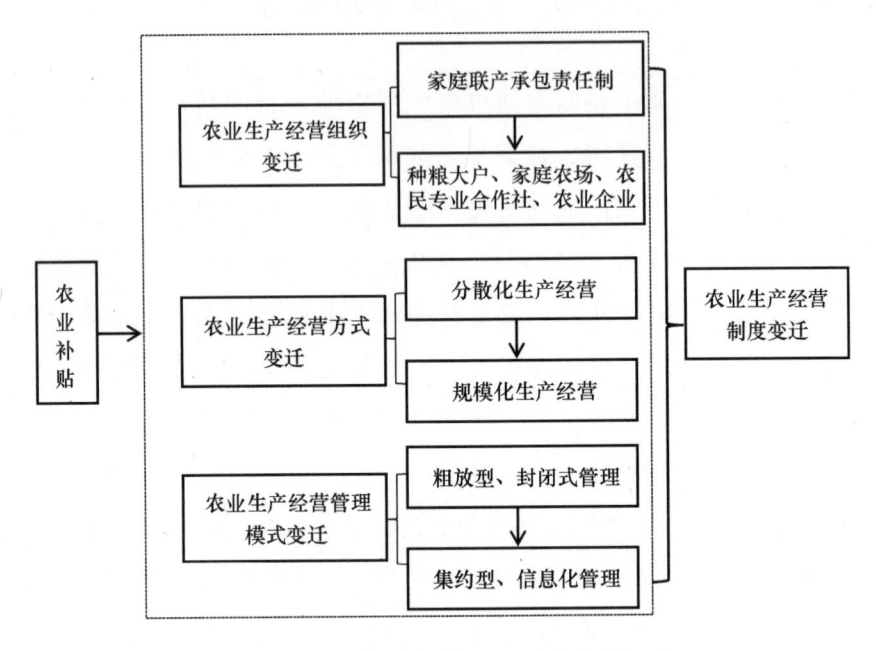

图 6—1　农业补贴制度变迁效应的作用机理

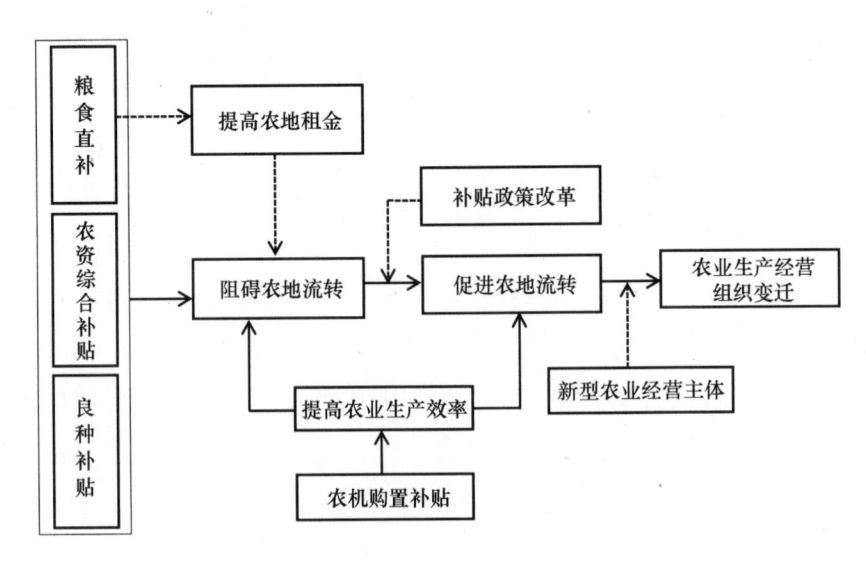

图 6—2　农业补贴引致农业生产经营组织变迁的传导机理

图6—2显示的是农业补贴政策制度变迁效应的主要传导机理，总体上表明了我国农业四项补贴[1]政策对农业生产经营组织变迁产生影响的路径，其中农业四项补贴政策对农地流转的影响表现为从抑制农地流转到逐步转向促进农地流转。

粮食直接补贴是农业补贴中的重要政策之一，与农地流转的关系十分密切，其主要效应有两个方面：一是提高农地租金[2]，导致农户对所承包的农地经营收益预期增强，更加珍惜所承包农地的经营权，不利于土地流转。二是粮食直接补贴政策实施初期的主要补贴对象是承包农地的农户，其政策目标的初衷是"谁种粮谁受益"，然而在实施中由于补贴的对象仅仅是农地的承包者，而不是农地的真正使用者，同时很多地区的农业补贴采取固定面积进行统计，规模化经营者很难得到承租后土地的补贴资金，导致农地流转中农地流入户并不能受益，而转出户却享有补贴收益，这导致了"人与地的固化"，并且没有体现出对种粮大户的政策激励作用，阻碍了土地的正常流转，不利于农地规模经营的形成。而农资综合补贴（农药、化肥、农膜等）弥补了生产资料价格上涨给农户带来的额外的农业支出，稳定了种粮成本，保障了农户的粮食收入，良种补贴的范围有限，主要针对优质农作物品种，在于引导农民采用新品种、新技术，提高粮食品质，这两项补贴政策的实施对于稳定农民从事农业生产具有重要意义，一定程度上降低了农户在短期内流转农地的意愿，滞缓了农地大规模流转的进程。此外，农机购置补贴对农地流转的效应具有"二重性"，一方面是农机购置补贴一定程度上

---

[1] 从广义上来说，农业补贴包括以价格干预为主要工具的间接补贴（最常见的方式是政府制定粮食价格）和以粮食直补、良种补贴、农机购置补贴、农资综合补贴等为主的直接补贴两种类型，而农业直接补贴对农业生产经营制度变迁影响相对较大，所以这里的农业补贴主要是指农业直接补贴。

[2] 顾和军：《农民角色分化与农业补贴政策的收入分配效应》，中国社会科学出版社2013年版，第7页。

缓解了农户购置农机具资金上的困难，对农户采纳新技术、实施机械化生产具有重要促进作用。农业机械化水平的提高促进了农业生产效率的提升，为农户扩大粮食种植面积、适度规模经营创造了条件，有利于粮食的增产增效，因此助推了种粮大户、家庭农场、农民合作社和农业企业的涌现，促进了农村土地流转。而另一方面，农机购置补贴同时也可能使受区域条件限制而分散的一些小农户因补贴政策的引导而购买价格较低的农业机械，这将有利于农户的兼业行为[①]，但不利于农地的流转和农业生产经营走向规模化、集约化。从整体上来看，由于农业四项补贴实施初期的政策措施与政策最终目标之间存在一定程度的偏差，致使农业补贴政策并没有对农地流转产生较大的促进作用，相反还阻碍了农地的大规模流转，导致农村土地流转量、种粮大户数量、家庭农场数量、农民合作社数量等均没有大幅度的增长，不利于新型农业经营主体的形成和农业生产经营组织变迁。

事实上，农业补贴政策促进农地流转的重点在于农业补贴的对象及金额对农户流转土地是否能够产生很大的激励作用，如果将农业补贴发放给农地的实际经营者而不是农地承包者，同时加大农业补贴的力度将更加有助于农地的流转。随着农业生产力的发展，农业现代化和产业化的发展趋势成为必然，这就要求农业补贴政策适时做出调整，以适应农业规模化经营的要求，促进农村土地流转，进而形成新型农业经营主体，推进农业生产经营制度的变迁。其中，将农业补贴发放给农地的真正经营者，并且与农地承包关系的"脱钩"是政策调整的关键，同时加大针对种粮大户、家庭农场主、农民合作社等农业补贴力度，以减少农业比较利益低下的影响，激励新型农业经营主体流入农地的意愿是这一阶段农业补贴政策调整

---

① 曹光乔等：《农业机械购置补贴对农户购机行为的影响——基于江苏省水稻种植业的实证分析》，《中国农村经济》2010 年第 6 期。

的核心内容，2015年开始的补贴政策改革也正是为了解决这一问题。

农业补贴政策的实施在引起农业生产经营组织变迁的同时也引致了农业生产经营方式的变迁。改革开放以来，以家庭承包经营为基础、统分结合的双层经营体制的生产经营方式主要体现为农户的分散化生产经营，各个农户家庭自主决策、自负盈亏，随着农业补贴等政策的实施，种粮大户、家庭农场、农民合作社等新型农业经营主体不断增加，农地流转规模不断增长，农地生产经营方式逐步从分散化经营向适度规模经营转型，农地从众多的分散化农户手中集中于少数粮食规模化生产者（种粮大户、家庭农场主等）手中，同时通过农民专业合作经济组织，将农业生产、加工、流通等环节连成一体，形成产业化经营体系，使农户参与加工、销售环节的利润分配，获取更高的经济收益。可以说，在农业补贴政策的作用下，农业生产经营方式的变迁成本小于潜在收益，新型农业生产经营制度绩效不断释放，促使农业生产经营方式由传统的分散化经营向专业化、集中化、一体化、产业化的方向发展，提高了农业生产效率，如图6—3所示。

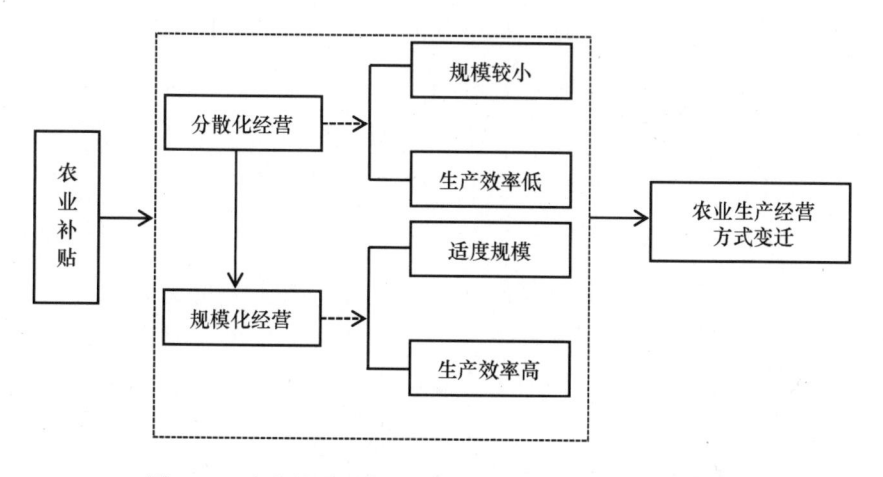

图6—3 农业补贴引致农业生产经营方式变迁的传导机理

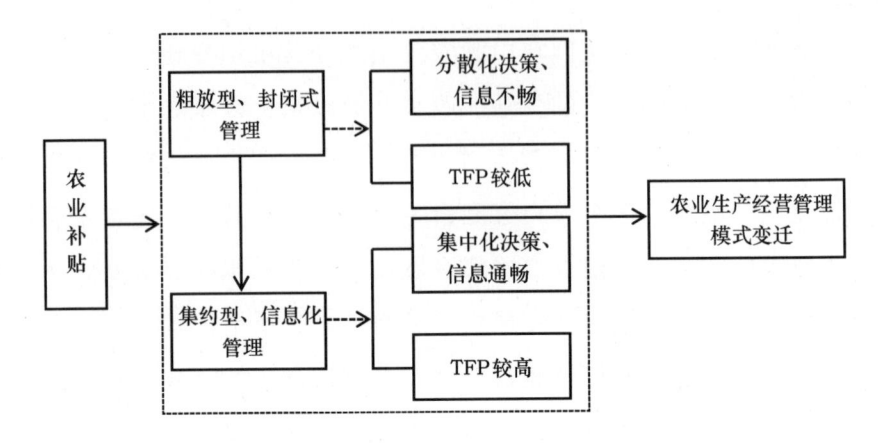

图 6—4　农业补贴引致农业生产经营管理模式变迁的传导机理

农业生产经营管理模式与经营方式密切相关，随着农业生产经营方式的制度变迁，农业生产经营管理模式也随之发生了制度性变迁，这一过程主要采取的是"自下而上"的诱致性变迁方式。实际上，分散化的农户家庭承包经营方式决定了农业生产经营管理模式主要是以封闭式、粗放型管理为主，集中表现为农业生产以农户家庭为决策单元，自主进行生产经营决策，农户家庭之间缺乏信息、经验、技术的交流与沟通，农户获取农业生产技术的能力有限、渠道不畅，同时农业生产以劳动力、资金、农业物资等要素的高投入而粮食产出低为主要特征，总体上形成了封闭式、粗放型的农业生产经营管理模式，不利于农业生产效率的持续提升、粮食的持续增产和农民的持续增收。因此，在农地流转规模不断增大、新型农业生产经营方式逐步形成的宏观背景下，迫切要求采取与新型农业生产经营方式相适应的管理模式，于是为获取制度变迁带来的更多的潜在收益，农业生产经营管理模式需要逐步由粗放型、封闭型管理模式转变为集约型、开放式、信息化的管理模式，这一新的管理模式更加注重整合知识、信息、技术等要素，强调充分发挥农业生产的规模经济效应,提升农业生产经营的整体效率,强调通过农业科技创新来提高农业生产的全要素生产率(TFP),如图6—4所示。

总之,农业补贴政策通过影响农业生产经营组织、农业生产经营方式和农业生产经营管理模式,进而推动农业生产经营制度变迁,具体表现为农业补贴政策影响农地流转、种粮大户、家庭农场、农民合作社及农业企业的规模变化,这一影响路径揭示了农业补贴政策制度变迁效应的传导机理。

第二节 实证分析

一 模型设定

为了实证检验农业补贴对农业制度变迁的影响,综合以往多数文献的做法,本章将计量模型设定为如下形式:

$$\text{Institution Change}_{it} = \alpha + \beta_1 \text{Subsidy}_{it} + \lambda' \text{Province}_{it} + \nu_t + \mu_i + \varepsilon_{it}$$

其中 i 为个体即省份,t 为时间即年份。Institution Change 为方程的解释变量,根据多数学者的做法,本章分别采用土地流转量(Land-Circulation)、合作社数量(Cooperatives)、农机拥有量(Agricultural-Machinery)、种粮大户数量(Land-Owner)等指标来衡量。在对农业补贴对农业制度变迁的影响进行估计分析时,本章分别用这四个变量来衡量农业的制度变迁并进行实证分析,从而得到了相应的估计结果。

在上述估计方程中,α 是方程常数项,变量 Subsidy 则用来衡量各个省份的农业补贴量。由于本章用到的数据主要是省级层面的数据,所以 Subsidy 这个指标指的是各个省份相关年份的农业补贴量。变量集合 Province 里面则包含了描述省份特征的因素。ν 是时间固定效应,而 μ 是不随时间发生改变的个体固定效应,ε 是方程的随机扰动项。稍后我们将会对变量集合Province里面所包含的各个变量的具体含义进行详细的介绍和说明。

关于估计方法的选择，为了得到可靠、丰富的研究结论，本章主要使用了普通最小二乘法（OLS）和面板数据的固定效应估计方法对农业补贴的制度变迁效应进行了分析。而在稳健性分析当中，本章又使用了面板数据的随机效应进行了实证估计，以检验相关结论的稳健性。通过综合使用OLS估计、面板数据的固定效应估计和随机效应估计，本章得到了更加丰富、稳健的研究成果。

二　变量选取

（一）因变量

本书的主要目的旨在分析农业补贴对农业制度变迁的影响。目前来看，文献当中可以直接用来衡量农业制度变迁的研究很少，多数学者都是使用与农业相关的一些变量来代替农业的制度变迁。鉴于此，为了得到稳健、全面的研究结论，综合参考以往学者的做法，本章主要从以下四个维度来衡量农业制度变迁：

土地流转量（Land-Circulation）：所谓土地流转，即指的是农村土地权利通过市场、中介等途径实现全部或部分转让，即土地权利（土地所有权和土地使用权）的流转。而土地权利的流转在我国更多地表现为土地使用权的流转。包含转包、转让、互换、入股和抵押五种形式。而土地流转量为各省拥有土地承包经营权的农户将土地经营权（使用权）转让给其他农户或经济组织，即保留承包权，转让使用权的土地总量。

合作社数量（Cooperatives）：指的是各省农民专业合作社的数量。

农机拥有量（Agricultural-Machinery）：这里的农机拥有量主要用两个指标来衡量，分别是农业机械总动力数和农业大中型拖拉机、小型拖拉机以及农用排灌柴油机的总量这两个指标来表示。之所以采用这两个指标来衡量农机拥有量，是因为，一方面农业机械总动力数可以较好地衡量经济体农业机械的生产能力；另一方面，各种农业机械的拥有数量可以从另一个视角衡量各省农业的生产效率。

种粮大户数量（Land-Owner）：根据中国的实际情况和多数学者的做法，如果种粮户拥有的耕地面积超过 6.67 公顷及其以上，那么该户即为种粮大户。

以上四个变量在进行实证分析时均取其对数形式。显然，总体来看，以上四个变量可以很好地衡量该地区的农业制度变迁。四个变量的取值越大，表明地区的农业经营制度越趋于优化，从而有利于地区农业经济的发展。

（二）自变量

农业补贴额（Subsidy），即各个省份在样本期间内的农业补贴总量。一般来说，农业补贴的种类有很多，如粮食直补、良种补贴、农资综合直补以及农机补贴等。部分学者用前三项（即不包含农机补贴）的总额来衡量农业补贴总的数额，但是显然农机在农业补贴领域占据着很重要的位置，对农业的制度变迁有重要的影响。因此，本章用粮食直补、良种补贴、农资综合直补以及农机补贴这四项补贴额的总和来衡量农业补贴额。文中进行实证分析时取其对数形式。

（三）其他控制变量

为了控制除了农业补贴之外其他还可能影响到农业制度变迁的因素的影响，本章也选取了一些传统的文献中在处理两者之间的关系时经常用到的控制变量，这些控制变量主要包括：

实际 GDP（RGDP），实际 GDP 是以 2001 年的 GDP 折算指数为基期而换算的各省历年的实际 GDP。实证分析时取其对数形式。

城市化率（Urban），指的是非农人口占总人口的比重。

对外开放程度（Trade），使用各省市的货物贸易总额占 GDP 的比重表示，其中货物贸易总额是按照当年的平均汇率换算成人民币计算出来的。

政府规模（GovSpen），为政府财政支出占 GDP 的比重。

三　数据来源

本章用到的数据来源有很多，具体来说：

土地流转量的资料来源于新疆维吾尔自治区农经局、土地资源网、土地流转网、各省政府工作报告、《黑龙江省人民政府关于全省农村土地流转和规模经营发展情况的报告（2015）》《江西省人民政府关于我省新型农业经营体系建设情况的报告（2014）》，以及胡登州等（2012）、王素斋（2010）、浙江省农业厅课题组（2008）、苗洁（2011）、耿卫新（2011）以及姜明英和陈立双（2012）等学者的文章。

农民专业合作社的数据来源于天津国民经济和社会发展统计公报、黑龙江省工商行政管理统计局、江西省农民专业合作社登记情况统计分析、各省农业厅网站、各省年鉴、毋俊芝和安建平（2015）、戴佳晨（2015）以及魏翔（2012）的学术论文《甘肃省农业专业合作社融资问题研究》等。

农机拥有量的数据来源于 2005—2015 年的《中国统计年鉴》。

种粮大户的数据来源于陈洁和罗丹（2010）。

农业补贴的数据来源于各省历年的统计年鉴，如《山东年鉴》《重庆年鉴等》。

其他变量，如人均实际 GDP、城市化率、对外开放程度以及政府规模等变量来自于历年的《中国统计年鉴》。

表 6—1 对各个变量的释义以及具体来源做了进一步的说明。

此外，本章主要分析的是 2004 年后我国农业补贴对农业制度变迁的影响。由于数据缺失严重，尤其是各个因变量缺失非常严重，所以本章的数据跨越周期为 2004—2014 年，而且本章的样本集是一个非平衡的面板数据集。

表 6—1　　各变量释义

因变量	释义	来源
土地流转量（Land-Circulation）	各省拥有土地承包经营权的农户将土地经营权（使用权）转让给其他农户或经济组织，即保留承包权，转让使用权的土地总量	网站、政府工作报告以及学术期刊文献等
合作社数量（Cooperatives）	农民专业合作社的数量	各省发展公报、各省年鉴以及学术期刊文献等
农机拥有量（Agricultural-Machinery）	农业机械总动力数和农业大中小型拖拉机以及农用排灌柴油机的总量	《中国统计年鉴》
种粮大户数量（Land-Owner）	拥有的耕地面积超过 6.67 公顷及其以上的种粮户	陈洁和罗丹（2010）的文章
自变量	释义	来源
农业补贴额（Subsidy）	政府对农业的补贴额度	各省历年的统计年鉴
其他控制变量	释义	来源
人均实际 GDP（PCRGDP）	人均实际的 GDP	《中国统计年鉴》
城市化率（Urban）	非农人口占总人口的比重	《中国统计年鉴》
对外开放程度（Trade）	货物贸易总额占 GDP 的比重	《中国统计年鉴》
政府规模（GovSpen）	财政支出的相对规模	《中国统计年鉴》

四　主要变量的描述性统计

表 6—2 是本章用到的各个主要变量的简单描述性统计。从表

中可以看到,各个变量在样本中的变化很大。如土地流转量的最大值为8233.44万亩,最小值为63万亩,均值大约为1089.594万亩。农民专业合作社的最大值为96600个,而最小值仅为71个。农业补贴的最大值为157亿元,最小值为9144万元。其他省级层面的变量也存在着很大差异,因此,可以较好地进行实证分析。

表6—2　　　　　　　　　主要变量的描述性统计

变量	观测样本量	均值	标准差	最小值	最大值
土地流转量	90	1089.5940	1499.3810	63.0000	8233.4400
合作社数量	156	13961.1300	18620.2600	71.0000	96600.0000
种粮大户数量	29	12622.2800	38029.3600	15.0000	195684.0000
农机总动力	341	2804.2030	2758.9890	95.3200	13101.4000
农机拥有量	341	950698.6000	1094187.0000	10500.0000	4971500.0000
农业补贴额	106	369554.0000	320259.6000	9144.0000	1570000.0000
实际GDP	341	12983.4200	12321.7000	211.5400	67809.8500
城市化率	341	0.4978	0.1495	0.2113	0.8960
对外开放程度	341	0.3363	0.4201	0.0357	1.8429
政府规模	341	0.2264	0.1723	0.0768	1.2914

注:表中土地流转量、合作社数量、农业机械总动力数和农业大中型拖拉机、小型拖拉机以及农用排灌柴油机的总量、农业补贴以及实际GDP等数值均为原始值,并未取其对数。土地流转量的单位为万亩,农业补贴的单位为万元,实际GDP的单位为亿元。

描述性统计只是简单地描述了一下各个变量的统计性质,如各个变量的最大值、最小值、均值以及方差等,并没有对各个变量之间的关系进行分析。因此,在进行实证分析之前,需要通过散点图和拟合直线,大体上了解一下农业补贴对农业制度变迁的影响。

本章使用了多个指标来衡量农业的制度变迁,其中图6—1描述的是农业补贴和土地流转量之间的关系。图中，横轴为各省补贴的对数值，纵轴为各省土地流转量的对数值。从图6—5的散点图和拟合直线中可以看到，农业补贴和土地流转量之间呈现正相关关系，即随着农业补贴的扩大，土地流转量也在逐渐增加。而且这种正比的关系非常明显。因此，至少从散点图上来看，农业补贴有利于农业的制度变迁。

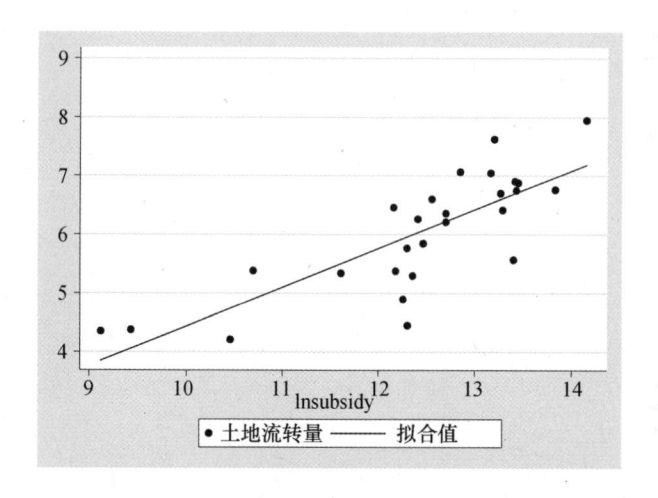

图6—5　农业补贴与土地流转量的相关关系

图6—6描述的是农业补贴和农民专业合作社之间的关系，横轴为农业补贴的对数值，纵轴为合作社数量的对数值。显然，通过图6—6的散点图和拟合直线可以看到，农业补贴和专业合作社数量之间也呈现正相关关系。随着农业补贴的增加，农民专业合作社的数量也在逐渐增加。

图6—7描述的是农业补贴和农业种粮大户之间的关系。其中横轴为农业补贴的对数值，纵轴为种粮大户的对数值。由于种粮大户的数据很少，所以图6—7中的散点较为稀少。但是总体来看，农业补贴和农业种粮大户之间的关系仍然是正相关关系。

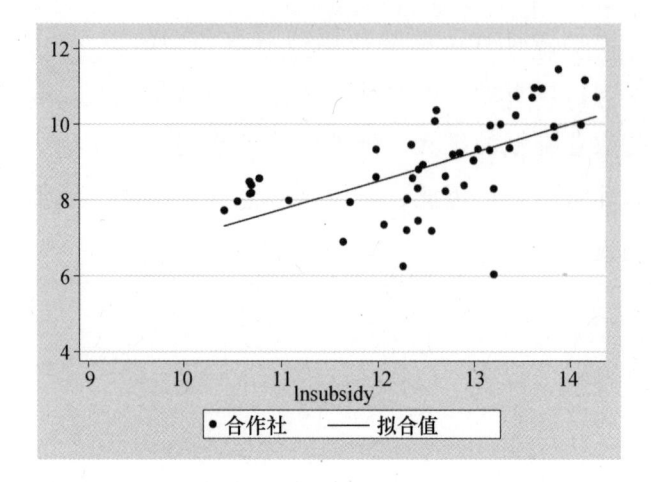

图 6—6 农业补贴与农民专业合作社的相关关系

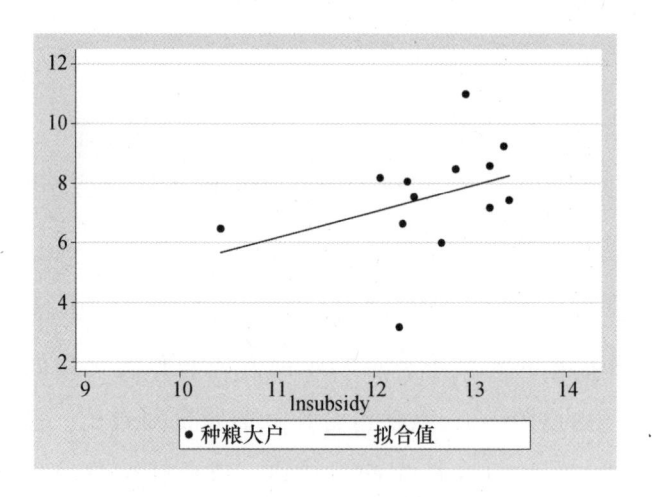

图 6—7 农业补贴与种粮大户的相关关系

图 6—8 描述了农业补贴与农业机械总动力的关系。农业机械总动力和农机数量的数据较为完整。所以，从图 6—8 可以明显地看到，随着农业补贴的增加，农业机械总动力也在逐渐上升。

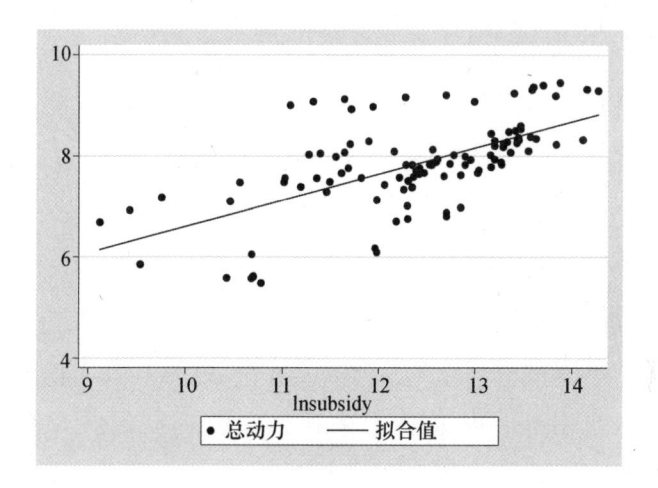

图 6—8 农业补贴与农业机械总动力的相关关系

进一步地，从图 6—9 中可以看到，农业补贴和农机量之间也是正相关关系。随着农业补贴的增加，农机拥有的数量也在逐渐增加。

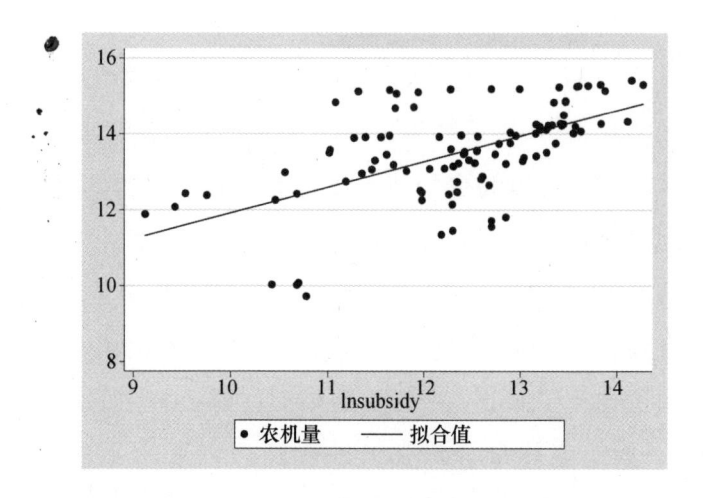

图 6—9 农业补贴与农机量的相关关系

总之，通过简单的描述性统计以及拟合图可以看到，首先，各个变量在样本中的变化很大。其次,农业补贴与衡量农业制度变迁之间的各个变量之间是正相关关系。但是这种正相关关系是不是显著的,还有待于后文的实证检验。因此,接下来,将通过实证分析来检验农业补贴对农业制度变迁的影响。

五 实证结果与分析

(一)混合横截面分析

为了检验农业补贴对农业制度变迁的影响,首先进行简单的混合横截面数据分析,从总体上来观察农业补贴对农业制度变迁的影响。

表6—3展示了农业补贴对各省土地流转量的影响。根据模型1,可以看到,变量补贴的系数为正值,而且是非常显著的(在1%的显著性水平上显著)。这说明,随着农业补贴数量的增加,农村的土地流转量也在逐渐增加。农业补贴每增加1%,那么农村的土地流转量将会增加0.6614%。因此,近几年我国实施的农业补贴政策加速了农村的土地流转。模型2中,加入了地区实际GDP之后重新对方程进行了估计,结果显示Subsidy的系数显著为正值。而且,地区实际GDP的系数为正值,在5%的显著性水平上显著。即,地区人均收入的提高也加速了土地流转量。模型3、模型4和模型5分别是将城市化率(Urban)、对外开放程度(Trade)以及财政支出占GDP的比重(GovSpen)放入估计方程中重新进行的估计。可以看到,Subsidy在这几个模型中一直显著为正值。因此,即便是控制了省级层面的一些影响因素后,农业补贴的提高仍然显著地促进了土地流转量的增加。地区经济发展水平的提高(即PCRGDP的增加)这个变量虽然在模型3、模型4和模型5中都是不显著的,但是总体来看其前面的系数在这几个估计模型中均为正值。因此,经济发展水平越高,地区的土地流转量就越大,这与第

三章在山东的调研分析结果完全一致。最后，Urban、Trade 和 GovSpen 的系数在模型中均是不显著的。

表6—3　　　　农业补贴与土地流转量的混合横截面分析

因变量: Land-Circulation	模型1	模型2	模型3	模型4	模型5
Subsidy	0.6614*** (0.0816)	0.4646*** (0.1188)	0.5008*** (0.1417)	0.3766* (0.1990)	0.4197** (0.1832)
RGDP		0.3579** (0.1738)	0.2134 (0.2544)	0.3516 (0.3129)	0.1865 (0.3252)
Urban			1.2714 (1.1647)	1.9870 (1.3078)	1.8548 (1.1947)
Trade				－0.5183 (0.4852)	－0.4936 (0.4022)
GovSpen					－2.4263 (2.2361)
常数项	－2.1795** (1.0057)	－3.0132*** (1.0788)	－2.7311** (1.2773)	－2.6497** (1.1989)	－1.1367 (1.7073)
观测值	87	87	87	87	87
R^2	0.6411	0.6988	0.7142	0.7250	0.7415

注：括号内为异方差——稳健的标准误。其中，***、** 以及 * 分别表示在1%、5%以及10%的显著性水平上显著。以下类似。

总之，通过简单的混合横截面数据分析发现，随着农业补贴的增加，农村的土地流转量也在逐渐增加。地区经济发展水平的提高对土地流转量的增加也具有正向作用，其他因素的影响并不显著。值得引起注意的是，尽管农业补贴与农村土地流转呈现正相关关系，但是从本章开始的理论分析和第四章自 2008 年至 2016 年的跟踪调研分析看，农业补贴对农村土地流转的激励作用呈现减弱趋势，原因已经在上文阐明，在此不再赘述。这也正是中央在 2015

年在政策调整中特别强调了对大户的补贴的原因。

表6—4是农业补贴对农民专业合作社数量的混合横截面分析结果。模型1只放入了农业补贴这个因素，其结果显示农业补贴（Subsidy）的系数显著为正值，即农业补贴的增加提高了各省合作社的数量。这说明，国家实行的农业补贴政策促进了各地合作社的建立。在此基础上，分别控制各省的经济发展水平、城市化率、贸易开放度以及政府的财政支出规模后，Subsidy的系数均显著为正值，除了在模型4中Subsidy的系数为负值但是并不显著。所以说，农业补贴的增加的确提高了农民专业合作社的数量。模型2中，实际GDP的系数显著为负值，这说明经济发展水平的提高，各省的合作社数量也是逐渐增加的。这一点在模型3、模型4和模型5中均得到了体现。城镇化率在模型3中对合作社数量的影响并不显著。但是模型4和模型5中其系数均显著为正值。这说明我国这几年加快推进的城镇化过程，农民人口在逐渐下降，农业合作社的数量却在逐渐增加。对外开放程度的提高显著减少了合作社的数量，而政府支持规模的扩大则增加了合作社的数量。

表6—4　　　农业补贴与农民专业合作社的混合横截面分析

因变量：Cooperatives	模型1	模型2	模型3	模型4	模型5
Subsidy	0.7513*** (0.1183)	0.5415*** (0.1126)	0.6148*** (0.1866)	-0.0114 (0.2499)	0.4088* (0.2467)
RGDP		0.5579*** (0.1956)	0.4546* (0.2762)	1.0310*** (0.2961)	1.9739*** (0.4035)
Urban			0.8376 (1.0926)	4.7857*** (1.3975)	4.4269*** (1.3254)
Trade				-2.5162*** (0.6416)	-3.1555*** (0.6142)

续表

因变量：Cooperatives	模型1	模型2	模型3	模型4	模型5
GovSpen					9.9024＊＊＊ (2.4131)
常数项	－0.5131 (1.4680)	－3.1299＊＊ (1.5580)	－3.5156＊＊ (1.7012)	－2.1380 (1.5995)	－7.4216＊＊＊ (1.6826)
观测值	50	50	50	50	50
R^2	0.3688	0.4800	0.4852	0.6073	0.7273

总之，表6—4中各个模型的估计结果显示，农业补贴、经济发展水平、城市化率以及政府支出规模的扩大提高了合作社的数量。相反，对外贸易开放度的提高则具有相反作用。

农业补贴和种粮大户之间也呈现正相关关系。如表6—5所示，种粮大户的数据缺失严重，只有2008年的数据，所以实际有效的观测值只有25个。除了在表6—5的模型5中Subsidy的系数不显著之外，其他的几个模型中Subsidy的系数均显著为正值。因此，农业补贴的增加提高了种粮大户的数量。但是，经济发展水平、城市化率、对外开放程度以及政府财政支出的规模对种粮大户数量的影响并不显著。

事实上，农业大户数量和土地流转数量是两个高度正相关的数据，实证检验结果表明无论从农业大户数量检验，还是从土地流转数量进行检验，它们均与农业补贴呈现正相关的关系。由此，为实现农业经营方式转型，推动农业集约化经营的目标，有的放矢地增加农业补贴数量，尤其是针对农户土地数量进行区别化的农业补贴，是支持农村经营方式转型的有效手段。

表 6—5　　农业补贴与种粮大户的混合横截面分析

因变量：Land-Owner	模型 1	模型 2	模型 3	模型 4	模型 5
Subsidy	0.8691 *	0.7407 *	0.8433 *	1.6946 *	0.1743
	(0.4136)	(0.3885)	(0.4423)	(0.8888)	(2.1065)
RGDP		0.4517	-1.1098	-1.1761	0.1617
		(0.7808)	1.2632)	(1.9226)	(2.8497)
Urban			11.6201	11.5999	14.8837
			(9.4176)	(10.0906)	(9.5606)
Trade				0.1284	-1.1260
				(2.5998)	(3.3350)
GovSpen					14.458
					(18.471)
常数项	-3.3896	-5.9652	-16.671	-16.961	-30.741
	(5.2609)	(8.0574)	(14.312)	(14.562)	(17.210)
观测值	25	25	25	25	25
R^2	0.1374	0.1700	0.3576	0.3577	0.3919

表 6—6 和表 6—7 是农业补贴对农机拥有量的影响的检验结果，其中农机拥有量分别是农业机械总动力数和农业大中小型拖拉机以及排灌柴油机的拥有数量来表示。表 6—6 中的各个模型采用农机机械总动力来衡量农机拥有量。在模型 1 中，Subsidy 的系数为正值并且在 1% 的显著性水平显著，所以随着农业补贴量的增加，各省农业机械总动力也显著地增加了。一般来说，政府的补贴政策给农民提供了有力的资金保障，使得他们有充足的资金去购买各种农业机械动力，所以两种之间呈现明显的正比关系。放入不同的城市层面因素后，如经济发展水平、城市化率、对外开放程度和财政支出规模等因素后，除了模型 4 中 Subsidy 的系数为负值但并不显著之外，其余均显著为正值。经济发展水平（RGDP）的系数在模型 2、模型 3、模型 4 和模型 5 中均显著为正值，这说明随着经济发

展水平的提高，农民购买的农机总动力数也有所扩大。城市化率前面的系数在模型 3、模型 4 和模型 5 中显著为正值，即城市化率提高，农民人口减少，土地集约化需求增加，所以其购买的农机总动力也会有上升需求。所以其购买的农机总动力也下降。最后，对外开放程度和政府财政支出规模显著地负面影响了农业机械总动力。

除了用农业机械总动力来衡量农机拥有量之外，本章还用各省的农业大中小型拖拉机以及排灌柴油机来衡量农机拥有量，并重新进行了混合横截面的数据分析，如表 6—7 所示。与表 6—6 中各个模型的估计结果类似，除了模型 4 中农业补贴的系数不显著之外，其他的几个模型中农业补贴的系数均显著为正值。由此，我们可以再次证明，农业补贴的增加使得农民有了较多的资金去购买农机，所以农机的拥有量增加。而且这种正向的作用在控制了其他省级层面的因素后并没有发生多大变化。

表 6—6　　农业补贴与农业总动力的混合横截面分析

因变量：Agricultural-Power	模型 1	模型 2	模型 3	模型 4	模型 5
Subsidy	0.5190*** (0.0675)	0.4055*** (0.1127)	0.1713*** (0.0509)	-0.0073 (0.0699)	0.1248* (0.0654)
RGDP		0.2206* (0.1156)	0.8154*** (0.0766)	1.0167*** (0.0871)	0.7587*** (0.1074)
Urban			5.4889*** (0.3543)	4.2116*** (0.3824)	3.9433*** (0.3388)
Trade				-0.8178*** (0.1653)	-0.7050*** (0.1363)
GovSpen					-3.0055*** (0.7538)
常数项	1.4105* (0.8694)	0.7622 (0.7965)	0.8253** (0.3835)	0.8063** (0.3648)	2.2875*** (0.5275)

续表

因变量：Agricultural-Power	模型 1	模型 2	模型 3	模型 4	模型 5
观测值	106	106	106	106	106
R^2	0.3909	0.4206	0.8317	0.8586	0.8823

表 6—7　农业补贴与农业机械数量的混合横截面分析

因变量：Agricultural-Machine	模型 1	模型 2	模型 3	模型 4	模型 5
Subsidy	0.6769*** (0.0962)	0.6131*** (0.1690)	0.3095*** (0.0900)	0.1157 (0.1257)	0.1048*** (0.0196)
RGDP		0.1241 (0.1697)	0.8948*** (0.1393)	1.1133*** (0.1644)	1.1183*** (0.1614)
Urban			7.1111*** (0.6841)	5.7247*** (0.8124)	4.9271*** (0.8208)
Trade				-0.8877*** (0.2995)	-1.1879*** (0.3109)
GovSpen					0.0000 (0.0011)
常数项	5.1439*** (1.2466)	4.7791*** (1.0662)	4.8608*** (0.8700)	4.8402*** (0.8500)	4.5033*** (0.8576)
观测值	106	106	106	106	106
R^2	0.3396	0.3444	0.6968	0.7130	0.7279

其他因素的影响与之前类似，地区经济发展水平的提高和城市化率的提高促进了农机拥有量的增加，但是对外开放度和政府财政支出规模的扩大则对农机拥有量具有反向作用。

总体来看，农业补贴对农村土地流转量、合作社数量、种粮大户数量以及农机拥有量具有显著的促进作用，而其他因素的影响各不相同。但是，混合横截面数据分析忽略了个体可能存在的差异，得到的结果可能是有偏误的。因此，接下来，本章将通过面板数据分析再次对农业补贴对农业制度变迁的影响进行实证检验。

(二) 面板数据的固定效应分析

由于种粮大户的数据只有2008年的,所以面板数据的固定效应分析时并没有包含农业补贴对种粮大户的影响。

表6—8展示的是固定效应估计下农业补贴对土地流转量的影响。模型1中,Subsidy的系数为0.3158,而且在10%的显著性水平上显著,说明农民补贴每增加1%,土地流转量将增加0.3158%。在控制经济发展水平因素后、城市化率、对外开放程度以及政府支出规模后,这种正面的影响仍然是非常显著的,如模型2、模型3、模型4和模型5所示,在后四个模型当中,Subsidy的系数均在1%的显著性水平上显著。省级层面变量对土地流转量的影响各不相同,经济发展水平的提高显著地增加了农村土地的流转量,这在模型2、模型4和模型5中得到了体现。虽然模型3在RGDP的系数并不显著,但是其系数仍为正值。通过模型4和模型5可以看到,Trade的系数显著为负值,因此对外开放程度的提高减少了土地流转量。最后,其他因素的影响并不显著。

表6—8　　　　农业补贴与土地流转量的固定效应分析

因变量: Land-Circulation	模型1	模型2	模型3	模型4	模型5
Subsidy	0.3158 * (0.1750)	0.4674 * * * (0.0771)	0.5052 * * * 0.1028)	0.4940 * * (0.2248)	0.6379 * * * (0.1971)
RGDP		2.6723 * * * (0.2796)	2.9244 (1.7837)	3.0382 * * (1.3516)	3.6373 * * (1.2956)
Urban			2.4159 (14.8457)	4.8749 (11.7409)	16.5320 (11.9866)
Trade				-4.7997 * (2.4868)	-6.9968 * (3.2262)

续表

因变量： Land-Circulation	模型 1	模型 2	模型 3	模型 4	模型 5
GovSpen					9.5715
					(6.7152)
常数项	2.1121	-12.6359***	-13.3527*	-14.6645***	-15.4228***
	(2.1723)	(1.6342)	(5.7207)	(4.1971)	(4.5190)
观测值	87	87	87	87	87
R^2	0.6411	0.4194	0.4057	0.1809	0.0363

表6—9是农业补贴对农民专业合作社的影响的固定效应分析结果。模型1、模型3和模型5中的结果显示，农业补贴的增加也提高了农民专业合作社的数量，而且这种影响分别在1%、10%和10%的显著性水平上显著。经济发展水平的提高促进了农业专业合作社的发展，但其他因素的影响却并不显著。

表6—9　　农业补贴与农民专业合作社的固定效应分析

因变量： Cooperatives	模型 1	模型 2	模型 3	模型 4	模型 5
Subsidy	1.4354***	-0.2081	0.4296*	-0.1794	0.3079*
	(0.3285)	(0.2311)	(0.2315)	(0.1871)	(0.1659)
RGDP		3.5464***	3.5419	3.7347	2.7901
		(0.6096)	(2.3960)	(2.4680)	(1.9099)
Urban			0.0461	-3.6249	-1.2192
			(22.3430)	(22.4461)	(19.8053)
Trade				-2.3053	-2.0861
				(1.3242)	(1.4285)
GovSpen					15.1717
					(10.5292)
常数项	-9.1000***	-21.848***	-21.8285*	-21.1780	-14.8320*
	(4.1228)	(5.0432)	(11.7521)	(11.9526)	(8.3640)

续表

因变量：Cooperatives	模型1	模型2	模型3	模型4	模型5
观测值	50	50	50	50	50
R^2	0.3688	0.2981	0.2976	0.4480	0.6215

本章从农业机械总动力和农业机械的拥有数量两方面对农机拥有量这个指标进行了衡量。表6—10是农机总动力作为因变量时的实证结果。可以看到，农业补贴和农机总动力之间呈现正相关关系，如模型1所示，补贴每增加1%，农机总动力大约会增加0.1799%。控制经济发展水平因素后，模型2显示Subsidy的系数在10%的显著性水平上显著为正值。进一步地，加入城市化率因素后，Subsidy的系数仍然显著为正。但是，放入对外开放程度和政府财政支出规模后，Subsidy的系数不再显著。但总体来看，随着农业补贴的增加，农机总动力还是显著提高了。这也与横截面分析得到结论是一致的。最后，经济发展水平的提高显著地促进了农机总动力的提高，但其他因素的影响并不显著。

表6—10　　农业补贴与农机总动力的固定效应分析

因变量：Agricultural-Power	模型1	模型2	模型3	模型4	模型5
Subsidy	0.1799*** (0.0150)	0.0648* (0.0341)	0.0591* (0.0322)	0.0580 (0.0327)	0.0407 (0.0327)
RGDP		0.2582*** (0.0561)	0.3405** (0.1245)	0.3428 (0.1179)	0.3387*** (0.1171)
Urban			0.8911 (1.1639)	0.7699 (1.1053)	1.1772 (1.0974)
Trade				0.1662 (0.1167)	0.1517 (0.1077)

续表

因变量：Agricultural-Power	模型 1	模型 2	模型 3	模型 4	模型 5
GovSpen					1.5276＊＊ (0.7073)
常数项	5.6033＊＊＊ (0.1855)	4.6251＊＊＊ (0.2531)	4.3694＊＊＊ (0.4955)	4.2453＊＊＊ (0.1167)	4.4362＊＊＊ (0.4664)
观测值	106	106	106	106	106
R^2	0.3909	0.3462	0.5998	0.4129	0.4559

农业补贴与农业大中小型拖拉机以及排灌柴油机的关系又是怎样的呢？本章也通过面板数据的固定效应估计方法对此进行了分析，即表6—11中的估计结果。模型1中没有控制除了补贴之外的任何其他省级层面的因素，此时Subsidy的系数显著为正值，农业补贴每增加1%，各种农业机械的数量将会增加0.1633%。模型2中放入了经济发展水平这个因素并重新对方程进行了估计，此时Subsidy的系数仍然显著为正值。分别在估计方程中加入城市化率、对外开放程度以及政府财政支出规模以后，Subsidy的系数都是正值，只是在模型4中Subsidy的系数并不显著，但是在其他的几个模型中它们都是显著的。

如模型2、模型3、模型4和模型5所示，经济发展水平的提高显著地增加了各地农业机械数量。经济发展水平每增加1%，各省的农业机械数量大约增加4.8%。城市化率的提高增加了农业机械数量，但是这种影响并不显著。最后，对外贸易开放度和政府财政支出规模对农业机械数量的影响也是不显著的。

表6—11　　　　农业补贴与农业机械数量的固定效应分析

因变量：Agricultural-Machine	模型1	模型2	模型3	模型4	模型5
Subsidy	0.1633*** (0.0295)	0.1233* (0.0538)	0.1134* (0.0598)	0.0161 (0.0579)	0.1268** (0.0629)
RGDP		0.3047* (0.1487)	0.4832* (0.2549)	0.4806* (0.2443)	0.4784* (0.2452)
Urban			1.9327 (1.3685)	2.0664 (1.4318)	2.2848 (1.5355)
Trade				−0.1834 (0.1650)	−0.1911 (0.1714)
GovSpen					0.8191 (0.7618)
常数项	11.4952*** (0.3642)	10.3408*** (0.8160)	9.7862*** (1.0950)	9.9232*** (0.9794)	10.0256*** (0.9434)
观测值	106	106	106	106	106
R^2	0.3396	0.4008	0.5579	0.6650	0.6652

六　稳健性分析

这一部分将进行敏感性分析，以验证前面相关结论的稳健性。非平衡的面板数据的估计方法有很多种，除了普通最小二乘法估计以及固定效应估计之外，还有随机效应估计方法。本章之前的部分使用前述两种方法对农业补贴的制度变迁效应进行了估计，在稳健性分析这一部分，将通过使用面板数据的随机效应估计，重新对上述方程进行估计，以检验上述相关结论的稳健性。鉴于种粮大户的数据只有2008年一年的，所以随机效应分析中也没有包括农业补贴对种粮大户的影响。

各个模型估计的结果与本章前面的实证结论是类似的。如在表6—12的模型1中,农业补贴对土地流转量具有影响,这种影响在1%的显著性水平上显著。模型2中引入了经济发展水平这个因素,此时农业补贴的系数为正但并不显著。根据模型2的结果,经济发展水平的提高显著地促进了农村的土地流转量。模型3中引入了城市化率,此时经济发展水平与土地流转量仍然是显著为正的关系,农业补贴和城市化率对土地流转量的影响却并不显著。模型4中又引入了对外贸易开放度这个因素,此时农业补贴的系数再次显著为正,而其他因素影响并不显著。模型5将所有因素放入一起对方程进行了估计,经济发展水平仍然提高了土地流转量,对外贸易开放度则具有相反作用。农业补贴的系数为正,但是并不显著。总体而言,经济发展水平的提高额增加了土地流转量,这与前面的实证结果是一致的。

表6—12　　　　农业补贴与土地流转量的随机效应分析

因变量: Land-Circulation	模型1	模型2	模型3	模型4	模型5
Subsidy	0.5551 * * * (0.1093)	0.0585 (0.1570)	0.1101 (0.2047)	0.3080 * * (0.1235)	0.1710 (0.1556)
RGDP		0.9929 * * * (0.3543)	0.8449 * (0.5193)	1.1205 (0.4589)	1.3149 * * (0.5273)
Urban			0.3915) (2.3823)	3.9483 (3.0713)	2.8612 (3.4397)
Trade				-1.9971 (0.8982)	-1.6867 * (0.9175)
GovSpen					4.4827 (2.8560)

续表

因变量：Land-Circulation	模型1	模型2	模型3	模型4	模型5
常数项	−0.8070 (1.2988)	−3.9387 (2.4922)	−3.3819 (2.6800)	−4.4560 (2.3514)	−5.7179 * * (2.4570)
观测值	27	27	27	27	27
R^2	0.6411	0.5681	0.5965	0.6551	0.5611

表6—13是农业补贴对农民专业合作社的面板数据随机效应分析结果。同上，模型1的控制变量只包含了农业补贴Subsidy这一项。实证分析结果显示，农业补贴每增加1%，农业专业合作社的数量将会增加0.9768%。农业补贴的这一影响非常显著，统计结果显示在1%的显著性水平上显著。此外，慢慢地引入其他省级层面因素后，农业补贴Subsidy的系数基本都为正，而且都在1%的显著性水平上显著。如模型2是引入了经济发展水平，即各省的实际GDP这个因素，此时Subsidy的系数仍然显著为正，即Subsidy每增加1%，专业合作社的数量就增加0.6359%。模型3中引入了城市化率这个因素，模型4中引入了对外贸易开放度这个因素，而模型5中引入了政府财政支出规模这个因素并将所有的变量放在一起进行估计。无论是在哪个模型中，农业补贴的系数均在1%的显著性水平上显著为正值，因此，与前面的实证结果相呼应，农业补贴的增加提高了农民专业合作社的数量。

表6—13　　农业补贴与农民专业合作社的随机效应分析

因变量：Cooperatives	模型1	模型2	模型3	模型4	模型5
Subsidy	0.9768 * * * (0.1825)	0.6359 * * * (0.1774)	0.6811 * * * (0.1959)	0.1208 * * * (0.0092)	0.3188 * (0.1837)

续表

因变量：Cooperatives	模型1	模型2	模型3	模型4	模型5
RGDP		1.0021***	0.8182*	1.2034***	2.0940***
		(0.3214)	(0.4250)	(0.3778)	(0.4422)
Urban			1.6968	6.7000***	4.2036**
			(1.7466)	(2.2195)	(2.2206)
Trade				-2.9896***	-2.8378***
				(0.9076)	(0.7747)
GovSpen					12.4762***
					(3.9747)
常数项	-3.4061	-8.4988***	-8.1945***	-6.2777***	-10.1999***
	(2.3583)	(2.8006)	(2.8253)	(2.4565)	(2.5626)
观测值	50	50	50	50	50
R^2	0.3688	0.4720	0.4674	0.6024	0.7139

随机效应的分析结果显示，其他省级层面的因素对农民专业合作社的影响也比较显著。如在模型2、模型3、模型4和模型5中的经济发展水平，即RGDP，前面的系数也非常显著地为正值。政府财政支出的扩大也是增加了合作社的数量。以上结论与混合横截面分析和面板数据的固定效应分析得到的结论是一致的。

本章也对农业补贴与农机拥有量的关系进行了面板数据的随机效应分析。表6—14介绍的是农业补贴对农机总动力的影响。与之前的估计结果类似，在这五个模型中，农业补贴前面的系数为正值，而且在模型1、模型2和模型4中这种影响都是非常显著的。如根据模型2的结果显示，农业补贴每增加1%，农业总动力预计会增加0.0641%。

随着经济发展水平的提高，即RGDP的提高，农机总动力也在逐渐增加。经济发展水平的这种正向作用非常明显，根据模型2、模型3、模型4和模型5的估计结果显示，这种影响均在1%的显著性水平上显著。根据模型3、模型4和模型5的估计结果,城市化率对农机总动力具有显著的正面作用,即随着城市化率的提高,农机总动力的数量开始逐渐上升。随着我国城镇化进程的推进,农业人口占总人口的比重越来越小。农业人口的减少也就说明土地集约化需求增加,进而农业城市化率与农机总动力之间为正相关关系。其他因素,如对外贸易开放度和政府财政支出占GDP的比重等,这些因素的影响并不明显。

表6—14　　农业补贴与农机的总动力随机效应分析

因变量: Agriculture-Power	模型1	模型2	模型3	模型4	模型5
Subsidy	0.1819 *** (0.0149)	0.0641 * (0.0357)	0.0426 (0.0337)	0.0616 * (0.0343)	0.0314 (0.0357)
RGDP		0.2627 *** (0.0599)	0.5537 *** (0.0966)	0.5718 *** (0.0970)	0.5674 *** (0.0981)
Urban			3.0715 *** (0.7842)	3.2524 *** (0.7614)	3.2970 *** (0.7442)
Trade				−0.0147 (0.1116)	0.0064 (0.1173)
GovSpen					0.6302 (0.5267)
常数项	5.4678 *** (0.2740)	4.5169 *** (0.2719)	3.5801 *** (0.4403)	3.5267 *** (0.4466)	3.5770 *** (0.4443)
观测值	106	106	106	106	106
R^2	0.3909	0.3448	0.8147	0.8209	0.8005

前文已论及,农机总动力只是农机拥有量的一个方面,大中小型拖拉机数量和排灌柴油机数量也可以用来衡量农机拥有量。那么农业补贴对这些农业机械数量的影响又是怎样的呢? 表6—15的结果显示,随着农业补贴的增加,农业机械数量也显著地增加了。在

模型1、模型4和模型5中，农业补贴的系数显著为正值，而正向的影响在1%的显著性水平上显著。虽然模型2和模型3中农业补贴的系数并不显著，但其仍然为正值。

加入经济发展的因素后，本章的实证结果发现经济发展水平的提高对农业机械数量具有正向作用。随着经济发展水平的提高，人民的收入水平也提高了，所以农民就会有足够的资金去购买农业机械，因此农业机械数量也增加了。这种影响在模型2、模型3、模型4和模型5中均得到了体现。在这四个模型中RGDP的系数为正值，而且在1%的显著性水平上显著。城镇化率的提高增加了对农业机械总量的需求，而对外开放程度的增加则降低了各省农业机械的数量。因此城镇化进程的加快使得农业人口大幅度减少，非农人口增加，对土地集约化经营的需求也有所增加，所以农民对农业机械数量的需求上升了。在模型3、模型4和模型5中，Urban的系数显著为正值。Trade的系数也显著为负值。最后，财政支出规模占GDP的比重对农业机械数量的影响并不显著。总体来看，以上结论与本章前面的实证分析结果是一致的。

表6—15　　农业补贴与农业机械数量的随机效应分析

因变量：Agriculture-Machine	模型1	模型2	模型3	模型4	模型5
Subsidy	0.1667＊＊＊ （0.0289）	0.0338 （0.0556）	0.0118 （0.0572）	0.1287＊＊＊ （0.0552）	0.1348＊＊＊ （0.0632）
RGDP		0.2962＊＊ （0.1472）	0.6531＊＊＊ （0.1625）	0.6351＊＊＊ （0.1488）	0.6333＊＊＊ （0.1540）
Urban			3.9313＊＊＊ （0.7359）	3.8534＊＊＊ （0.5123）	3.8766＊＊＊ （0.5488）
Trade				－0.3304＊＊＊ （0.1315）	－0.3227＊＊ （0.1315）

续表

因变量：Agriculture-Machine	模型 1	模型 2	模型 3	模型 4	模型 5
GovSpen					0.2664 (0.7255)
常数项	11.3166*** (0.4664)	10.2455*** (0.7978)	9.1214*** (0.7661)	9.3771*** (0.6946)	9.3996*** (0.6828)
观测值	106	106	106	106	106
R^2	0.3396	0.2074	0.6571	0.6964	0.6879

综上所述，总体来看，本章前面的混合横截面分析和面板数据的固定效应分析所得到的结论是稳健的。

本章通过采用2004—2014年我国多个省份的农业补贴、农村土地流转量、农民专业合作社数量、种粮大户数量、农机拥有量等数据，在控制其他省级因素的影响之后，如地区经济发展水平、城市化率、对外开放程度以及政府财政支出规模等，实证检验了农业补贴对农业制度变迁的影响。

实证结果显示，农业补贴对农业制度变迁的影响是不确定的。一方面，随着农业补贴的增加，农村土地流转量、农民专业合作社、种粮大户、农业总动力和农业机械数量等均有不同程度的增加，推动农业规模化经营；另一方面，尽管农业补贴对土地流转的影响为正，但是随着补贴量的增加，近几年，这种影响明显减弱，其原因有可能是"普惠性"的农业补贴方式在客观上增加了农户的土地预期收入，从而增加土地流转成本。因此，如何进一步增强补贴的精准性，既照顾到所有农民的收入增长，又能够通过补贴引导土地规模化经营提高土地利用效率仍是下一步我国农业补贴改革的难题。

第七章

农业补贴与农产品国际竞争力评价

农业补贴在支持国内农业发展的同时,也对世界贸易产生了重要影响。根据美、欧等发达国家和地区的经验,农业补贴对于降低农产品价格、扩大出口规模、提高农产品出口竞争力具有重要作用。我国自改革开放以来,改变了"以农养工"的政策,以增加粮食产量和农民收入为目标,逐渐增加农业支持力度。近些年来,我国农产品出口数量虽然呈增长趋势,但农产品贸易呈现持续逆差,同时一些研究指出,我国农产品总体国际竞争力较弱(韩灵梅,2015;李英,2013;朱冬平,2013;蓝庆新,2003)[1],甚至趋于下降(张清正,2014;赵亮等,2013;李岳云等,2007;闫国庆等,2004)[2]。但也有研究认为,中国在某些特定类型的农产品上,如劳动密集型农产品,具有较强比较优势(帅传敏等,2012;庄丽娟

---

[1] 韩灵梅:《基于土地流转背景的中国农产品国际竞争力问题研究》,《世界农业》2015年第2期;李英:《基于农业科技进步视角下中国农产品国际竞争力研究》,《世界农业》2013年第8期;朱冬平:《地理标志保护对农产品国际竞争力的影响研究》,《宁波大学》2013年第1期;蓝庆新:《我国农产品国际比较优势的实证分析》,《财经研究》2003年第8期。

[2] 张清正:《基于比较和竞争优势的中国农产品竞争力路径选择》,《经济问题探索》2014年第5期;赵亮、穆月英:《东亚FTA的关税效应对我国农业影响的研究——基于CGE模型的分析》,《国际经贸探索》2013年第7期;李岳云、吴滢滢、赵明:《入世5周年对我国农产品贸易的回顾及国际竞争力变化的研究》,《国际贸易问题》2007年第8期;闫国庆、陈丽静、刘春香:《我国农产品比较优势和竞争力的实证分析》,《国际贸易问题》2004年第4期。

等，2015；章文光等，2013；万金等，2012）[①]。就提升我国农产品的出口竞争力问题，学者们从不同角度提出诸多对策建议，王永德（2009）[②] 提出对于不具竞争潜力的农产品，其竞争力实现机制首先依赖于生产环节的成本和质量控制；丁家云等（2015）、郑莹（2008）强调了科技投入和创新在提升农产品出口竞争力中的作用[③]；江六一等（2016）、孙致陆（2015）研究了农产品结构优化对国际竞争力提升的作用机理[④]；姚文（2014）提出提高我国农产品国际竞争力需要推进农业现代化进程[⑤]；周正平等（2013）从网络营销视角提出提升农产品国际竞争力的对策[⑥]。

也有一些学者将农业补贴与农产品国际竞争力结合进行分析，谢汶莉等（2015）实证研究了农业综合支持水平（PSE）对我国农产品国际竞争力的影响，发现农业补贴对农产品国际竞争力有正效应，从补贴的分类来看，投入品补贴影响最大，对产出的直接支持

[①] 帅传敏、巩冰：《基于学习和参与行为的扶贫项目可持续性的实证研究》，《中国地质大学学报》（社会科学版）2012 年第 3 期；庄丽娟、郑旭芸、钟宁：《金砖五国农产品出口增长及竞争力实证分析》，《华中农业大学学报》（社会科学版）2015 年第 6 期；章文光、杨焕城、尹宗平：《中国外资政策影响企业进入国际市场的机制》，《国际经济合作》2013 年第 6 期；万金、祁春节：《改革开放以来中国农产品对外贸易比较优势动态研究——基于 NRCA 方法的分析》，《世界经济研究》2012 年第 4 期。

[②] 王永德：《基于中美比较视角的中国农产品国际竞争力研究》，博士学位论文，东北林业大学，2009 年。

[③] 丁家云、周正平：《基于农业产业链延伸的农产品国际竞争力研究》，《南京审计学院学报》2015 年第 5 期；郑莹：《影响我国农产品国际竞争力的科技投入因素分析及对策》，《上海经济研究》2008 年第 5 期。

[④] 江六一、李停、雷勋平：《结构优化视角下我国农产品国际竞争力提升机理及对策研究》，《管理世界》2016 年第 1 期；孙致陆：《中国农产品出口结构及其比较优势研究》，博士学位论文，中国农业科学院，2015 年。

[⑤] 姚文：《农业现代化、人口增长、贸易政策对农产品国际竞争力的影响——基于协整与VEC 模型的实证分析》，《经济经纬》2014 年第 3 期。

[⑥] 周正平、丁家云、江六一：《基于网络营销视角的农产品国际竞争力研究》，《经济问题探索》2013 年第 3 期。

影响最小[1]；顾和军（2008）采用非观测效应纵列数据模型进行实证分析，发现农业税减免、粮食直补的收益都转化为土地租金，这意味着农业生产的固定成本上升，从而导致农产品国际竞争力下降[2]；朱晶等（2005）模拟测算了不同税费改革方案对我国主要粮食作物的生产成本及国际竞争力的影响，结果显示农业税费改革力度越大，农产品成本降幅越大，对提高国际竞争力的作用越大[3]；魏琦（2014）从波特的"钻石"模型出发分析了我国农产品国际竞争力弱的原因，并从农业补贴角度提出相应对策[4]；王思舒等（2011）利用 PAM 模型分析了现行农业补贴政策的效果，发现补贴政策对大豆生产进行了有效保护但并未增强其比较优势[5]；钱克明（2003）认为在我国各项"绿箱"支持措施中，对农民收入提高和农业国际竞争力的作用大小排序依次为：农业科技投资＞农村教育投资＞农村基础设施投资[6]。

综合分析以上文献发现，国内学者对农业补贴对农产品国际竞争力影响的研究不够细化和全面，并且对农业补贴的具体效应缺乏实证检验。本章首先分析各项补贴的经济和福利效应以及农业补贴提高农产品国际竞争力的作用机制，然后利用计量模型实证分析我国"绿箱"和"黄箱"补贴的实际效果以及其他国家的农业补贴对农产品国际竞争力的影响。

---

[1] 谢汶莉、李强：《中国与 TPP 核心国农产品国际竞争力的比较》，《国际贸易问题》2015 年第 7 期。

[2] 顾和军：《农业税减免、粮食直接补贴政策对我国主要农产品国际竞争力的影响》，《国际贸易问题》2008 年第 8 期。

[3] 朱晶、陈建琼：《税费改革对我国主要粮食产品竞争力的影响分析》，《中国农村经济》2005 年第 10 期。

[4] 魏琦：《我国农产品国际竞争力与农业补贴研究》，《现代经济信息》2014 年第 5 期。

[5] 王思舒、王志刚、钟意：《我国农业补贴政策对农产品生产的保护效应研究》，《经济纵横》2011 年第 4 期。

[6] 钱克明：《中国"绿箱"措施的效果及投资优先序》，《经济研究参考》2003 年第 2 期。

第一节 农业补贴影响农产品国际竞争力的机理

WTO《农业协定》将对农业发展的国内支持政策分为"绿箱"和"黄箱"两类,这两类政策的划分是基于对生产和贸易是否产生扭曲的标准,因此它们对于农产品出口竞争力的作用机制及影响必然存在差异。

一 "黄箱"补贴对农产品国际竞争力的作用机理

"黄箱"政策是指对生产和贸易产生扭曲作用的补贴政策,主要采取直接给予农民各种补贴实现农业及农民增收的目的,具体措施主要包括价格补贴、营销贷款、面积补贴、牲畜数量补贴、种子、肥料、灌溉等投入补贴等。"黄箱"政策通过价格机制的作用提高本国农产品的国际竞争力,其对贸易的影响和福利效应如图7—1所示。

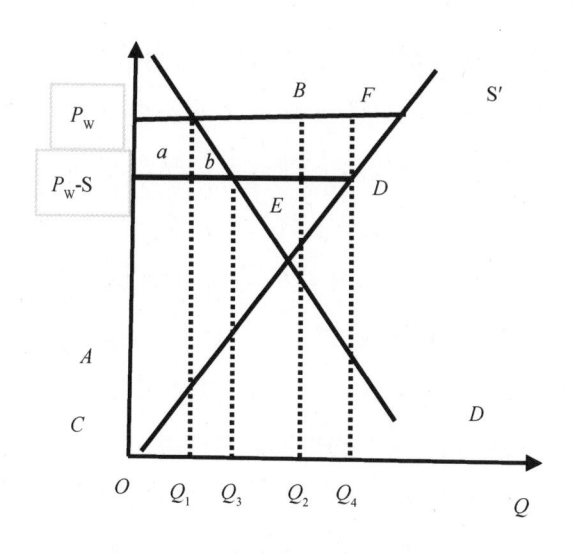

图7—1 "黄箱"补贴的大国情形

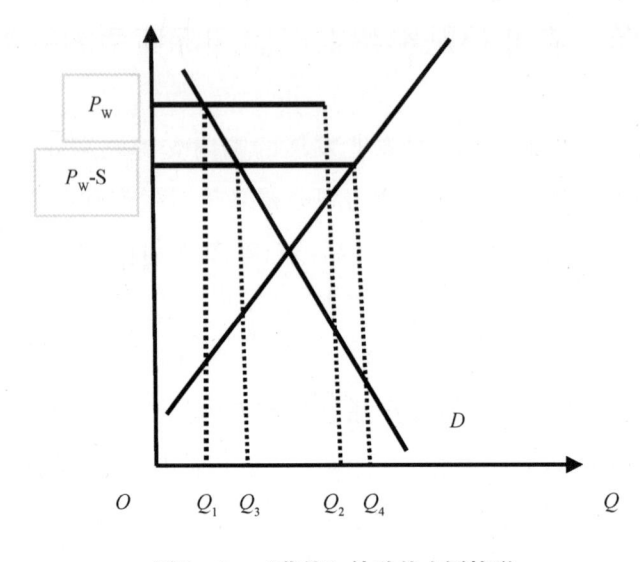

图7—2 "黄箱"补贴的小国情形

在图7—1中，实施补贴前国内外价格均为世界均衡价格P_W，此时本国农产品出口数量为Q_1Q_2。假如本国政府给予生产者每单位产品补贴S，补贴后生产者原来的生产成本中的一部分现在由政府承担，因此在同样价格下，生产者愿意提供的农产品比原来增加了，供给曲线向右下方移动，在需求不变的条件下，本国农产品出口增加。假设本国是一个大国，随着本国出口增加，引起世界供给量增加，导致世界农产品价格下跌，并且会一直持续到新的价格与P_W之间的差额为S时止，这样新的均衡价格形成，在新的价格下，本国需求相应增加，对世界的出口为Q_3Q_4。因此，选择合适的补贴水平，使得$Q_3Q_4 > Q_1Q_2$，那么补贴就通过降低生产成本和价格，起到促进出口的作用，这对那些需求弹性较小，但供给弹性相对较大的农产品效果尤其显著。

从福利效应来看，大国进行价格补贴使消费者剩余增加了面积$(a+b)$，生产者剩余从$P_W AB$的面积变为$(P_W - S)CD$的面积，除去重叠部分，梯形 $AECD$ 的面积要大于 $(P_W-S)P_WBE$，因此消费者剩余增加了，政府的补贴支出为 $(P_W-S)P_WFD$，其中一部分 $(a+b)$ 以价格下降的形式间接补贴给了消费者，将剩余的政府补贴支出部分与生产者剩余净增加的部分进行比较，如果生产者剩余净增加的部分较大，那么价格补贴从总体上提高了本国福利水平。

对一个小国来说，政府对农产品进行价格补贴只会引起本国国内价格下降至 (P_W-S)，而世界价格维持原有水平 P_W 不变（见图7—2）。在这种情况下，生产者会倾向于出口而非在国内销售，最终消费者需求由 Q_1 增加至 Q_3，国内供给由 Q_2 增至 Q_4，如果需求弹性较小，而供给弹性相对较大，那么则同样有 $Q_3Q_4>Q_1Q_2$，也就是，在小国情形下，即便世界市场价格不变，政府对农产品的价格补贴同样起到扩大出口的作用。

二 "绿箱"补贴对农产品国际竞争力的作用机理

"绿箱"补贴是指对农产品生产和贸易没有扭曲作用，或者只有微小的、可以忽略的扭曲作用的支持措施。根据WTO《农业协定》的规定，"绿箱"补贴包括政府一般服务、粮食安全储备补贴、粮食援助补贴、与生产不挂钩的收入补贴、收入保险计划、自然灾害救济补贴等11项措施。与"黄箱"政策通过降低价格快速提高本国出口农产品的国际竞争力不同，"绿箱"政策着眼于改善农业生产环境、提高农业生产效率、促进农业可持续发展，从长远角度提高本国农产品的国际竞争力。"绿箱"政策对农产品国际竞争力的作用机理见图7—3。

（一）提高农业生产效率

一方面，"绿箱"政策支持政府对农业的基础科研投入，政府通过设立公共科研部门，或者以补贴方式鼓励非公部门进行科研投资，建立多元化的农业科研体系，从降低成本、增加产出两个方面提高农业生产效率。另一方面，政府通过对农业科技人员培训、技术推广和咨询服务，向农业生产者提供农业实用生产技术、农业高新技术、农产品产销信息、农作物新品种、种植新模式，加快农业生产者学科技用科技的步伐。政府还可以在"绿箱"政策范围内通过提供新技术、新品种、新肥料的无偿试用，通过示范效应加快科技推广。

（二）稳定农民收入

保障农民收入的"绿箱"补贴措施主要有一般性农业收入保障补贴、与生产不挂钩的收入补贴、自然灾害救济补贴等。一般性农业收入保障补贴是指在贸易自由化条件下，当农产品市场变动或其他原因致使农民收入严重减少时，允许政府在一定条件下给予适量补贴；与生产不挂钩的收入补贴是指政府通过制定明确标准，在保证接受补贴者不会获得额外生产优势的前提下，为农业生产者提供的补贴；自然灾害救济补贴是指在自然灾害发生时，政府基于实际损失量，给予农民适当补贴。

（三）改善农业生态环境

"绿箱"政策通过农村基础设施建设补贴和农业环境保护补贴两项改善农村生态环境，促进农业可持续发展。政府通过加大对农村电网、道路、市场、港口、水利等基础设施工程项目投资，改变农业基础设施薄弱局面，改善农业生存环境；政府通过在农村建立环境保护公益机制，加强耕地保护和土壤改良，实施天然林保护和退耕还林等生态工程，引导农民合理使用化肥、农药、添加剂等农业投入品。政府投资治理农业环境污染，推广循环农业，推动发展现代农业。

（四）优化农业生产结构

"绿箱"政策支持政府对农业生产结构调整给予的补贴包括三

类：通过生产者退休计划提供的结构调整补贴、通过农业资源停用计划提供的结构调整补贴和通过投资援助提供的结构调整补贴。第一类补贴逐步使小型农户退出农业，有助于农业实现规模化经营；第二类补贴对农业停用资源按照一定标准给予补贴，有利于农业资源的休整；第三类补贴根据政府的农业生产结构调整规划而进行。这三类补贴对于调整农业生产品种结构矛盾、质量效益偏低的农业结构性改革提供保障。

（五）实现地区均衡发展

"绿箱"政策下的区域援助补贴有利于政府根据自然、社会、经济、区位、市场等各种因素确定各区域农业的发展方向，向农业生产条件长期不利的地区发放一定补贴，以弥补其生产成本高出一般平均生产成本的部分，从而促使这些区域发展优势作物、优势品种，振兴区域经济，实现各地区农业均衡发展。

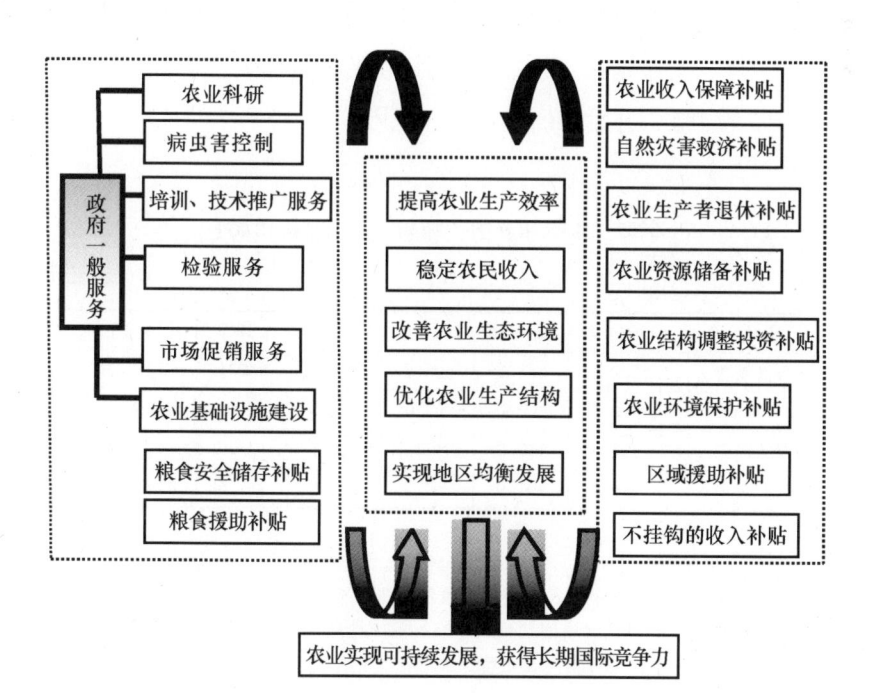

图7—3 "绿箱"政策提升农产品国际竞争力的传导机理

第二节 我国的农业补贴与农产品竞争力分析

一 我国农业补贴总体描述

我国的农业补贴政策在20世纪90年代中期之前基本处于"负补贴"阶段，之后农业政策逐步扭转，特别是入世之后，补贴种类和方式进一步增加。对各项补贴进行"绿箱"和"黄箱"归类，参考有关文献[①]，将各项支出和补贴进行归类的结果如表7—1和表7—2所示。表7—1显示了2009—2015年我国"绿箱"补贴的结构和水平，可以看出，我国"绿箱"补贴支出呈现稳定增长趋势，年均增长10%。在所列项目中，政府一般性服务所占比重最高，占全部"绿箱"补贴支出的1/3以上，其中推广和咨询、基础设施建设这两项在一般服务中占据60%以上份额，农业环境保护和区域援助计划所占比重迅速上升。与美欧的"绿箱"支持结构不同，粮食援助补贴和与生产不挂钩的收入支付在我国"绿箱"补贴中所占份额不大[②]。

表7—1　　　　2009—2015年我国"绿箱"支出结构和水平

（单位：亿元）

项目	2009年	2010年	2011年	2012年	2013年	2014年	2015年
一般性服务	732.6	668.7	693.7	825.5	840.4	952.7	974.7
农业科研	43.2	55.9	56.1	65.7	68.1	67.9	78.5
病虫害控制	109.4	113.2	121	116.8	133.9	144.1	148.3
推广和咨询	196.7	291.9	307.7	372.6	361.6	414.7	433.1

---

① 朱满德、程国强：《中国农业的黄箱政策支持水平评估：源于WTO规则一致性》，《改革》2015年第5期；钱克明：《中国"绿箱政策"的支持结构与效率》，《农业经济问题》2003年第1期；孙长站：《中美"绿箱"支出特点及对我国的启示》，《对外经贸》2013年第6期。

② 根据林学贵（2013），2008—2009年美国"绿箱"支出结构中，国内粮食援助支出所占份额最大，为73.5%；而不挂钩的收入支出在欧盟的"绿箱"支出中所占比重最大，为50.4%。

续表

项目	2009年	2010年	2011年	2012年	2013年	2014年	2015年
检验服务	33.9	39.7	40.2	47.9	49.1	52.8	54.5
市场促销	29.7	33.6	34.5	43.6	47.8	38.1	43.4
基础设施建设	319.7	134.3	134.3	178.8	179.9	235	217
粮食安全储备	476	476	476	461.8	458	451	297.3
粮食援助补贴	—	—	—	—	—	—	—
不挂钩收入支付	151	151	151	151	151	250	250
收入保险计划	123.2	123.5	148.8	189.8	245.8	342.9	337.2
自然灾害救济	13.9	47.4	54.6	53.8	51.1	37.2	36.4
农业结构调整	22.9	28.2	40.8	30.7	38.2	34.7	31.1
农业环境保护	203.9	257.2	450.9	535.7	588.8	601.1	670.9
区域援助计划	374.7	423.5	548.2	690.8	847	948.9	1227.2

注:"农业科研"数据来自于农业部历年《部门决算表》;"推广和咨询"包含了"科技转化与推广服务"和"统计监测与信息服务"两项;"基础设施建设"仅包括农村道路建设;"粮食援助补贴"没有找到相关数据,根据孙长站(2013)从WTO获得的中国2002—2008年"绿箱"补贴数据来看,国内粮食援助补贴在"绿箱"支出总额中所占比重非常小,不到1%,因此即便没有相关数据也不会左右计量结果。

表7—2显示了2009—2015年我国"黄箱"补贴的支出结构和水平。在我国政府对农业的各项支出中,农机具购置补贴、良种补贴、农资综合补贴、目标价格补贴、农村金融发展支出五项支出符合"黄箱"补贴的特征。与"绿箱"补贴相比,我国"黄箱"补贴项目少,并且综合支出少,这说明我国农业补贴结构以"绿箱"为主,"黄箱"为辅。我国"黄箱"补贴支出也呈现逐年增加的趋势,年均增长率为12%,这与多数国家主张削减"黄箱"政策的趋势恰好相反,但根据朱满德等(2015)[①]、程国强(2001)[②] 等人

---

① 朱满德、程国强:《中国农业的黄箱政策支持水平评估:源于WTO规则一致性》,《改革》2015年第5期。
② 程国强:《在"绿箱"与"黄箱"中做文章——透视中国农业补贴》,《中国改革》2001年第9期。

的研究，我国的"黄箱"支持水平一直处于 WTO《农业协定》10%的微量允许范围内，没有触及"黄箱"约束的"天花板"。从我国"黄箱"补贴的支出结构看，农资综合补贴占主体，良种补贴和农机具购置补贴居于其后，目标价格补贴和农村金融发展支出资金则呈现出不稳定变化。

表7—2　　　　2009—2015年我国"黄箱"支出结构和水平

（单位：亿元）

项目	2009年	2010年	2011年	2012年	2013年	2014年	2015年
农机具购置补贴	130	144.9	175	200	258.5	236	236
良种补贴	154.8	204	220	220	273	300	350
农资综合补贴	795	835	860	989.6	1014	1019	1071
目标价格补贴	—	—	—	—	—	70.1	356
农村金融发展支出	—	22.6	89.3	80.9	68.2	157.7	157.7
合计	1079.8	1206.5	1344.3	1490.5	1560.7	1782.8	2170.7

资料来源：农机具购置补贴、良种补贴数据来源于肖大伟（2010）、高玉强（2011）；目标价格补贴、农村金融发展支出数据来源于财政部各年《全国财政决算表》。

二　我国农产品国际竞争力评价

我国是一个农业大国，农产品贸易对我国具有重要意义。改革开放以来，我国农产品贸易额不断扩大，进出口总额从20世纪80年代的100多亿美元增长到现在的2000多亿美元，在经过80年代初期的短暂贸易逆差后，1984—1999年一直保持贸易顺差，然后从2000年一直到2015年又重回逆差状态，并且逆差呈逐年扩大态势（见图7—4），2000年逆差值为31.6亿美元，2014年为956.1亿美元。图7—5显示了农产品贸易在我国对外贸易中所占比重的变动情况，可以看出农产品贸易在我国对外贸易中的地位呈下降趋势，20世纪80年代农产品贸易总额在我国贸易总额中占20%左右，到90年代下降到10%左右，2000年之后下降到5%左右。从农产品出口和进口所占比重看，最近几年，农产品出口额在我国出口总额中所占比重一直保持在 3% 左右，农产品进口额在我国进口总额中所占比重保持在 8% 左右。图 7—4 和图 7—5 一方面反映了我国出口产品结构从初级产品向制造业的升级过程；另一方面也反映出农产品出口乏力、进口强劲的局势。

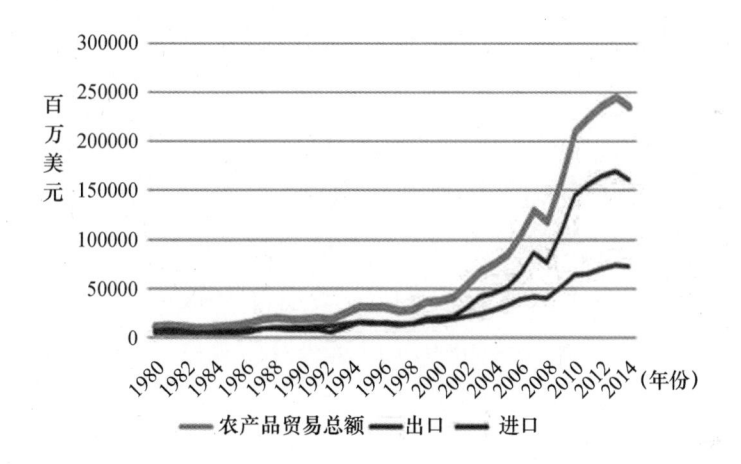

图 7—4　1980—2015 年我国农产品出口状况

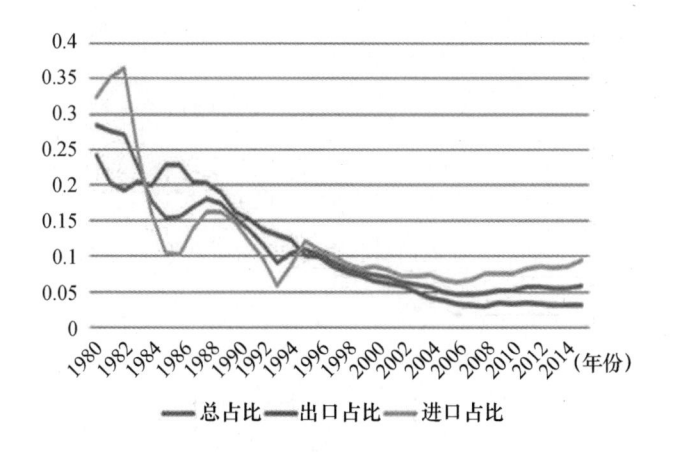

图 7—5　农产品贸易在我国对外贸易中的比重

注：图 7—4 和图 7—5 根据 WTO 贸易统计数据库相关数据绘制。

学界大多采用一些指数来评价一国农产品的国际竞争力，常用的有国际市场占有率（MS）、显示性比较优势指数（RCA）、贸易竞争指数（TC）等①。根据 WTO 贸易统计数据库中的有关数据，本书分别计算了这三种指数，计算结果见图 7—6。从 MS 指数看，我国农产品的国际市场占有率呈缓慢上升趋势，但占有份额较低，一直居于 5% 以下；从 RCA 指数看，农产品从我国的出口比较优势产品转变为比较劣势产品②，整个 80 年代农产品的 RCA 指数值都在 1.25 到 2.5 之间，最高值是 1985 年的 1.68，是当时我国具有较强比较优势的产品，从 1992 年开始 RCA 的值小于 1.25，为 1.15，之后逐年下降，到 1997 年下降为 0.81，之后一直到 2015 年 RCA 的值均小于 0.8，意味着农产品已经成为我国的比较劣势产品。从 TC 指数看，这一指数值在一半以上的年份为负值，即使是正值时数值也远小于 1，并且从 2000 年以来一直为负值，说明我国农产品

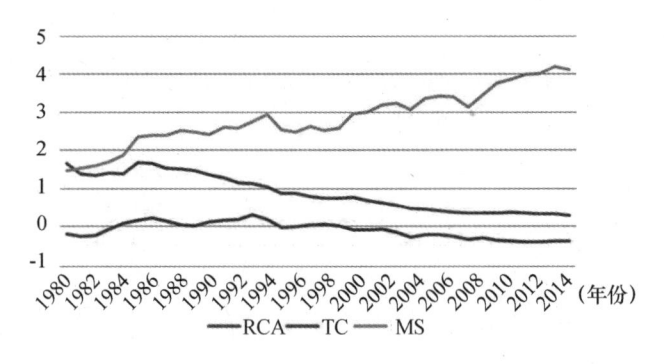

图 7—6　我国农产品的国际竞争力状况

资料来源：根据 WTO 贸易统计数据库相关数据计算并绘制。

---

① 这三种指数的计算公式详见张淑荣等《我国大豆产业的国际竞争力实证研究与影响因素分析》，《国际贸易问题》2007 年第 5 期。

② 根据日本贸易振兴会（JETRO）制定的标准，RCA≥2.5 说明该产品具有极强比较优势，1.25≤RCA<2.5 说明该产品具有较强比较优势，0.8≤RCA<1.25 说明该产品不具有比较优势，RCA<0.8 说明该产品国际竞争力较弱。

的国际竞争力一直较弱,并且这种态势在加剧。综合以上三种指数,我国农产品在全球的市场占有率虽然微弱上升,但总体国际竞争力很弱,基本没有竞争优势。

三 农业补贴对我国农产品国际竞争力影响的实证分析

通过上文分析我们发现,农业补贴增加的这段时间伴随着我国农产品出口增长乏力和国际竞争力不断减弱,我们通过对2002—2015年的数据进行实证研究以理清二者之间的具体关系。根据波特(1990)的钻石模型,影响农产品国际竞争力的因素包括要素条件、需求状况、相关和支持性产业、企业的战略和结构四个方面,本章选取其中的主要因素来分析其对我国农产品出口竞争力的影响。

(一)指标选择及数据来源

1. 被解释变量。农产品国际竞争力可以用国际市场占有率(MS)、显示性比较优势指数(RCA)、贸易竞争指数(TC)等反映,MS指数具有简洁直观的特点,因此本书选择MS指数作为我国农产品国际竞争力变量的代理变量。MS指数值依据WTO贸易统计数据库相关数据计算。

2. 解释变量。根据钻石模型及我国农业发展的特点,本书选择以下影响农产品国际竞争力的因素作为解释变量:

X_1 = 农业补贴"绿箱"支出(亿元)

X_2 = 农业补贴"黄箱"支出(亿元)

X_3 = 农业总产值(亿元)

X_4 = 农用大中型拖拉机数量(台)

X_5 = 农村居民家庭拥有生产性固定资产原值(元/户)

X_6 = 农作物总播种面积(千公顷)

X_7 = 粮食单位面积产量(公斤/公顷)

X_8 = 第一产业就业人员(万人)

X_9 = 农业生产资料价格指数

X_{10} = 农用化肥施用折纯量（万吨）

其中，以 X_1 和 X_2 代指我国的农业补贴水平，以 X_3 表示农业规模，以 X_4 反映我国农业机械化和现代化程度，以 X_5 表示农业固定资产投入状况，以 X_6 表示农业播种面积，以 X_7 表示粮食产量，以 X_8 代指农村就业人数，以 X_9 反映农业生产资料价格变化，以 X_{10} 表示化肥施用量。

"黄箱"补贴的数据来源同上文，"绿箱"补贴2009—2015年的数据来源同上文，2002—2008年的数据来源于孙长站（2013）。其余 $X_3 \sim X_{10}$ 各项数据均来自于各年《中国统计年鉴》。为了消除数据量纲差异，对原始数据进行了标准化处理。

（二）模型构建

鉴于某些变量之间高度相关可能导致多重共线性问题，使得对单个变量的贡献估计不准，我们首先运用主成分分析方法，通过降维，把已选的10个解释变量转化为少数几个综合指标，这少数几个指标可以反映原来多个变量的大部分信息。然后进行主成分回归分析，通过多元线性回归得出每个因素对我国农产品竞争力的影响程度。计量分析所用软件为STATA 12.0。

（三）主成分分析

1. 主成分分析的适用性检验。进行主成分分析的变量之间必须具有相关性，如果相关性过低也不适合进行主成分分析。在STATA中可以通过检验KMO（Kaiser-Meyer-Olkin）统计量的值来判断是否适合主成分分析，统计检验中一般认为KMO > 0.7是适合的。对已选的10个标准化后的变量进行KMO检验，得到KMO的综合值为0.7886，据此判定我们选取的变量之间存在较高相关性，可以进行主成分分析。

2. 主成分提取。提取的主成分需要满足以下两个条件：一是特征值>1，特征值越大代表重要程度越大；二是前 K 个主成分的方差累计贡献率达到85%以上，则表明提取前 K 个主成分基本包含了全部测量指标所具有的信息。对原始变量的解释方差测算结果见表4，前两个主成分的特征值大于1，第一个主成分的特征根贡献率为78.05%，前两个主成分的特征根累计贡献率达到94.16%。根据主成分提取的条件，应该选择前两个主成分代表原始数据作为影响我国农产品国际竞争力的综合指标。

表 7—3　　　　　　　　　主成分方差分析

主成分	各主成分方差			提取的主成分方差		
	特征值	贡献率	累计贡献率	特征值	贡献率	累计贡献率
1	7.80453	0.7805	0.7805	7.80453	0.7805	0.7805
2	1.61156	0.1612	0.9416	1.61156	0.1612	0.9416
3	0.405443	0.0405	0.9822			
4	0.0756846	0.0076	0.9897			
5	0.0650927	0.0065	0.9962			

3. 构建主成分模型。表7—4是主成分因子载荷矩阵，主成分的载荷值大小反映了主成分因子对可测变量的影响程度，载荷值越大说明此变量对主成分的解释越多，贡献越大。第1主成分中除了 X_1 "绿箱"补贴支出和 X_9 农业生产资料价格指数外，其余变量的载荷都比较高，说明第1主成分基本反映了这些原始变量的信息；第2主成分中 X_1 和 X_9 的载荷值都比较大，显示第2主成分基本反映了这两个指标代表的信息。

根据主成分的特征值和因子载荷矩阵可以构建主成分函数。用主成分载荷矩阵中的系数除以主成分相对应的特征值开方根便得到两个主成分中每个指标所对应的系数。由此得到主成分函数 F_1、F_2：

$F_1 = 0.006ZX_1 + 0.126ZX_2 + 0.1276ZX_3 + 0.1278ZX_4 + 0.1253ZX_5 + 0.1238ZX_6 + 0.1257ZX_7 - 0.1267ZX_8 - 0.028ZX_9 + 0.1262ZX_{10}$

$F_2 = 0.5625ZX_1 - 0.001ZX_2 - 1.00730.1276ZX_3 - 0.0022ZX_4 + 0.10017ZX_5 - 0.0726ZX_6 + 0.0875ZX_7 - 0.0411ZX_8 + 0.5358ZX_9 + 0.046ZX_{10}$

其中，ZX_i 为标准化后的 X_i。

表7—4　　　　　　　主成分因子载荷矩阵

变量	主成分				
	1	2	3	4	5
X_1	0.0174	0.7144	−0.6510	0.1890	−0.0015
X_2	0.3517	−0.0013	−0.0310	0.3260	0.4490
X_3	0.3566	−0.0093	−0.0345	0.1170	−0.0824
X_4	0.3570	−0.0029	0.0029	0.0609	0.1088
X_5	0.3501	0.0023	0.1337	−0.0511	0.6031
X_6	0.3459	−0.0922	0.1911	0.6433	−0.4658
X_7	0.3512	0.1111	0.0212	−0.2685	−0.4225
X_8	−0.3540	−0.0521	0.1109	0.3383	0.1269
X_9	−0.0783	0.6805	0.7116	0.0003	0.0205
X_{10}	0.3526	0.0584	0.0230	−0.4871	−0.0636

（四）主成分回归分析

用主成分分析消除多重共线性后，将主成分变量作为自变量对因变量的标准值进行回归分析，回归结果如表7—5所示。R^2为0.9240，调整后的R^2为0.9101，显示模型拟合优度较好。F_1在1%的水平上通过显著性检验，F_2在5%的水平上通过显著性检验，显示F_1、F_2对MS的标准值有解释力。

表 7—5　　　　　　　　　主成分回归分析结果

	系数	标准误	t 值	P > t
F_1	0.9166	0.0835	10.98	0.000
F_2	-0.2220	0.08541	-2.60	0.025
R^2		0.9240		
Adjusted R^2		0.9101		

因此回归方程可以表示为：

$ZY = 0.9166\ F_1 - 0.222\ F_2 - 0.0034$

其中，ZY 为因变量国际市场占有率 MS 标准化的数值。

将 F_1、F_2 的表达式代入回归方程，然后根据标准值的计算公式将原变量带回回归方程，经过计算，得到最后回归方程为：

$Y = -0.0063\ X_1 + 0.00046\ X_2 + 0.000023\ X_3 + 0.000001\ X_4 + 0.00007\ X_5 + 0.00006\ X_6 + 0.0009\ X_7 - 0.000073\ X_8 - 0.994\ X_9 + 0.00059\ X_{10}$

（五）回归结果分析

从最终回归方程可以看出，"绿箱"补贴和"黄箱"补贴对我国农产品的国际市场占有率作用方向相反，"黄箱"补贴变量的估计系数为正值，说明"黄箱"补贴增加有利于扩大我国农产品的国际市场占有率。"绿箱"补贴变量的估计系数为负值，说明"绿箱"补贴扩大可能会使我国农产品的国际市场占有率下降，产生这一结果的原因可能是：其一，我国"绿箱"补贴支出规模比较小、时间比较短，对农产品国际竞争力的提升作用还没有发挥出来；其二，"绿箱"补贴可能对国内供给起到的支持作用比较大，但对出口的支持作用有限，这也符合"绿箱"补贴不形成价格扭曲的特点。

综合各种影响因素来看，"黄箱"补贴、农业总产值、农用大中型拖拉机数量、农村居民家庭拥有生产性固定资产原值、农作物总播种面积、粮食单位面积产量、农用化肥施用折纯量对我国农产品竞争力显示正效应，"绿箱"补贴、第一产业就业人员、农业生产资料价格指数对我国农产品竞争力产生不利影响。从估计系数大小来看，各种因素对我国农产品国际竞争力的影响力依次为：农业生产资料价格指数＞农业补贴"绿箱"支出＞粮食单位面积产量＞农用化肥施用折纯量＞农业补贴"黄箱"支出＞农村居民家庭拥有生产性固定资产原值＞第一产业就业人员＞农作物总播种面积＞农业总产值＞农用大中型拖拉机数量。农业生产资料价格指数的影响显著高于其他因素，并且对我国农产品国际竞争力产生负效应，说明我国农产品出口仍然处于价格竞争阶段，比较容易受价格波动影响。代表技术和农业机械化水平的农用大中型拖拉机数量这一自变量影响力最小，可能的原因是大中型农业机械主要适合规模化经营，在我国的普及率并不高，因此对农产品出口的影响并不大。

第三节 农业补贴对农产品国际竞争力影响的国际经验

农业补贴是大多数国家实施的产业政策，对世界其他国家的补贴结构和政策实施效果进行分析，对完善中国的农业补贴政策有重要借鉴意义。OECD提供了其成员国和一些非成员国的农业支持政策水平估测，本节将对这些国家的农业补贴对农产品国际竞争力的影响进行实证分析。

一 数据来源及描述

OECD的农业生产者和消费者支持估测数据库（producer and consumer support estimates database）提供了衡量一国农业支持水平

的四个指标：总支持指标（TSE）、生产者支持指标（PSE）、消费者支持指标（CSE）和一般服务支持指标（GSSE）。其中对生产者的支持PSE包括市场价格支持、预算付款和收入损失补偿，对消费者的支持CSE是指对农产品消费者的转移支付，政府一般服务支持GSSE包括农业科技与创新、病虫害控制、农村基础设施建设与维护、市场营销与促销等方面。PSE、CSE和GSSE构成一国对农业的总支持水平TSE。

OECD数据库提供了其全部成员国1986—2015年和一些非成员国1995—2015年的数据[①]，这些国家和地区包括：澳大利亚、加拿大、智利、冰岛、以色列、日本、韩国、墨西哥、新西兰、挪威、瑞士、土耳其、美国、欧盟、巴西、中国、哥伦比亚、印度尼西亚、哈萨克斯坦、俄罗斯、南非、乌克兰、越南，共计23个国家和地区[②]。这些国家的农业总产值和农产品出口总额在全球占据2/3以上份额。

从对农业的总支持水平来看，在绝对支出上，从1986年到2015年OECD成员国的TSE总体变化不大，在20世纪90年代中期有一个下降的过程，但之后又缓慢上升至或略高于80年代的水平。OECD非成员国的TSE呈显著上升趋势，个别国家，如巴西、印度尼西亚等国经历了从负补贴向正补贴的转向，但从图7—7来看，OECD成员国的农业总补贴水平远高于非成员国，2015年成员国的TSE平均数为205.25亿美元，而非成员国这一数值仅为86.31亿美元。从图7—8看出，OECD成员国TSE占GDP的比例呈稳定下降趋势，平均数从1986年的3.43%下降至2015年的0.8%，而OECD非成员国的这一比例则呈不稳定波动状态。就单个国家而言，TSE

---

① 成员国中墨西哥的数据1991—2015年，智利和以色列的数据是1995—2015年，非成员国中越南的数据是2000—2015年。

② 鉴于第二节已经对中国进行了详细分析，所以下文分析中不再分析中国数据，实际检验的国家和地区是22个。

绝对支出比较大的国家和地区包括欧盟、美国、日本、韩国、中国等，TSE绝对支出比较少的国家包括新西兰、智利、冰岛等，从TSE的相对支出看，韩国、土耳其、中国、哥伦比亚等国TSE占GDP的比例超过2%，属于TSE相对支出较高的国家（具体见表7—6的第2~3列）。

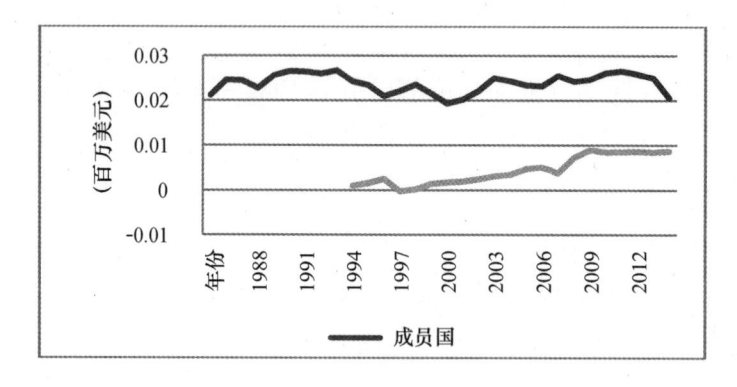

图7—7　OECD成员国和非成员国历年补贴总支出状况

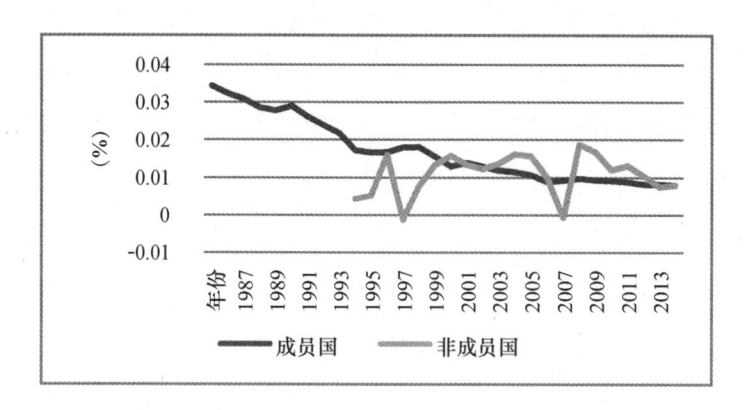

图7—8　OECD成员国和非成员国历年补贴总支出占GDP比重

注：图7—7和图7—8根据OECD Producer and Consumer Support Estimates Database相关数据计算并绘制。

表 7—6　　　　　　　1986—2015 年各国补贴支出均值

（单位：百万美元、%）

国家	TSE	TSE/GDP	PSE	CSE	GSSE
澳大利亚	1658.9	0.324	1215.4	-268.1	497.1
加拿大	6989.1	0.857	5346.3	-2855.7	1613.2
智利	576.7	0.461	371.7	-229.5	205.0
冰岛	203.1	2.356	170.8	-77.3	13.7
以色列	832.1	0.518	704.1	-592.1	128.1
日本	61895.1	1.489	49872.7	-60370.7	11949.2
韩国	21577.8	4.367	18800.6	-19871.8	2645.3
墨西哥	7247.6	1.092	5945.2	-2652.8	773.2
新西兰	292.2	0.402	109.9	-44.9	182.2
挪威	3435.4	1.841	3127.1	-1404.8	200.8
瑞士	7491.4	2.391	6582.6	-5050.7	508.4
土耳其	13392.7	3.928	11044.4	-8046.3	2348.3
美国	65332.1	0.672	35431.7	11994.5	5903.4
欧盟	125346.9	1.374	109175.7	-48833.2	12310.6
巴西	4952.9	0.333	3123.2	-309.5	1727.7
中国	85333.3	2.027	79879.5	-65176	17482.4
哥伦比亚	3872.3	2.147	3468.8	-3049.0	403.4
印度尼西亚	10433.7	1.212	8567.1	-8519.2	990.6
哈萨克	1081.6	1.408	850.9	-577.7	214.4
俄罗斯	11611.1	1.274	9489.7	-8449.7	1848.4
南非	1077.4	0.531	683.2	-487.2	394.2
乌克兰	474.2	0.304	77.8	450.7	396.4
越南	1355.2	1.730	898.6	-1527.2	456.5

资料来源：根据 OECD Producer and Consumer Support Estimates Database 相关数据计算。

从农业补贴的各项构成来看，各国的农业补贴结构基本相似，PSE 占主导地位，绝大多数国家的 PSE 都远高于 GSSE，而 CSE 均为负数（美国除外）（见表 7—6 的第 4~6 列）。但从趋势看，各国对 PSE 呈削减趋势，GSSE 支出呈增长趋势。从图 7—9 看出，PSE

在 GFR（Gross Farm Receipts，农业总产值）中所占比重是下降的，从 20 世纪 80 年代的 40% 以上下降到当前的 20% 左右，而 GSSE 在 TSE 中所占比重则是总体上升的，从 80 年代的 10% 左右上升至当前的 20% 左右。

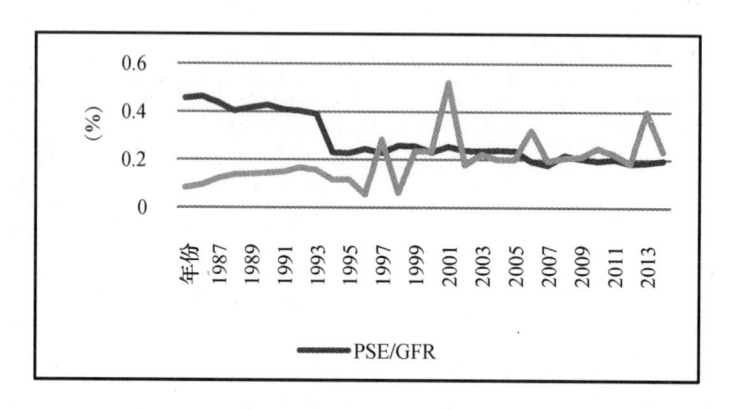

图 7—9　1986—2015 年 PSE、GSSE 的变动趋势

资料来源：根据 OECD Producer and Consumer Support Estimates Database 相关数据计算并绘制。

二　模型及变量说明

根据上述分析，建立以下模型［模型（1）］分析 OECD 国家农业补贴对农产品国际竞争力的影响：

$$RCA_{it} = \alpha + \beta \ln TSE_{it} + \lambda_1 \ln AGDP_{it} + \lambda_2 \ln Tractor_{it} + \lambda_3 \ln Fertilizer_{it} + \lambda_4 \ln Apopulation_{it} + \lambda_5 \ln Area_{it} + \gamma Control_{it} + \varepsilon_{it}$$

其中，i 代表国家，t 代表年份。RCA_{it} 表示国家 i 的农产品在 t 年的显性比较优势指数值。各解释变量及控制变量的含义如下：

1. 农业补贴数额（TSE）。表示各个国家每年对农业生产者和消费者的支持金额，包括 PSE、CSE 和 GSSE。农业补贴数额越大，该国农产品国际竞争力越可能得到加强，因此该变量的估计系数符号预期为正。

2. 农业总产值占 GDP 的比重（AGDP）。表示一国农业在国民经济中的地位，农业生产对 GDP 的贡献越大，说明该国工业化程度越低，农产品出口在总出口中所占比重越大，则在国际上的竞争力可能越强，因此该变量的预期符号为正。

3. 农业机械化程度（Tractor）。表示平均每千公顷耕地上拖拉机使用量，单位面积耕地上拖拉机的使用量越多，则农业机械化程度越高，农业生产效率越高，那么农产品国际竞争力可能越强，该变量的预期符号为正。

4. 化肥施用量（Fertilizer）。通常情况下，施用化肥可以增加产量，因此该变量预期符号为正。

5. 农业人口数量（Apopulation）。农业人口数量越多表示该国城市化率越低，农业集约化程度低，不能实现规模经济效益，不利于农产品国际竞争力提升，因此该变量预期符号为负。

6. 农业耕地面积（Area）。在其他条件不变情况下，耕地面积越多意味着产出越多，则可用于出口的农产品数量就越多，国际市场占有率越高，因此该变量预期符号为正。

7. 控制变量（Control）。控制变量包括国家 i 在 t 年的 GDP、人均 GDP（GDP percapita）以及国家虚拟变量、年份虚拟变量。

AGDP、Tractor、Fertilizer、Apopulation、Area、GDP、人均 GDP 各变量数据来源于历年《国际统计年鉴》及联合国 FAO 数据库，贸易数据来源于 WTO 贸易统计数据库。欧盟的相关数据来源于 Eurostat 网站，对于与欧盟相关的贸易数据，WTO 贸易统计数据库只提供了 2000—2015 年的数据，对于 1986—1999 年的数据我们按照欧盟的成员国进行了加总，1986—1994 年加总了法国、德国、意大利、荷兰、卢森堡、比利时、英国、丹麦、爱尔兰、希腊、葡萄牙、西班牙 12 国的数据，1995—1999 年除以上 12 国以外，又增加了奥地利、瑞典、芬兰 3 个国家。对于缺失的数据取相邻两年的平均数进行补充。为了避免各变量量纲差异及可能的异方差问题，对数值较大的变量，包括 TSE、Tractor、Fertilizer、Apopulation、Area 等取对数处理①。主要变量的描述性统计见表 7—7。

表 7—7　　　　　　　　　主要变量描述性统计

变量	均值	标准差	最大值	最小值	样本数
RCA	1.8865	1.8318	7.8758	0.0898	560
TSE	9.9955	0.8182	12.0568	0.0003	560
AGDP	5.4320	4.8476	22.7349	0.6755	560
Tractor	5.5430	1.6416	8.4570	0.6716	560
Fertilizer	4.8472	1.3378	7.9079	0.0801	560
Apopulation	3.1453	0.5480	4.3258	1.7847	560
Area	15.86	2.1419	19.0507	11.7052	560

数据来源：根据有关数据计算得到。

三　计量方法

对于长面板数据，由于 T 较大，信息较多，可以放松扰动项为独立同分布的假设，为提高估计效率，需要设定扰动项自相关的具体形式，然后使用可行广义最小二乘法（FGLS）进行估计，可以分为两种情况，一是仅解决组内自相关的 FGLS，二是同时处理组内自相关与组间同期相关的 FGLS。因此首先对长面板数据进行组内自相关检验与组间截面相关检验以确定在何种情况下使用 FGLS。

首先进行组间异方差检验。在存在组间异方差的情况下，迭代式 FGLS 估计法等价于最大似然估计法，在 STATA 12.0 软件中对数据进行似然比检验的结果显示，"LR chi2（9）= 859.80"，"Prob > chi2 = 0.0000"，即 LR 检验结果强烈拒绝"组间同方差"

---

① 针对出现负数的问题，我们先对数据进行了处理，方法是：Profit + | Min（Profit）| + 1，对处理后的数据再取对数。

的原假设，即认为存在"组间异方差"。

然后进行组内自相关检验。Wooldridge（2002）提供了一个检验组内自相关的方法，其原假设为"不存在一阶组内自相关"。利用STATA 12.0软件对本书数据进行检验的结果显示F值为76.801，Prob > F = 0.0000，可见结果强烈拒绝"不存在一阶组内自相关"的原假设。

最后进行组间截面相关检验。如果原假设"不存在组间截面相关"成立，则根据残差计算的个体扰动项之间的相关系数应接近于0。如果将这些相关系数排成一个矩阵，则该矩阵非主对角线元素应离0不远。检验组间自相关的三种常用方法是Friedman（1937）、Frees（1995，2004）和Pesaran（2004），前两个为半参数检验，第三个为参数检验，结合这三种方法利用STATA 12.0软件对数据进行三种检验，结果显示P值均小于0.01，故强烈拒绝"无组间截面相关"的原假设，认为存在组间截面相关。Frees（1995，2004）检验显示残差相关系数矩阵的非主对角线元素的绝对值之平均值为0.636。

根据以上检验结果，选择同时处理组内自相关与组间同期相关的FGLS会提高估计效率，但基于对照和稳健性需要，我们同时采用了仅解决组内自相关的FGLS。在运用FGLS时，还可以选择每个面板的自回归系数是否相同，因此，我们共提供了四种FGLS回归结果以进行比较分析，分别为：仅解决组内自相关且每个面板的自回归系数均相同，记为FGLS（1）；仅解决组内自相关且每个面板的自回归系数不同，记为FGLS（2）；同时处理组内自相关与组间同期相关且每个面板的自回归系数均相同，记为FGLS（3）；同时处理组内自相关与组间同期相关且每个面板的自回归系数不同，记为 FGLS (4)[①]。

四 计量结果及分析

表 7—8 是对模型（1）的检验结果。无论采用何种估计方法，lnTSE 的符号始终为正，且至少在 5% 的显著性水平下通过检验，这显示对农业的各种补贴在总体上显著提高了各国农产品的国际竞争力。四种估计方法得出的 lnTSE 估计系数基本一致，约为 0.03，这意味着对农业的总支持每提高 1%，农产品的国际竞争力相应提高 0.0003%。从其他解释变量的估计结果看，lnAGDP、lnGDPpercapita 对农产品国际竞争力有显著促进作用，农业在国民生产中占比每提高 1%，农产品国际竞争力约提高 0.002%；人均 GDP 每提高 1%，农产品国际竞争力约提升 0.02%。而 lnApopulation、lnGDP 的估计系数显著为负值，说明农业人口比例越高、GDP 总量越大，越不利于本国农产品国际竞争力的提升。lnTractor 和 lnFertilizer 的符号并不显著，说明在所选择的国家中，拖拉机的使用量和化肥的施用量对农产品的国际竞争力没有表现出明显的影响。大部分国家虚拟变量和年份虚拟变量都很显著，说明模型存在显著固定效应和时间效应。

表 7—8　农业补贴总额（TSE）对 RCA 的影响检验结果

RCA	FGLS (1)	FGLS (2)	FGLS (3)	FGLS (4)
lnTSE	0.0366 * *	0.0371 * *	0.0315 * * *	0.0343 * * *
	(0.0175)	(0.0173)	(0.0051)	(0.0036)
lnAGDP	0.2136 * *	0.1978 * *	0.3037 * * *	0.2571 * * *
	(0.0984)	(0.0981)	(0.0251)	(0.0188)

① 同时处理组内自相关与组间同期相关的 FGLS 时 STATA 要求使用平衡面板，因此 FGLS (3) 和 FGLS (4) 检验时使用的数据范围为 1995—2015 年。

续表

RCA	FGLS (1)	FGLS (2)	FGLS (3)	FGLS (4)
lnTractor	-0.1137	-0.1722*	-0.1710*	-0.1485
	(0.0788)	(0.0849)	(0.0372)	(0.0230)
lnFertilizer	-0.0227	-0.0183	-0.0035	0.0236*
	(0.0883)	(0.0849)	(0.0157)	(0.0125)
lnApopulation	-1.1232***	-1.6500***	-1.2556***	-1.9556***
	(0.2278)	(0.2783)	(0.0879)	(0.0983)
lnArea	-0.2222	-0.2030	-0.0649	-0.0284
	(0.2011)	(0.1958)	(0.0522)	(0.0435)
lnGDP	-2.9790***	-2.9398***	-2.4623***	-3.1000***
	(0.5412)	(0.4227)	(0.1167)	(0.1422)
lnGDPpercapita	2.2362***	2.1662***	1.7183***	2.2806***
	(0.5337)	(0.3827)	(0.1223)	(0.1430)
国家	控制	控制	控制	控制
时间	控制	控制	控制	控制
R^2	0.8765	0.8788	——	——

注：(1) ***表示在1%的水平下通过检验，**表示在5%的水平下通过检验，*表示在10%的水平下通过检验；(2) 表中括号内数据是标准误。

为了研究农业补贴结构对农产品国际竞争力的影响，将模型（1）中的解释变量 lnTSE 分别替换为 lnPSE 和 lnGSSE[①]，采用同样的四种 FGLS 估计方法检验生产者支持政策和政府一般服务政策的效果。检验结果分别见表7—9和表7—10。

从表7—9看，对生产者的支持支出显著提高了本国农产品的国际竞争力，四种估计方法得出的估计系数比较接近，约为0.03，这说明对生产者的补贴每提高1%，农产品国际竞争力相应提高约0.0003%。从表7—10看，政府一般服务支出的效应在四种检验方

---

① 由于国内消费者支持（CSE）绝大多数国家是负支出，对农产品国际竞争力的作用不显著，所以此处略去对 CSE 的检验。

法下并不一致，FGLS（1）和 FGLS（2）下估计系数不显著，FGLS（3）和 FGLS（4）都在1%的水平下通过显著性检验，但估计系数大小不一致，FGLS（3）下为0.0313%，而 FGLS（4）下为0.0138，这说明相比 PSE，GSSE 对农产品国际竞争力的影响可能存在不稳定性，效应可能相对较小。

表7—9　　生产者支持（PSE）对 RCA 的影响检验结果

RCA	FGLS（1）	FGLS（2）	FGLS（3）	FGLS（4）
lnPSE	0.0344**	0.0345**	0.0287***	0.0316***
	（0.0174）	（0.0169）	（0.0050）	（0.0034）
lnAGDP	0.2147**	0.1986**	0.3027***	0.2576***
	（0.0985）	（0.0983）	（0.0252）	（0.0183）
lnTractor	-0.1146	-0.1690**	-0.1704*	-0.1468*
	（0.0790）	（0.0843）	（0.0373）	（0.0227）
lnFertilizer	-0.0223	-0.0190	-0.0027	0.0181
	（0.0883）	（0.0851）	（0.0158）	（0.0125）
lnApopulation	-1.1247***	-1.6394***	-1.258***	-1.9387***
	（0.2278）	（0.2790）	（0.0876）	（0.0963）
lnArea	-0.2194	-0.2049	-0.0614	-0.0420
	（0.2013）	（0.1963）	（0.0524）	（0.0436）
lnGDP	-2.9758***	-2.9607***	-2.4585***	-3.1364***
	（0.5432）	（0.4249）	（0.1164）	（0.1432）
lnGDPpercapita	2.2389***	2.1922***	1.7223***	2.3232***
	（0.5358）	（0.3851）	（0.1220）	（0.1442）
国家	控制	控制	控制	控制
时间	控制	控制	控制	控制
R^2	0.8757	0.8778	——	——

注：（1）***表示在1%的水平下通过检验，**表示在5%的水平下通过检验，*表示在10%的水平下通过检验；（2）表中括号内数据是标准误。

表 7—10　　政府一般服务（GSSE）对 RCA 的影响检验结果

RCA	FGLS（1）	FGLS（2）	FGLS（3）	FGLS（4）
lnPSE	0.0229	0.0206	0.0313***	0.0138***
	(0.0255)	(0.0253)	(0.0026)	(0.0032)
lnAGDP	0.2367**	0.2123**	0.4031***	0.3093***
	(0.0989)	(0.0997)	(0.0109)	(0.0114)
lnTractor	-0.1238	-0.1710	-0.3989*	-0.1939*
	(0.0823)	(0.0849)	(0.0144)	(0.0160)
lnFertilizer	-0.0242	-0.0379	-0.0009	0.0131
	(0.0879)	(0.0850)	(0.0131)	(0.0098)
lnApopulation	-1.1779***	-1.7405***	-1.5007***	-2.5047***
	(0.2350)	(0.3046)	(0.0152)	(0.0645)
lnArea	-0.1730	-0.1963	-0.0649***	-0.0719***
	(0.2009)	(0.1979)	(0.0234)	(0.0265)
lnGDP	-2.9548***	-3.0974***	-1.5268***	-3.3340***
	(0.5672)	(0.4476)	(0.0320)	(0.1180)
lnGDPpercapita	2.2732***	2.3781***	0.7806***	2.5808***
	(0.5612)	(0.4081)	(0.0303)	(0.1182)
国家	控制	控制	控制	控制
时间	控制	控制	控制	控制
R^2	0.8669	0.8735	——	——

注：（1）***表示在1%的水平下通过检验，**表示在5%的水平下通过检验，*表示在10%的水平下通过检验；（2）表中括号内数据是标准误。

本章从理论及实证角度分析了农业补贴对农产品国际竞争力的影响，结果显示农业补贴能在一定程度上提升本国农产品的国际竞争力，从补贴结构上看，以价格支持为代表的"黄箱"政策的效应要大于以政府一般服务为代表的"绿箱"政策。"黄箱"政策能在短期快速提升本国农产品的国际市场占有率，而"绿箱"政策则可以在长期从根本上提升本国农产品的国际竞争力，短期对出口的刺激作用并不显著。

我国对农业发展的支持政策需要进一步调整。根据 OECD 的数据，中国 TSE 支出的绝对数额在 22 个国家和地区中排在前列，而实际对农产品出口的促进作用却有限。要扩大农业补贴对农产品出口的促进作用，首先要把提高农产品国际竞争力作为农业补贴的目标之一。我国现有农业补贴体系的目标是"保供给""保收益"，未来在确保这些目标实现的基础上，可以适当将"提高国际竞争力"作为目标之一，加大对与出口有关的农产品加工工业的支持，提高出口产品的特色和质量，扩大国际市场占有率；其次要提高"黄箱"补贴的效率。在逐步削减"黄箱"补贴的大趋势下，提高补贴效率非常重要，要探索"黄箱"补贴的新种类、新用途、发放的新方式，使补贴资金发挥最大效用；最后要调整"绿箱"支出结构。本着从长远提高我国农产品出口竞争力的目标，政府在提供农业技术推广、农业基础设施建设、农业灾害保险等一般服务时，适当向主要粮食出口作物、农业出口基地、农业出口企业倾斜。

提升农产品国际竞争力的关键是提高农业生产率。从国际经验来看，提高人均 GDP 水平、减少农业人口比重、增加农业总产值这些因素对农产品国际竞争力的影响比农业补贴的影响要大得多，这些指标背后的含义是一个国家人民生活水平在总体上的提升、城市化的发展、农业生产率的提高和农业生产规模扩大。一方面，对于像中国这样的农业大国来说，人民生活水平从总体上得到提高首先要求农民生活水平得到提高，所以政府在实施以农业补贴政策增加农民收入的同时，要积极推进农业产业化和城镇化进程，实现农村劳动力要素的合理配置，从多种途径提高农民收入水平。另一方面，要同时实现农业人口比重减少和农业总产值增加的目标，关键是要实现规模经营，提高生产效率。政府应结合农业补贴政策，从科技、金融、管理等多个方面着手，实现农业规模化、集约化经营，提高农业生产效率，从而从根本上提升农产品的国际竞争力。

第八章

农业补贴政策社会绩效整体评价与政策调整

第一节 农业补贴政策社会绩效整体评价

我国自2003年开始逐步建立起了新型农业补贴政策体系，其最初的动因是在面临加入WTO以及国内粮食产量下降的内外在压力背景下，实现农民增收和粮食增产。但是这种问题导向型政策设计是缺乏理论准备的，因此政策定位和工具匹配也是不清晰的。这一方面弱化了政策的目标导向性，另一方面也带来了阻碍土地流转、化肥农药超量使用、生物多样性降低、农产品国际竞争力下降等问题。事实表明，我国的农业补贴政策效率并不高。

导致我国农业补贴政策低效率的原因可能有两个方面。一是我国农业规模巨大，耕地面积广，农户数量多，因此信息获取和处理成本高难度大，政策执行成本高且易异化。调研中我们发现，很多地方为了降低行政成本，将种粮补贴变成种地补贴，且多年不变。二是巨大的农户数量使得农业补贴政策难以在公平与效率之间做出平衡。既希望让所有农户都分享改革成果，提高所有农民收入，又希望保粮食安全，促集约经营，其结果是哪一项都没有做好。

本书基于对于2004年以来我国实行的农业补贴的理论分析、

问卷调查、实证检验做出如下判断：

1. 农业补贴不存在全球统一的发展模式，在农业补贴基本理论的指导下，服务于本国整体经济发展战略部署，选择适合本国经济发展水平和国情的补贴方式是各国制度农业补贴政策的基本依据。

2. 从世界各国农业发展的实践发展和理论演化看，市场化是农业补贴方式的基本发展方向，农业多功能性是农业补贴的重要依据，补贴的动因和绩效评价始于经济因素，转而向环保、生态、食品安全和社会发展等多元化目标演进。

3. "普惠式"的农业补贴对农户福利影响微弱，且对农业生产和农民增收的激励作用呈下降趋势。问卷调查分析显示，山东省有限的农业补贴基本被农资市场和粮食市场的价格上涨所抵消，这与我国农业补贴覆盖范围持续扩大、补贴力度不断增强的初始目标是相冲突的。因此，我们可以做出一个基本的判断，我国的农业补贴可能存在结构性偏差，需要深入研究并加以修正。

4. 农业补贴对农户的生产意愿影响有限。被大量农户摊薄的补贴资金对农户生产决策的影响极其微弱，对于传统的小农而言，务农还是进城？种粮食还是种其他经济作物？用化肥农药还是有机种养？这些都不会因为农业补贴而发生显著改变。

5. 无论是旧式补贴还是2015年开始的新式补贴（"三补合一"）都缺乏"真实的"生态导向。尽管"三补合一"提出了耕地力保护项目，但是由于实际操作中补贴的发放仍然是"普惠式"的耕者有其份，"耕地力补贴"变成了"耕地"补贴，生态导向也仅仅停留在概念上，问卷调查和实证分析都证明了这一点。

6. 即便是"三补合一"改革后，农业补贴对农业经营方式的影响也是不确定的。一方面，农业补贴对部分农户扩大规模起到正向激励作用，尤其是2015年针对大户的补贴政策出台后。另一方面，农业补贴改变了农民对土地经营的预期收益，无论是改革前的"谁的地谁受益"

还是改革后的"谁种地谁受益",补贴都已经成为土地流转的价格加成,提高了土地流转成本,成为抑制农户规模化生产的因素。需要引起注意的是,由于对大户的补贴是基于种植面积计算,补贴刺激了部分资本的"圈地"冲动,仅为换取补贴而扩大规模的现象屡见不鲜。问卷调查和实证分析均显示,当地经济发展水平是决定农户土地流转意愿的关键因素,土地产权制度也是可能的重要影响因素。

7. 农业补贴对我国对农产品出口的促进作用十分有限,相反,不合理的补贴方式提高了国内农产品价格,加之农产品品质不高,降低了我国农产品的国际竞争。我国现有农业补贴体系的目标是"保供给""保收益",而"提高国际竞争力"目标的缺失是导致我国农产品供给出现结构性失衡的主要原因。由此,改变我国农业"不是生产不出产品,而是生产出来的产品卖不出去"的矛盾是未来我国农业补贴政策改革的重要目标之一。

第二节 可持续发展视角下我国农业补贴政策调整方向

农业补贴政策的调整必须符合可持续发展的基本理念,契合农业改革的基本方向,符合我国的基本国情,服务国家整体发展战略。

具体而言,契合从解决总量不足到提高农业综合效益和竞争力的农业改革方向,[①] 我国农业补贴的政策目标必须尽快实现从强调

[①] 自农业直接补贴政策实施的10年多来,我国农业发展取得了巨大成就,粮食增产、农民增收,但也付出了极大的代价,面临种种新生矛盾,如资源约束趋紧、生态红线逼近、经营成本攀升,国际竞争力下降。所以,我国农业发展已经到了从量的增长与质的提升的转折点。对此,《全国农业现代化规划》(2016—2020)做出了明确阐述,指出"新形势下农业主要矛盾已经由总量不足转变为结构性矛盾,推进农业供给侧结构性改革,提高农业综合效益和竞争力,是当前和今后一个时期我国农业政策改革和完善的主要方向",要"突出抓好建设现代农业产业体系、生产体系、经营体系三个重点,紧紧抓住现代农业发展、增加农民收入、建设社会主义新农村三大任务"。这是我国农业补贴政策调整的基本依据。

数量目标向数量质量目标兼顾的转变,既要保供给、保收入又要保生态、保竞争力;符合农业规模大、农户人口多、地域面积广的特点,我国农业补贴政策工具设计必须充分考虑行政成本,简便易行;服务于促进城乡协调发展实现全面建成小康社会的国家总体战略目标,我国的农业补贴政策力度仍需适度加大(见图8—1)。

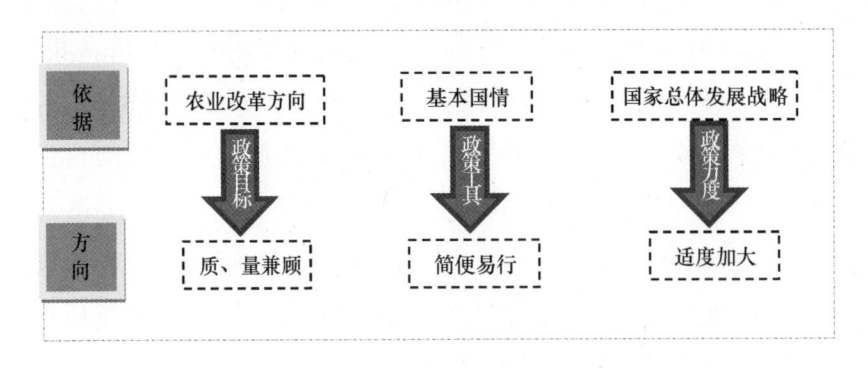

图8—1 我国农业补贴政策调整依据和方向

事实上,在2016年11月24日国务院办公厅印发的《关于完善支持政策促进农民持续增收的若干意见》(国办发〔2016〕87号文件,以下简称《意见》)中,"完善农业支持保护制度,挖掘农业内部增收潜力"位列总体要求之后被提出,可见其地位和重要性。《意见》对农业补贴政策转型提出了如下要求:"在确保国家粮食安全和农民收入稳定增长前提下,改革完善农业补贴政策,并注意补贴的绿色生态导向","到2020年,农民收入增长支持政策体系进一步完善,农业支持保护制度更加健全",这是我国未来农业补贴政策调整的基本方向。

基于此定位,以及前述关于农业补贴社会绩效的分析,本书基于可持续发展视角,提出了我国农业补贴政策调整的原则和措施。

一 可持续发展视角下我国农业补贴调整的原则

基于我国的国情,设计我国的农业补贴政策必须尊重这样三个事实:其一,分散的小型农户在未来很长一段时间都将是我国农业经营的主体,较低的组织形式必然伴随降低的政治影响力,因此,大量分散农户对农业补贴政策的影响力极其有限。其二,我国农业补贴总量受到我国发展中国家和大量农户存在的客观约束。其三,大量分散小农与高行政成本相伴而生。

基于此,我国农业补贴政策设计应该遵循以下三条原则:

1. 目标清晰,协同推进。以保障粮食安全和农业可持续发展为根本目标,重视农业、财政、环保、粮食等不同部门的协同性[1],提高政策效能。

2. 统筹兼顾,重点突出。既要让所有农户受益[2],又要加强对新的经营方式和生产方式的激励;既要实现保障粮食安全和农民增收的经济目标,又要实现保护生态环境和保障食品安全等社会目标。

3. 立足国情,放眼世界。补贴力度和方式必须充分考虑我国地广人多底子不够厚实的现实,不可盲目照搬他国经验,同时又必须将我国农业发展置于全球化大市场的背景下进行长远规划,寻找其在全球市场的合适位置。

二 可持续发展视角下我国农业补贴政策的改进措施

鉴于前文的分析,本书提出"普惠性补贴+功能性补贴"的农

---

[1] 农业补贴要兼顾支持和服务农业发展、保障食品安全、提高农业国际竞争力三大目标,非农业一个部门能够完成,因此,需要创新农业补贴管理机制,形成农业、财政、环保等部门协同工作的稳定机制,合理配置各部门资源,这是提高政策效能的制度保障。

[2] 鉴于中国农业人口多,从长期看,家庭为单位的小农经营仍将是我国农业生产的主要方式,普惠式的农业补贴方式仍然是适应我国国情的理性选择。

业直接补贴框架。

所谓"普惠性补贴"即惠及所有农民的非挂钩性农业补贴，主要指"三补合一"改革后的"耕地地力补贴"，旨在从面上照顾所有从事农业生产的农户，让所有农户分享经济发展成果。

"功能性补贴"即有特定目标导向的补贴，旨在实现农业的多功能性。具体包括"生态奖励补贴""土地流转补贴""农民退休退田补贴"。其中"生态奖励补贴"以明确的生态指标体系和发放依据使得农业生态保护导向落地；"土地流转补贴"对种植关系国家粮食安全品种的流转土地进行补贴，通过降低流转成本减缓粮食种植成本上升压力，保障粮食安全的同时提升国际竞争力。"农民退休退田补贴"指，尝试探索与农业职业化和农民退休制度相配套的，解决谁来种地和怎样种地问题的补贴方案设计。

1. 确保普惠性补贴的份额。我国的国情决定，传统的分散的小农经营在未来很长一段时间都仍将是我国农业的基本经营模式，确保所有农户受益的补贴应当保持适度增长，本书所提出的功能性补贴（保护对大户的补贴）资金不宜从存量资金中列支。

2. 设立与生态和环保指标挂钩的奖励性补贴。研究制定符合我国国情的土地生态指标体系和食品安全指标体系（试点期可仅限于粮食），由农户个人申报，政府核查，依据种植面积给予符合标准的农户奖励性补贴，此部分资金一方面可以从财政部的农业资源及生态保护补助资金预算中列支，另一方面可以考虑从现有补贴存量资金中拿出适当比例。

3. 设立土地流转补贴，实施与效率挂钩的粮食适度规模经营补贴。一方面尽快总结各地经验，对流转后用于粮食种植的土地进行一次性的流转补贴，此部分资金主要支持土地流入方进行土地整理等基本投入；另一方面，尽快探索将"粮食适度规模经营补贴"与生产效率挂钩，即根据生产效率而非现在的土地面积划分不同的补贴等级，避免盲目追求生产规模但生产效率降低所带来的补贴资金耗散和土地浪费。①

4. 将农业补贴制度设计与农业职业化和农民退休退田制度设计统筹考虑，设计有效推动农业规模化经营的稳定体制机制。统筹部分补贴资金和农民养老保险资金，制定循序渐进的农民退休退田制度，同时设计新的集体土地承包办法。这是降低我国土地规模经营壁垒，解决"谁来种地"问题的根本出路。②

5. 其他需要重视和研究的问题。其一，良种补贴不宜取消。良种补贴具有极大的正外部性且关系国家农业安全，从"三补合一"实施一年多的情况看，取消良种补贴后，一些农户开始选择便宜的种子，粮食种子参差不齐的现象开始显现，这既会影响粮食产量，也会影响粮食安全。其二，尽快建立农业经营信息系统和农业补贴统计信息收集汇总体系。我国农业补贴实施十二年有余，但是各方面统计口径和数据都极不完善，既不利于对农业补贴的追踪研究，又不利于农业补贴的精准发放。

第三节 研究展望

从世界范围看，资源和环境约束已经成为各国农业发展面临的共同问题，作为调整农业生产模式的重要手段，农业补贴政策应当

---

① 我国农业机械化程度、农村基础设施建设和农业技术水平，农业保险发展程度，以及农村劳动力成本状况决定，目前阶段实行大规模农业生产还有一系列困难。适合我国国情的农业经营状态应该是以现有家庭联产承包责任制为前提的大量农户分散经营＋较多200亩以下的适度规模经营＋少量大型和超大型农场并存的状态。因此，现阶段的粮食适度规模经营补贴必须尊重我国农业发展规律，循序渐进，不宜盲目扶持过多的大型和超大型农场。调查中发现，规模超过千亩的大型农户面临极大的收益不确定性，经营失败的情况非常普遍。

② 增人不增地、减人不减地是为了稳定农村土地承包关系的长期稳定，但是随着农村人口老龄化、农村人口城镇化的推进，这一实行了二十多年的政策已经为农业经营方式的调整带来了很多现实障碍。但是随着农村养老保险制度的完善，我国探索循序渐进的农民退休制度的条件正逐步趋于成熟。

在农业生态环境保护方面做出怎样的适应性调整？近年来，关于农业绿色补贴的研究得到国内外理论界越来越多的关注。2015年我国"三补合一"的改革表明，中央已经认识到上述问题，并且明确了今后农业补贴改革的基本方向，而这也正是本书研究的目的。可以说，实质上，本书关注的就是农业补贴的绿色化，或者说期待建立一套兼顾经济绩效和社会绩效的补贴政策体系。本书从农业补贴的生态效应、制度变迁效应、国际竞争力三个方面评价农业补贴政策社会绩效，正是基于绿色补贴的理论框架提出来的。但是对农业补贴社会绩效的评价仅为农业绿色补贴理论研究和政策探讨提供了理论依据，要建立绿色补贴政策需要对一系列问题做出明确回答：

1. 适合我国国情的农业绿色补贴指导思想该如何定位？系统化的制度体系该如何构建？显然目前零散的、尚缺乏系统化的政策建议还无法解决这些问题，实践发展迫切需要尽快构建成熟的农业绿色补贴理论体系。

2. 衡量农业绿色补贴效应的指标体系该如何构建？绿色补贴的生态效应该如何监测？这是农业绿色补贴政策设计中不可或缺的环节，但目前的研究尚没有涉及这部分内容。我国农业资源短缺和生态环境恶化的现实迫切要求系统、完善的农业补贴绿色化理论和制度设计。

3. 补贴制度设计中的绿色目标如何与经济目标衔接？农业绿色补贴不是不要经济目标，而是在实现经济目标的同时兼顾环境生态目标。在理论上搞清楚这一问题，才能做出科学合理的制度设计。

从目前国内外的研究进展看，国外学者关于农业绿色补贴的实现方式主要形成两种思路：有偿生态服务（payment for ecosystem services）和农业生态环境补贴（agri-environmental subsidies），前者如格里姆等（Nelson Grima, et al., 2016）[①]、黑肯（Gert Van Hecken, 2015）[②] 所主张的，将有偿生态服务概念和制度设计引入农业生态保护领域，莫克斯（Thomas Merckx, 2015）、冯（Hongli Feng, 2007）等则从环境补贴的角度阐释"green payments"的政策含义[③]。

国内对农业绿色补贴的研究主要集中在三个问题。一是农业补贴环境效应的研究。如定光平（2007）、陈美球（2014）、侯玲玲（2012）、程宇光（2010）、李勤（2009）、王利荣（2010）、梁世夫（2008）、马晓春（2010）等都从环境效应的角度对农业补贴的环境进行了分析，认为现行农业补贴政策与农业面源污染存在一定的相关性。二是国外农业绿色补贴经验介绍。如奉沈（1997）、程国强（2002）、张少兵（2007）、姜双林（2012）等分别从不同角度介绍了美国、欧盟国家的农业绿色补贴政策。三是我国农业绿色补贴的政策建议。关于农业补贴理念，姜双林（2008）、熊冬洋（2012）提出农业补贴政策不应仅停留在保障粮食的安全上，还需考虑农业环境的保护；尚清（2009）、周爱春（2012）、王权典（2012）等提出加强农业绿色补贴法律制度建设；张铁亮（2012）、魏同洋（2014）从农业生态补偿和有偿生态服务的角度提出了政策建议[④]。

尽管国内外学者对农业补贴生态效应和绿色补贴的研究已经取

[①] Nelson Grima, Simron J. Singh, Barbara Smetschka, Lisa Ringhofer, "Payment for Ecosystem Services (PES) in Latin America: Analysing the performance of 40 case studies", *Ecosystem Services*, Vol. 17, 2016, pp. 24-32.

[②] Gert Van Hecken, Johan Bastiaensen, Catherine Windey, "Towards a power-sensitive and socially-informed analysis of payments for ecosystem services (PES): Addressing the gaps in the current debate", *Ecological Economics*, Vol. 120, 2015, pp. 117-125.

[③] Hongli Feng, "Green payments and dual policy goals", *Journal of Environmental Economics and Management*, Vol. 54, 2007, pp. 323-335.

[④] 相关文献均在前文提及。

得了较为丰富的成果，为我们全面客观地认识农业补贴的功能和政策导向打下了基础，但是正如前面提到的三个方面的理论困惑，上述研究还是零星的，理论自洽性与实践规律一般性的总结都缺乏系统性。基于此，我们初步设计了农业绿色补贴的研究框架，拟以"绿色发展理念"为指导思想，以实现农业的可持续发展为实现目标，以外部性内部化为理论依据，重构我国农业补贴理念，建立符合我国国情的农业绿色补贴理论和实现机制与监测反馈机制。期待后续的研究能够在以下四个方面有所突破：农业绿色补贴的运行机理、农业绿色补贴的实现机制、农业绿色补贴的监测反馈体系（见图8—2中间椭圆框内的四个部分）。

关于农业绿色补贴运行机理。其理论依据是外部性内部化理论、公共政策理论和整体政府理论。国际经验表明，目标的公共性和涉及面广泛的特点决定，凡涉及生态环境保护的政策均需要多部门协同完成，运用制度变迁理论、整体政府和政策协同理论、博弈论等分析工具，立足政策形成和实施过程，从政策选择与运行、政策对象与政府部门的动态博弈、政策修正三个阶段对农业绿色补贴的运行机理进行微观解剖，探讨影响政策效果的因素。

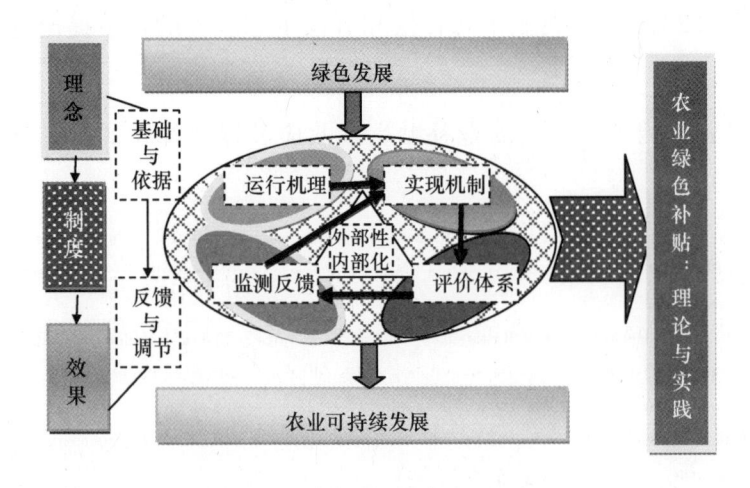

图8—2 农业绿色补贴分析框架

关于农业补贴政策生态效应评价指标体系。从资源保护和环境保护两个层面建立农业补贴政策的生态评价指标体系，前者包括土地和水资源的开发利用保护、生物多样性的保护；后者主要指石油农业污染。采用层次分析、专家打分法，以及灰色关联度分析法，通过定性与定量方法的结合建立评价指标体系，对现行农业补贴政策的生态效应进行综合评价。

关于农业绿色补贴实现机制。遵循政府引导和市场主导的基本原则，坚持农业生态环境保护和国家粮食安全双目标导向，从政策设计和管理体制两个维度探讨农业绿色补贴的运行机制。在政策设计端，确定构建我国农业绿色补贴政策的具体原则和重点，融合诱致性制度变迁和强制性制度变迁的合力，形成农业补贴政策转型的动力机制和农业绿色补贴的政策工具选择机制，完成我国农业绿色补贴制度设计。在管理体制端，形成市场导向，公民、社会、政府共同参与的管理体制机制，通过经济手段逐步形成农业正负外部性内部化的稳定机制。

关于农业绿色补贴绩效监测反馈体系构建。客观正确的政策绩效评价是及时矫正政策偏差、合理调整政策目标和工具的前提条件，作为一套新的制度设计，完备的绩效追踪评价必不可少。遵循最大多数人福利最大化原则，从政策协同性、政策成本和政策绩效三个维度确立绿色补贴政策综合评价监测体系，同时构造涵盖评估者、评估对象、评估结论、结论反馈、政策修正全链条的农业绿色补贴政策反馈调整体系。

2015年我国开始推进农业补贴制度改革；2016年11月1日中央全面深化改革领导小组第二十九次会议审议通过了《建立以绿色生态为导向的农业补贴制度改革方案》；11月24日国务院办公厅颁布《关于完善支持政策促进农民持续增收的若干意见》（国办发

〔2016〕87号文〕；从改革实践和中央精神看，农业绿色补贴已是未来我国农业补贴改的基本方向。本书在5年前就关注农业补贴的社会绩效，这绝不是巧合，而是我们一直坚信这样的政策导向是符合农业发展规律的。尽管上述设想是初步的，还有诸多不成熟的地方，但可以确认的是它们仍然是我们下一步的研究重点。因此，也恳请各位专家读者能够在对本书的研究提出宝贵意见的同时，不吝就此设想给予指点。

参考文献

中文文献

［美］卡尔·帕顿、大卫·萨维奇：《政策分析和规划的初步方法》，孙兰芝等译，华夏出版社2002年版。

毕继业、杨道林、王秀芬：《耕地保护中农户行为国内研究综述》，《中国土地科学》2010年第11期。

曹光乔：《农机补贴对农户购机行为及作业服务需求的影响》，中国农业科学技术出版社2011年版。

曹明宏：《可持续发展背景下的农业补贴问题研究》，博士学位论文，华中农业大学，2001年。

曾鸣、谢淑娟：《我国农业生态环境恶化的制度成因探析》，《广东社会科学》2007年第4期。

陈梦、恩斌：《生物多样性熵值测度指标的应用与分析》，《南京林业大学学报》（自然科学版）2005年第1期。

陈庆云、鄞益奋：《论公共管理研究中的利益分析》，《中国行政管理》2005年第5期。

陈阵：《美国农业补贴政策研究》，经济科学出版社2013年版。

程国强、朱满德：《中国工业化中期阶段的农业补贴制度与政策选择》，《管理世界》2012年第1期。

程国强：《WTO 框架下的农业补贴结构与政策调整——对主要 WTO 成员国履行农业补贴承诺的分析》，《中国农业科技导报》2002 年第 4 卷。

程国强：《中国农业补贴：制度设计与政策选择》，中国发展出版社 2011 年版。

董鸿鹏、吕杰：《农业信息化对农户行为作用机制的研究综述》，《农业经济》2012 年第 11 期。

董捷：《日本农业支持政策及对中国的启示》，《日本问题研究》2013 年第 1 期。

樊勇明、杜莉：《公共经济学》（第二版），复旦大学出版社 2007 年版。

费文俊、王秀东：《美国 2014 年农业法案调整对我国粮食补贴政策的启示》，《中国食物与营养》2015 年第 5 期。

冯继康：《美国农业补贴政策：历史演变与发展走势》，《中国农村经济》2007 年第 3 期。

冯龙、潘金华：《浅论政府公共政策绩效评估》，《经营管理者》2013 年第 11 期。

冯伟、潘根兴、强胜等：《长期不同施肥方式对稻油轮作田土壤杂草种子库多样性的影响》，《生物多样性》2006 年第 6 期。

付岩岩：《欧盟共同农业政策的演变及启示》，《世界农业》2013 年第 9 期。

付亦重：《服务补贴制度与绩效评估：基于美国服务补贴制度的研究与启示》，对外经济贸易大学出版社 2010 年版。

高玉强、沈坤荣：《欧盟与美国的农业补贴制度及对我国的启示》，《经济体制改革》2014 年第 2 期。

高玉强：《农业补贴制度优化研究》，博士学位论文，东北财经大学，2011 年。

巩前文、张俊飚、李瑾：《农户施肥量决策的影响因素实证分析——基于湖北省调查数据的分析》，《农业经济问题》2008 第 10 期。

郭辉军、Padoch C、付永能等：《农业生物多样性评价与就地保护》，《云南植物研究》2000 年。

郭水良、李扬汉：《杂草的基本特点及其在丰富栽培地生物多样性中的作用》，《自然资源》1996 年第 3 期。

郭玮：《美国、欧盟和日本农业补贴政策的调整及启示》，《经济研究参考》2002 年第 56 期。

韩永红：《重大公共政策绩效评估的现状与改革》，《中国纪检监察报》2012 年 10 月 19 日第 7 版。

何蒲明：《粮食安全与农产品期货市场发展研究》，中国农业出版社 2009 年版。

何忠伟、曹暕、罗永华：《我国农业补贴政策速查手册》，金盾出版社 2012 年版。

侯玲玲、孙倩、穆月英：《农业补贴政策对农业面源污染的影响分析——从化肥需求的视角》，《中国农业大学学报》2012 年第 4 期。

侯石安、赵和楠：《中国粮食安全与农业补贴政策的调整》，《贵州社会科学》2016 年第 1 期。

侯石安：《农业补贴政策运行面临的问题与完善对策》，《学习与实践》2013 年第 6 期。

侯石安：《农业补贴的国际比较研究》，中国财政经济出版社 2013 年版。

胡越：《发达国家农业国内支持政策的调整及其效应分析》，博士学位论文，南京农业大学，2014 年。

霍增辉、吴海涛、丁士军：《中部地区粮食补贴政策效应及其机制研究——来自湖北农户面板数据的经验证据》,《农业经济问题》2015 年第 6 期。

姬亚岚:《多功能农业与中国农业政策:重续人类与古老的自然契约》,中国农业出版社 2012 年版。

贾凌民:《政府公共政策绩效评估研究》,《中国行政管理》2013 年第 3 期。

贾晓璇:《简论公共产品理论的演变》,《山西师大学报》(社会科学版) 2011 年第 5 期。

姜国兵:《公共政策绩效评估体系建构初探》,《广东行政院报》2012 年第 6 期。

姜俊红、金玲、朱朝荣等:《农业活动多农田生态系统物种多样性的影响》,《中国农学通报》2005 年第 7 期。

姜培红:《影响农药施用的经济因素分析——以福建省为例》,硕士学位论文,福建农林大学,2005 年。

李登旺、仇焕广、吕亚荣等:《欧美农业补贴政策改革的新动态及其对我国的启示》,《中国软科学》2015 年第 8 期。

李洁然:《中小企业创新政策协同作用的机理分析及绩效研究》,硕士学位论文,河北经贸大学,2014 年。

李静、李晶瑜:《中国粮食生产的化肥利用效率及决定因素研究》,《农业现代化研究》2011 年第 5 期。

李明桥:《农业政策、农户行为与农村区域经济的发展》,博士学位论文,西南财经大学,2012 年。

李万君、李艳军:《美国农业补贴政策演变及对我国的启示》,《农业现代化研究》2014 年第 5 期。

李玉勤:《杂粮种植农户生产行为分析》,《农业技术经济》2010 年第 11 期。

梁謇、孙平:《美国农业补贴政策演变趋势透析》,《学术交流》2011年第12期。

林源、马骥:《农户粮食生产中化肥施用的经济水平测算——以华北平原小麦种植户为例》,《农业技术经济》2013年第1期。

刘华、周莹:《我国技术转移政策体系及其协同运行机制研究》,《科研管理》2012年第3期。

刘清娟:《黑龙江省种粮农户生产行为研究》,博士学位论文,东北农业大学,2012年。

刘帅:《我国公共政策绩效评估存在的问题与对策》,《商》2014年第1期。

刘速扬:《金砖国家农业支持政策比较及启示》,《世界农业》2013年第3期。

刘晓亮:《欧盟农业补贴政策的演进及其对我国的启示》,《对外经贸实务》2015年第3期。

卢新雄、陈晓玲:《我国作物种植资源的保存于共享体系》,《中国科技资源导刊》2008年第7期。

罗超烈、曾福生:《欧盟共同农业政策的演变与经验分析》,《世界农业》2015年第4期。

马骥:《农户粮食作物化肥施用量及其影响因素分析——以华北平原为例》,《农业技术经济》2006年第6期。

马克明、张洁瑜、郭旭东等:《农业景观中山体植物多样性分布:地形和土地利用的综合影响》,《植物生态学报》2002年第5期。

马述忠、冯冠胜:《健全农业补贴制度:规则,模式与方案》,人民出版社2010年版。

马晓春、宋莉莉、李先德:《韩国农业补贴政策及启示》,《农业技术经济》2010年第7期。

缪波:《农业技术推广中的农户技术选择行为研究》,硕士学位论文,大连理工大学,2006年。

穆月英:《中国农业补贴政策的理论与实证分析》,中国农业出版社2008年版。

农业部软科学委员会办公室:《农业支持保护与可持续发展》,中国财政经济出版社2013年版。

彭纪生等:《政策测量、政策协同演变与经济绩效——基于创新政策的实证研究》,《管理世界》2008年第9期。

齐洪华、郭晶:《日本农产品价格支持政策评析及借鉴》,《价格理论与实践》2010年第10期。

［俄］恰亚诺夫:《农民经济组织》,中央编译出版社1996年版。

邱君:《我国化肥施用对水污染的影响及其调控措施》,《农业经济问题》2007年增刊。

屈小博:《不同经营规模农户市场行为研究》,博士学位论文,西北农林科技大学,2008年。

［美］舒尔茨:《改造传统农业》,商务印书馆1987年版。

孙开、高玉强:《粮食直接补贴:问题考察与政策优化》,《财经问题研究》2010年第8期。

孙迎春:《澳大利亚整体政府改革与跨部门协同机制》,《中国行政管理》2013年第11期。

王聪颖:《美国农业补贴政策的历史演变》,《期货日报》2014年11月20日第3版。

王洪会、张肃、林杰:《市场失灵视角下的美国农业保护与支持政策》,东北师范大学出版社2015年版。

王利荣:《农业补贴政策对环境的影响分析》,《中共山西省委党校学报》2010年第1期。

王为农、方松海:《成本快速上升背景下的农业补贴政策研究》，中国计划出版社 2011 年版。

王应贵：《当代日本农业发展困境、政策扶持与效果评析》，《现代日本经济》2015 年第 3 期。

王玉明、邓卫文：《加拿大环境治理中的跨部门合作及其借鉴》，《岭南学刊》2010 年第 5 期。

[美] 威廉·邓恩：《公共政策分析导论》，中国人民大学出版社 2002 年版。

韦春艳、漆国生：《我国公共政策公信力问题探析》，《理论导刊》2010 年第 2 期。

吴军、徐海根、陈炼：《气候变化对物种影响研究综述》，《生态与农村环境学报》2011 年第 4 期。

吴月红：《农业补贴政策对农户耕地保护行为的影响》，硕士学位论文，江西农业大学，2013 年。

吴章勋、郑云：《政策演变视角下日本农业保护的历史演进与动因》，《世界农业》2016 年第 2 期。

向昀、任健：《西方经济学界外部性理论研究介评》，《经济评论》2002 年第 3 期。

徐卫涛：《循环农业中的农户行为研究》，博士学位论文，华中农业大学，2010 年。

徐雪、夏海龙：《发达国家农业补贴政策调整及其经验借鉴——基于欧盟、美国、日本的考察》，《湖南农业大学学报》（社会科学版）2015 年第 3 期。

徐毅：《欧盟共同农业政策改革与绩效研究》，博士学位论文，武汉大学，2012 年。

徐振宇、王海燕：《巴西农业支持政策的演进及对我国的启示》，《商业时代》2016 年第 5 期。

许彬、陈春良、游旭平：《公共经济学》，清华大学出版社

2002年版。

严亮：《信息化对农户行为的影响研究》，硕士学位论文，河南大学，2007年。

杨景元：《欧盟、美国农业补贴政策改革发展历程及对我国农业补贴政策的启示》，《黑龙江粮食》2016年第1期。

杨丽：《农户技术选择行为研究综述》，《生产力研究》2010年第2期。

杨林、邓丽禛：《农业补贴理论的最新发展：一个文献综述》，《经济研究参考》2012年第22期。

杨小凯、张永生：《新兴古典经济学和超边际分析》，中国人民大学出版社2000年版。

杨晓萌：《欧盟的农业生态补偿政策及其启示》，《农业环境与发展》2008年第8期。

杨兴龙、王琳、潘鸿：《国外典型国家农业补贴政策的做法》，《世界农业》2015年第4期。

杨增旭、韩洪云：《化肥施用技术效率及影响因素——基于小麦和玉米的实证分析》，《中国农业大学学报》2011年第1期。

杨志武、钟甫宁：《农户生产决策研究综述》，《生产力研究》2011年第9期。

姚刚：《国外公共政策绩效评估研究与借鉴》，《深圳大学学报》2008第4期。

易蓉、汪寿阳：《中国农产品期货基差动态调整过程及策略分析》，科学出版社2011年版。

[美] 约瑟夫·斯蒂格利茨：《经济学》（第四版）上册，黄险峰、张帆译，中国人民大学出版社2011年版。

张丹、张洁瑜、何露等：《农业生物多样性测度指标的建立与应用》，《资源科学》2010年第6期。

张光、曾明：《公共经济学》，武汉大学出版社 2009 年版。

张国兴、汪应洛等：《中国节能减排政策的测量、协同与演变——基于 1978—2013 年政策数据的研究》，《中国人口·资源与环境》2014 年第 12 期。

张国兴等：《政策协同：节能减排政策研究的新视角》，《系统工程理论与实践》2014 年第 3 期。

张冀民：《国外农业补贴政策研究综述》，《南方农业》2015 年第 33 期。

张金马：《公共政策分析：概念、过程、方法》，人民出版社 2004 年版。

张少兵、王雅鹏：《国外农业补贴的环境影响与政策启示》，《经济问题探索》2007 年第 12 期。

张淑杰：《农业补贴政策效果评价研究》，博士学位论文，河南农业大学，2012 年。

张卫峰、季玥秀、马骥等：《中国化肥消费需求影响因素及走势分析Ⅲ 人口、经济、技术、政策》，《资源科学》2008 年第 2 期。

张五常：《经济解释》，商务印书馆 2000 年版。

张兴旺：《纵观国外农业支持保护体系的发展，健全中国农业支持保护体系》，《世界农业》2010 年第 1 期。

郑佳：《中国基本公共服务均等化政策协同研究》，博士学位论文，吉林大学，2010 年。

《中国农户利用期货市场研究》，中国金融出版社 2009 年版。

钟春平：《中国农业税与农业补贴政策及其效应研究》，中国社会科学出版社 2011 年版。

钟文辉、蔡祖聪：《土壤管理措施及环境因素对土壤微生物多样性影响研究进展》，《生物多样性》2004 年第 4 期。

周建华、贺正楚：《日本农业补贴政策的调整及启示》，《农村经济》2005年第10期。

周洁红、胡剑锋：《蔬菜加工企业质量安全管理行为及其影响因素分析——以浙江为例》，《中国农业经济》2009年第3期。

周志忍、蒋敏娟：《整体政府下的政策协同：理论与发达国家的当代实践》，《国家行政学院学报》2010年第6期。

周志忍、蒋敏娟：《中国政府跨部门协同机制探析》，《公共行政评论》2013年第1期。

朱满德、刘超：《工业化进程中农业补贴政策调整：日本与韩国的经验》，《世界农业》2011年第3期。

英文文献

A V F Ngowi, et al., "Small holder vegetable farmers in Northern Tanzania: Pesticides use practices, perceptions, cost and health effects", *Crop Protection*, No. 26, 2007.

Achtak H., et al., "Traditional agroecosystems as conservatories and incubators of cultivated plant varietal diversity: The case of fig (Ficus carica L.) in Morocco", *BMC Plant Biol*, No. 10, 2010: 28.

Andrew Bell, et al., "Scaling up pro-environmental agricultural practice using agglomeration payments: Proof of concept from an agent-based model", *Ecological Economics*, Vol. 126, No. 6, 2016: 32-41.

Ann Weston, Daniel Pierre-Antoine, *Poverty and policy coherence: A case study of Canada's relations with developing countries*, North-South Institute, 2003.

Baldwin R. E, "The Political Economy of Trade Policies", *Journal of Economic Perspectives*, No. 3, 1989.

Beghin, et al. , "How will agricultural trade reforms in high-income countries affect the trading relationship of developing countries?", *World Bank Working Paper*, 2003 (http: //are. berkeley. edu/ ~ dwrh/Docs/BRHM0103. pdf).

Ben Bradshaw, Barry Smit, "Subsidy Remover and Agroecosystem Health", *Agriculture, Ecosystems and Environment*, No. 6, 1997.

Challis, L. , et al. , *Joint Approaches to Social Policy: Rationality and Practice*, Cambridge: Cambridge University Press, 1988.

Godfrey, Claire. "Stop the dumping how EU agricultural subsidies are damaging livelihoods in the developing world", *Oxfam Policy & Practice Agriculture*, volume 2 (2002): 1 – 12 (12).

D. Stuart, E. Benveniste, L. M. Harrisc, "Evaluating the use of an environmental assurance program to address pollution from United States cropland", *Land Use Policy*, No. 39, 2014.

Dasgupta S, Meisner C, Huq M, "A pinch or a pint? Evidence of pesticide overuse in Bangladesh", *Journal of Agicultural Economics*, Vol. 1, 2007.

Dasgupta. P, Maler. K. G. , Archibug. Fetal, "Reforming subsidies", *State of the world*, 1997.

Dimaranan, et al. , "OECD Domestic Support and the Developing Countries", *GTAP Working Paper* 1161, 2002.

E. Albaek, "Policy Evaluation: Design and Utilization", *Knowledge in Society*, Vol. 2, No. 4 1989—1990.

E. Young, M. Burfisher, F. Nelson, L. Mitchel, "Domestic Support and the WTO: Comparison of Support Among OECD Countries", *United States Department of Agriculture, Economic Research Service*, 2002 (http: //cnas. tamu. edu/publications/powerpoint/papers/young.

pdf).

Epstein Lynn and Bassein Susan, "Patterns of Pesticide Use in California and the Implications for Strategies for Reduction of Pesticides", *Annu. Rev. Phytopathol*, No. 41, 2003.

Evert Vedung, *Public Policy and Program Evaluation*, New Brunswick and London: Transaction Publishers, 1997.

Freeman J, "Domesticated crop richness in human subsistence cultivation systems: a test of macroecological and economic determinants", *Global Ecology and Biogeography*, No. 21, 2012.

Gardner, B. L, "Causes of US Farm Commodity Programs", *Journal of Political Economy*, Vol. 95, No. 2, 1987.

Glenn D., et al., "Factors influencing environmental stewardship in U. S. agriculture: Conservation program participants vs. non-participants", *Land Use Policy*, No. 46, 2015.

H. Wollman, "Policy Evaluation and Evaluation Research" in F. Fischer, G. Miller and M. Sidney, *Handbook of publicpolicy: theory, politics and methods*, Boca Raton CRC Press, Chapter 26, 2007.

Hruska, Atla, Marianela Coriols, "The Impact of Training in Integrated Pest Management among Nicaraguan Maize Famers: Increased Net Returesand Reduced Health Risk", *International Journal of Occupation and Environmental Health*, No. 3, 2002.

Jagdish Bhagwati, *In Defense of Globalization*, New York: Oxford University Press, 2004.

Jerry Cooper, Hans Dobson, "The benefits of pesticides to mankind and the environment", *Crop Protection*, No. 1, 2007.

Jin Inhwan, "Determinants of Agricultural Protection in Industrial Countries: An Empirical Investigation", *Economics Bulletin*, Vol. 17,

No. 1, 2008.

John Lingard, "Agricultural Subsidies and Environmental Change", *Encyclopedia of Global Environmental Change*, John Wiley & Sons, Ltd., 2002 (http://eu.wiley.com/legacy/wileychi/egec/pdf/GB403 - W. PDF).

Kathy Baylis, et al., "Agri-environmental policies in the EU and United States: A comparison", *Ecologctal Economics*, 2008.

Kris A. Johnson, et al., "Conservation Reserve Program (CRP) lands provide ecosystem service benefits that exceed land rental payment costs", *Ecosystem Services*, No. 18, 2016.

Kym Anderson, Will Martin, Ernesto Valenzuela, "The Relative Importance of Global Agricultural Subsidies and Market Access", *World Bank Policy Research Working Paper* 3900, 2006.

Kym Anderson, Yujiro Hagami, *The Political Economy of Agricultural Protection: The East Asian Experience of theInternational Perspective*, Beijing: China Agriculture Press, 1985.

Lacroix Anne, Thomas Alban, "Estimating the Environmental Impact of Land and Production Decisions with Multivariate Selection Rules and Panel Data", *Agricultural Economics*, Vol. 93, No. 3, Apr. 2011.

Lambert, D., et al., "Working-Land Conservation Structures: Evidence on Program and Non-Program Participants", *Aselected paper submitted for the AAEA meetings in Long Beach*, CA, July 23 - 26, 2006 (https://www.researchgate.net/publication/23506720_Working-Land_ Conservation_ Structures_ Evidence_ on_ Program_ and_ Non-Program_ Participants).

Li C. He X. Zhu S., et al., "Crop diversity for yield increase", *Plos One*, No. 4, 2009.

Li L. Li S M. Sun J H., et al., "Diversity enhances agricultural productivity via rhizosphere phosphorus facilitation on phosphorus-deficient soils", *Proc Natl Acad Sci USA*, No. 104, 2007.

M. Bovens, et al., *The Politics of Policy Evaluation*, in M. Moran, M. Rein, and R. Good in (eds.), The Oxford Handbook of Public Policy, Oxford: Oxford University Press, 2006.

Margaret McMillan, Alix Peterson Zwane, Nava Ashraf, "My Policies or Yours: Does OECD Support for Agriculture Increase Poverty in Developing Countries?", *NBER Working Paper* 11289, 2005.

Marita Laukkanen, Celine Nauges, "Evaluating Greening Farm Policies: A Structural Model for Assessing Agri-environmental Subsidies", *Land Economics*, Vol. 90, No. 3, 2014.

Mark Brady, Konrad Kellermann, Christoph Sahrbacher, "Impacts of Decoupled Agricultural Support on Farm Structure, Biodiversity and Landscape Mosaic: Some EU Results", *Journal of Agricultural Economics*, Vol. 60, No. 3, 2009.

Mary Bohman, Colin A. Carter, Jeffrey H. Dorfman, "The Welfare Effects of Targeted Export Subsidies: A General Equilibrium Approach", *American Journal of Agricultural Economics*, Vol. 73, No. 3, 1991.

Michael L, Morris, Cheryl R. Doss, "How does gender affect the adoption of agricultural innovations? The case of improved maize technology in Ghana", *Agricultural Economics*, No. 1, 2001.

Mulford C. L., Rogers D. L., *Inter-organizational Coordination: Theory, Research and Implementation*, Iowa: Iowa State University Press, 1982.

Munasinghe, Mohan., "Economy-wide policies and the environment",

Mohan Munasinghe, 2007 (https://www.researchgate.net/publication/297917983_ Economy-wide_ policies_ and_ the_ environment).

Nelson Grima, Simron J. Singh, Barbara Smetschka, Lisa Ringhofer, "Payment for Ecosystem Services (PES) in Latin America: Analysing the performance of 40 case studies", *Ecosystem Services*, 17 (2016): 24 – 32.

OECD, Agriculture Support: How Is It Measure and What Does It Mean? 2009 (shttp://www.oecd.org/agriculture/agricultural-policies/44924550.pdf).

Lockhart C., "From aid effectiveness to development effectiveness: strategy and policy coherence in fragile states", *Overseas Development Institute*, 2004 (http://www.eldis.org/vfile/upload/1/document/0708/DOC17317.pdf).

Peter Midmore, Anne-Marry, Gabriella Roughley, "Policy reform and the sustainability of farming in the up lands of the United Kingdom: conflicts between environment and social support", *Journal of Environmental Policy & Planning*, No. 3, 2001.

Popkin S, *The Rational Peasant: The Political economy of Rural Society in Vietnam*, California: University of California Press, 1979.

Repetto R, "Economic incentives for sustainable production", *The Annals of Regional Science*, No. 21, 1987.

Rod Tyers, Kym Anderson, "Liberalising OECD Agricultural Policies in the Uruguay Round: Effects on Trade and Welfare", *Journal of Agricultural Economics*, Vol. 39, No. 2, 1988, pp. 197 – 216.

Ruiqing Miao, Hongli Feng, David A, Hennessy, Xiaodong Du., "Assessing Cost-effectiveness of the Conservation Reserve Program (CRP) and Interactions between the CRP and Crop Insurance", *Land*

Economics, November Vol. 92, No. 4, 2016, pp. 593 – 617.

Samuelson P. A., "Diagrammatic Exposition of a Theory of Public Expenditure", *The Review of Economics and Statistics*, Vol. 37, No. 4, 1955, pp. 350 – 356.

Samuelson P. A., "The Pure Theory of Public Expenditure", *The Review of Economics and Statistics*, Vol. 36, No. 4, 1954, pp. 387 – 389.

Scott, C. Z, *The Moral Economy of the Peasant*, New Haven: Yale University Press, 1977.

Shi Zheng, Dayton Lambert, Sishu Wang, Zhigang Wang, "Effects of Agricultural Subsidy Policies on Comparative Advantage and Production Protection in China", *The Chinese Economy*, No. 46, 2013.

Shumway C. Richard, Chesser Rayanne R, "Pesticide Tax, Cropping Patterns, and Water Quality in South Central Texas", *Journal of Agricultural and Applied Economics*, Vol. 26, No. 1, 1994, pp. 224 – 240.

Sule Isina, Ismet Yildirim, "Fruit-growers' perceptions on the harmful effects of pesticides and their reflection on practices: The case of Kemalpasa, Turkey", *Crop Protection*, No. 26, 2007, pp. 917 – 922.

Taheripour F, Khanna M, Helson C, "Welfare Impacts of Alternative Public Policies for Agricultural Pollution Control in an Open Economy: A General Equilibrium Framework", *American Journal of Agricultural Economics*, Vol. 90, No. 3, 2008, pp. 701 – 718.

Teresa Serra, et al., "Replacement of Agricultural Price Supports with Area Payments in the European Union and the Effects on Pesticide Use", *American Journal of Agricultural Economics*, Vol. 87, No. 4, 2005, pp. 870 – 884.

Trinh L. Wastson J W. Hue N N., et al., "Agrobiodiversity conservation and development in Vietnamese home gardens", *Agriculture*,

Ecosystems & Environment, No. 97, 2003, pp. 317 – 344.

Webb E L. Kabir M E, "Home gardening for tropical biodiversity conservation", *Conservation Biology*, No. 23, 2009, pp. 1641 – 1644.

Xie J., et al., "Ecological mechanisms underlying the sustainability of the agricultural heritage rice-fish coculture system", *Proc Natl Acad Sci USA*, No. 108, 2011, pp. 1381 – 1387.

Xinshen Diao, Agapi Somwaru, Terry Roe, "A global analysis of agricultural trade reform in WTO member countries", 2001 (http: //citeseerx. ist. psu. edu/viewdoc/download; jsessionid = 145BAD9EF18D6F451C0733E40EA8F50F? doi = 10. 1. 1. 491. 9952&rep = rep1&type = pdf).